JN056422

令 和 5 年 版

公正取引委員会年次報告
（独占禁止白書）

公正取引委員会編

この報告書は、私的独占の禁止及び公正取引の確保に関する法律第44条第１項の規定に基づき、公正取引委員会の令和４年度におけるこの法律の施行状況を国会に報告するものである。

凡 例

独占禁止法	私的独占の禁止及び公正取引の確保に関する法律（昭和22年法律第54号）
下請法	下請代金支払遅延等防止法（昭和31年法律第120号）
景品表示法	不当景品類及び不当表示防止法（昭和37年法律第134号）
独占禁止法施行令	私的独占の禁止及び公正取引の確保に関する法律施行令（昭和52年政令第317号）
入札談合等関与行為防止法	入札談合等関与行為の排除及び防止並びに職員による入札等の公正を害すべき行為の処罰に関する法律（平成14年法律第101号）
消費税転嫁対策特別措置法	消費税の円滑かつ適正な転嫁の確保のための消費税の転嫁を阻害する行為の是正等に関する特別措置法（平成25年法律第41号）

目　次

第 1 部

総　　論

公正取引委員会は、公正かつ自由な競争を通じた企業の活力向上、消費者の効用拡大及びイノベーションの活性化を図るため、所管法令の厳正かつ的確な執行により違反行為を排除して競争を回復させる「エンフォースメント」と、競争環境を整備するために取引慣行の改善や規制・制度の見直しを提言する「アドボカシー」（唱導）を車の両輪として、令和４年度において、次のような施策に重点を置いて競争政策の運営に積極的に取り組んだ。

1　独占禁止法制等の動き

⑴　独占禁止法の改正

公示送達についてインターネットによる閲覧等を可能とする独占禁止法の改正を含む「デジタル社会の形成を図るための規制改革を推進するためのデジタル社会形成基本法等の一部を改正する法律案」が、令和５年３月７日、第211回通常国会に提出された。

⑵　「特定受託事業者に係る取引の適正化等に関する法律案」の国会提出

「新しい資本主義のグランドデザイン及び実行計画」（令和４年６月７日閣議決定）において、フリーランスの取引適正化のための法制度について検討し、早期に国会に提出するとされたこと等を踏まえ、我が国における働き方の多様化の進展に鑑み、個人が事業者として受託した業務に安定的に従事することができる環境を整備するため、特定受託事業者に業務委託をする事業者について、特定受託事業者の給付の内容その他の事項の明示を義務付けるなどの措置を講ずることを内容とする「特定受託事業者に係る取引の適正化等に関する法律案」が、令和５年２月24日、第211回通常国会に提出された。

⑶　その他所管法令の改正等

公正取引委員会は、独占禁止法第40条に規定する調査権限に係る送達すべき書類等を定めるため、「私的独占の禁止及び公正取引の確保に関する法律第四十条の処分に関する規則」（令和４年公正取引委員会規則第２号。令和４年８月12日公布、同日施行）を制定した。

また、「物価高克服・経済再生実現のための総合経済対策」（令和４年10月28日閣議決定）等に基づく中小下請取引適正化に向けた執行体制の強化のため、公正取引委員会事務総局組織令（昭和27年政令第373号。令和４年12月９日公布、同日施行）等の改正を行った。

さらに、独占禁止法等に基づく手続について、申請者等の利便性の向上及び行政事務の効率化を図るため、公正取引委員会ホームページシステムの更改に合わせてオンラインによる受付機能を拡充等したことに伴い、「公正取引委員会の所管する法令に係る情報通信技術を活用した行政の推進等に関する法律施行規則」（平成15年公正取引委員会規則第１号）の改正を行った（令和５年公正取引委員会規則第２号。令和５年３月31日公布、同年４月１日施行）。

2　厳正・的確な法運用（エンフォースメント）

⑴　独占禁止法違反行為の積極的排除

ア　公正取引委員会は、迅速かつ実効性のある事件審査を行うとの基本方針の下、国民生活に影響の大きい価格カルテル、入札談合及び受注調整、中小事業者等に不当に不利益をもたらす優越的地位の濫用及び不当廉売など、社会的ニーズに的確に対応した多様な事件に厳正かつ積極的に対処することとしている。

イ　独占禁止法違反被疑事件として令和４年度に審査を行った事件は116件である。そのうち同年度内に審査を完了したものは99件であった。

ウ　令和４年度においては、排除措置命令８件及び確約計画の認定３件の計11件の法的措置を行った（詳細は第２部第２章第２を参照）。これを行為類型別にみると、価格カルテルが１件、その他のカルテルが３件、入札談合が４件、不公正な取引方法が３件となっている（第１図参照）。また、延べ21名に対し総額1019億8909万円の課徴金納付命令を行った（表）。

なお、令和４年度においては、課徴金減免制度に基づき事業者が自らの違反行為に係る事実の報告等を行った件数は22件であった。

＜令和４年度における排除措置命令事件＞	
価格カルテル	○　炭素鋼製突合せ溶接式管継手の製造販売業者らに対する件
その他のカルテル	○　旧一般電気事業者らに対する件（３件）
入札談合	○　広島県又は広島市が発注するコンピュータ機器の入札等の参加業者らに対する件（２件） ○　愛知県又は岐阜県に所在する病院が発注する医事業務の入札等の参加業者に対する件 ○　独立行政法人国立病院機構が発注する九州エリアに所在する病院が調達する医薬品の入札参加業者らに対する件

＜令和４年度における確約計画の認定事案＞	
再販売価格の拘束	○　㈱一蘭に対する件
拘束条件付取引	○　エクスペディア・ロッジング・パートナー・サービシーズ・サールに対する件
競争者に対する取引妨害	○　㈱サイネックス及び㈱スマートバリューに対する件

エ　加えて、令和４年度においては、事業者から自発的な措置の報告を受け、事案の概要を公表した事案が１件あった。

<令和４年度における自発的な措置に関する公表事案>

○　㈱セブン－イレブン・ジャパンによる対応について

（前記ウ及びエの事案の処理の類型別件数について第２図参照）

第１図　法的措置（注１）件数等の推移

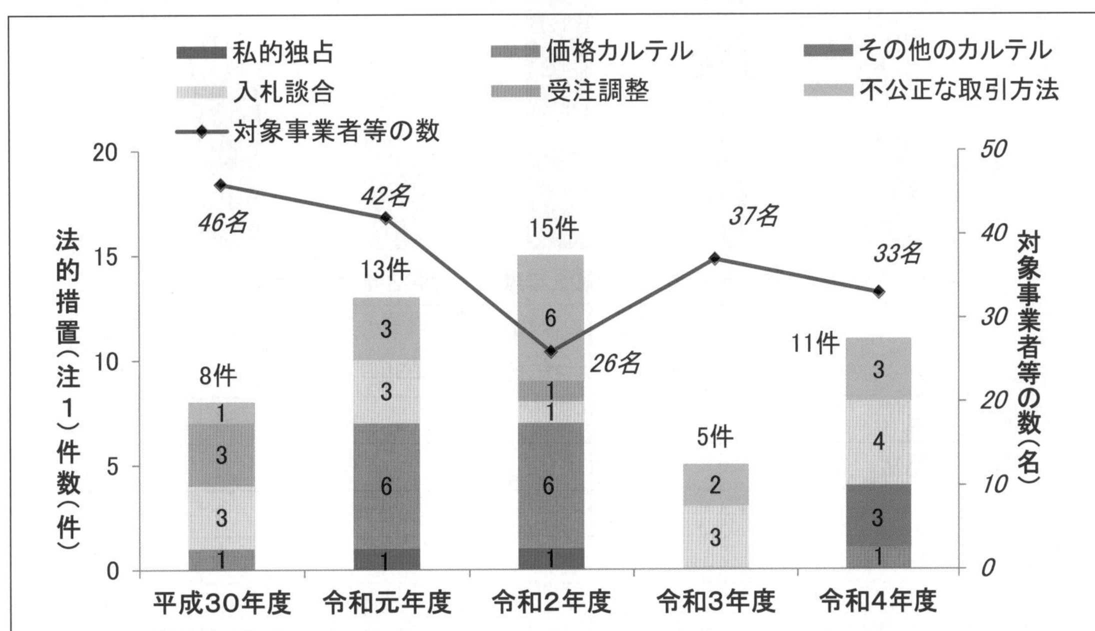

行為類型（注2）＼年度	平成30年度	令和元年度	令和2年度	令和3年度	令和4年度
私的独占	0	1	1	0	0
価格カルテル	1	6	6	0	1
その他のカルテル（注3）	0	0	0	0	3
入札談合	3	3	1	3	4
受注調整	3	0	1	0	0
不公正な取引方法	1	3	6	2	3
合計	8	13	15	5	11

（注１）法的措置とは、排除措置命令、課徴金納付命令及び確約計画の認定のことである。一つの事件について、排除措置命令と課徴金納付命令が共に行われている場合には、法的措置件数を１件としている。
（注２）私的独占と不公正な取引方法のいずれも関係法条となっている事件は、私的独占に分類している。
（注３）「その他のカルテル」とは、数量、販路、顧客移動禁止、設備制限等のカルテルである。

第２図　排除措置命令、確約計画の認定、警告等の件数の推移

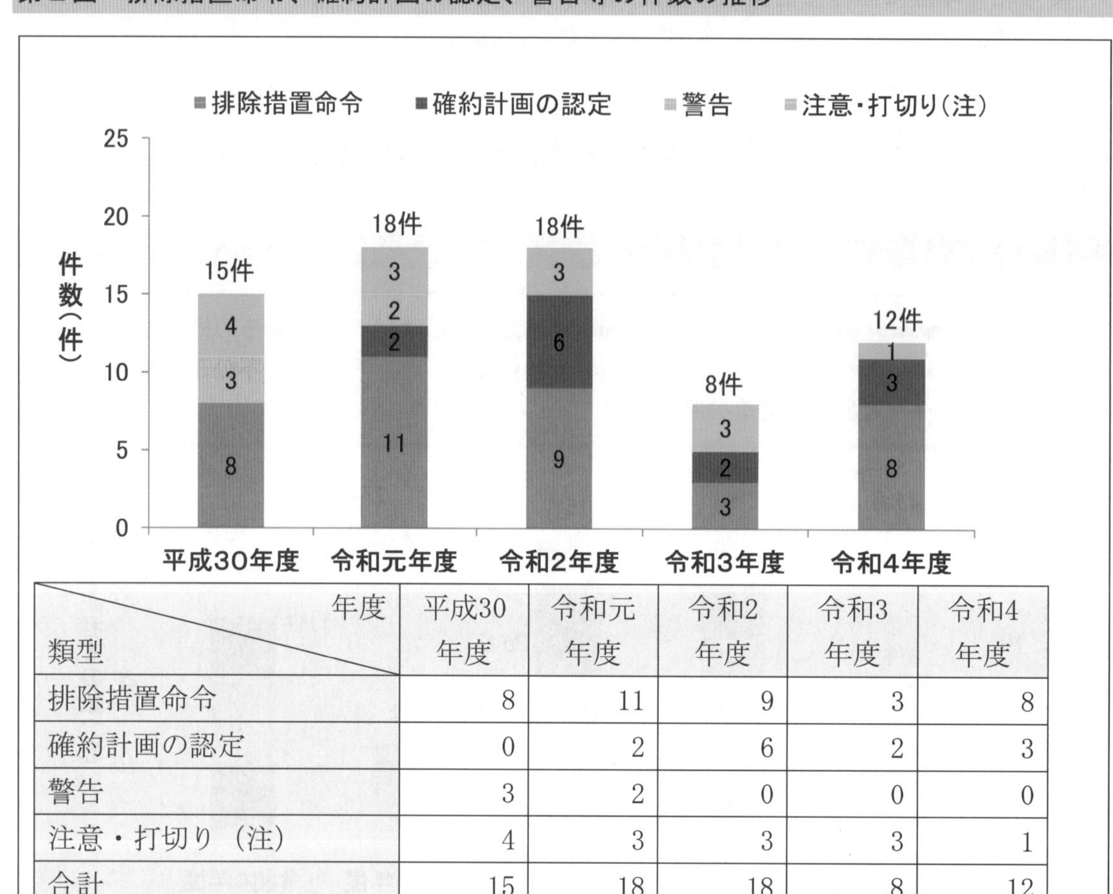

類型＼年度	平成30年度	令和元年度	令和2年度	令和3年度	令和4年度
排除措置命令	8	11	9	3	8
確約計画の認定	0	2	6	2	3
警告	3	2	0	0	0
注意・打切り（注）	4	3	3	3	1
合計	15	18	18	8	12

（注）事案の概要を公表したものに限る。

表　課徴金額等の推移

課徴金納付命令＼年度	平成30年度	令和元年度	令和2年度	令和3年度	令和4年度
課徴金額（億円）	2.6	692.7	43.2	21.8	1019.8
対象事業者数（名）	18	37	4	31	21

（注）課徴金額については、千万円未満切捨て。

オ　このほか、違反につながるおそれのある行為に対する注意275件（不当廉売事案について迅速処理による注意を行った192件を含む。）を行うなど、適切かつ迅速な法運用に努めた。

カ　公正取引委員会は、独占禁止法違反行為の審査の過程において競争政策上必要な措置を講ずべきと判断した事項について、事業者団体等に申入れ等を行っている。

令和４年度においては、電気事業連合会に対して申入れを行った。

キ　公正取引委員会は、国民生活に広範な影響を及ぼすと考えられる悪質かつ重大な事案等については、刑事処分を求めて積極的に告発を行うこととしている。

令和４年度においては、公益財団法人東京オリンピック・パラリンピック競技大会組織委員会が発注する東京2020オリンピック・パラリンピック競技大会に関するテストイベント計画立案等業務委託契約等の入札談合事件について、令和５年２月28日、入札参加業者６社及び当該６社でテストイベント計画立案等業務委託契約等の受注等に関する業務に従事していた者６名並びに公益財団法人東京オリンピック・パラリンピック競技大会組織委員会大会準備運営第一局次長等としてテストイベント計画立案等業務委託契約等の発注等に関する業務に従事していた者１名を、検事総長に告発した。

⑵　公正な取引慣行の推進

ア　優越的地位の濫用に対する取組

公正取引委員会は、独占禁止法上の不公正な取引方法に該当する優越的地位の濫用行為が行われないよう監視を行うとともに、独占禁止法に違反する行為には厳正に対処している。また、優越的地位の濫用行為に係る調査を効率的かつ効果的に行い、必要な是正措置を講じていくことを目的とした「優越的地位濫用事件タスクフォース」を設置し、調査を行っている。

令和４年度においては、優越的地位の濫用事件について、優越的地位の濫用につながるおそれがあるとして55件の注意を行った。

イ　不当廉売に対する取組

公正取引委員会は、小売業における不当廉売について、迅速に処理を行うとともに、大規模な事業者による不当廉売事案又は繰り返し行われている不当廉売事案であって、周辺の販売業者に対する影響が大きいと考えられるものについて、周辺の販売業者の事業活動への影響等を個別に調査し、問題がみられた事案については、法的措置を採るなど厳正に対処している。

令和４年度においては、酒類、石油製品等の小売業において、不当廉売につながるおそれがあるとして192件（酒類37件、石油製品151件、その他４件）の注意を行った。

また、ガソリン等販売業を取り巻く経営環境の変化等を踏まえ、法運用の透明性を一層確保し、事業者の予見可能性をより高めるため、令和４年11月11日、「ガソリン等の流通における不当廉売，差別対価等への対応について」を改定し、公表した。

ウ　下請法違反行為の積極的排除等

㋐　公正取引委員会は、下請事業者からの自発的な情報提供が期待しにくいという下請取引の実態に鑑み、中小企業庁と協力し、親事業者及びこれらと取引している下請事業者を対象として定期的な調査を実施するなど、下請法違反行為の発見に努めている。また、中小事業者を取り巻く環境が依然として厳しい状況において、中小事業者の自主的な事業活動が阻害されることのないよう、下請法の迅速かつ効果的な運用により、下請取引の公正化及び下請事業者の利益の保護に努めている。

令和４年度においては、親事業者７万名及びこれらと取引している下請事業者30万名を対象に定期調査を行い、定期調査等の結果、下請法に基づき６件の勧告を行うとともに、8,665件の指導を行った（第３図参照。詳細は第２部第８章第２ 6 を参照）。

＜令和４年度における勧告事件＞
○　食料品及び飲料品の卸売業における下請代金の減額事件
○　包装資材、販売促進用商品等の卸売業における下請代金の減額事件
○　発電用バルブの製造業等における不当な経済上の利益の提供要請事件
○　食品等の販売業における下請代金の減額、返品及び不当な経済上の利益の提供要請事件
○　電動工具の販売業における下請代金の買いたたき事件
○　日用雑貨品、家具等の販売業における返品事件

第３図　下請法の事件処理件数の推移

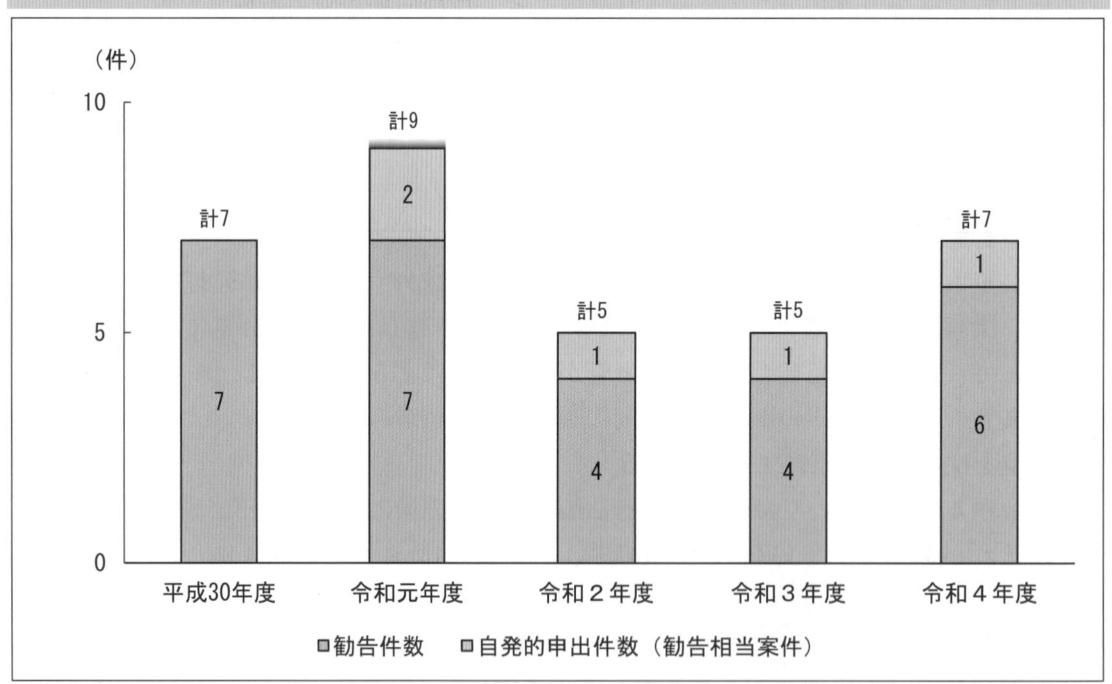

（注）自発的な申出事案については後記(ウ)参照。

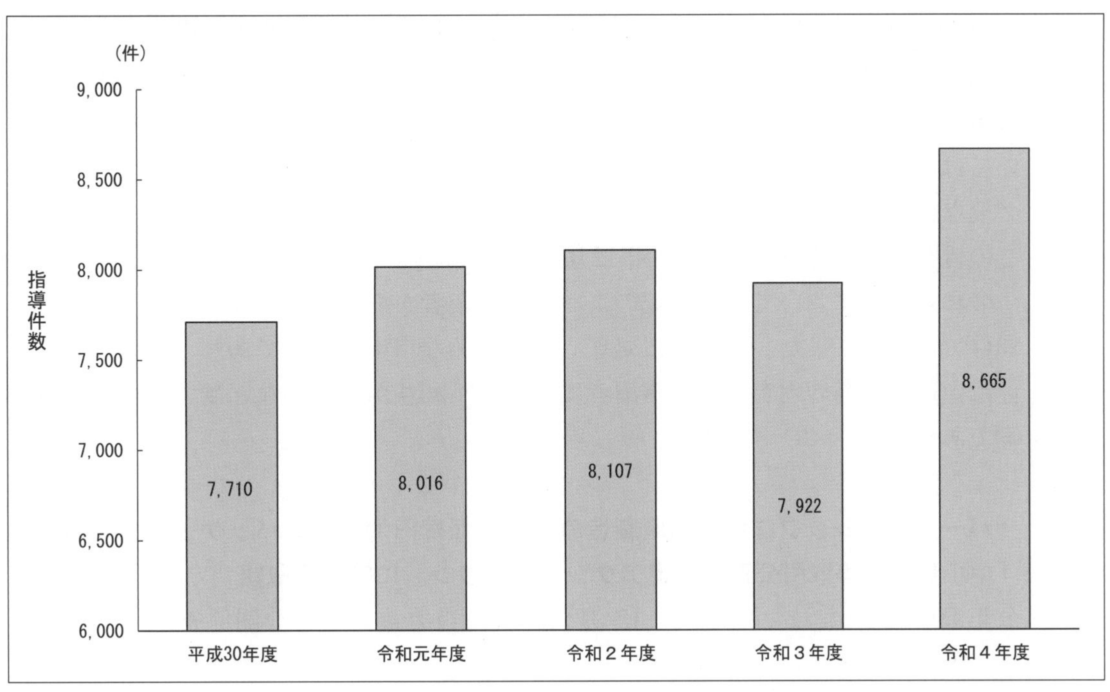

(イ) 令和４年度においては、下請事業者が被った不利益について、親事業者180名から下請事業者6,294名に対し、下請代金の減額分の返還等、総額11億3465万円相当の原状回復が行われた（第４図参照）。このうち、主なものとしては、①下請代金の減額事件において、親事業者は総額８億5561万円を下請事業者に返還し、②下請代金の支払遅延事件において、親事業者は遅延利息等として総額１億4064万円を下請事業者に支払い、③返品事件において、親事業者は総額１億1512万円相当の商品を下請事業者から引き取り、④不当な経済上の利益の提供要請事件において、親事業者は総額1865万円の利益提供分を下請事業者に返還した。

第４図　原状回復の状況

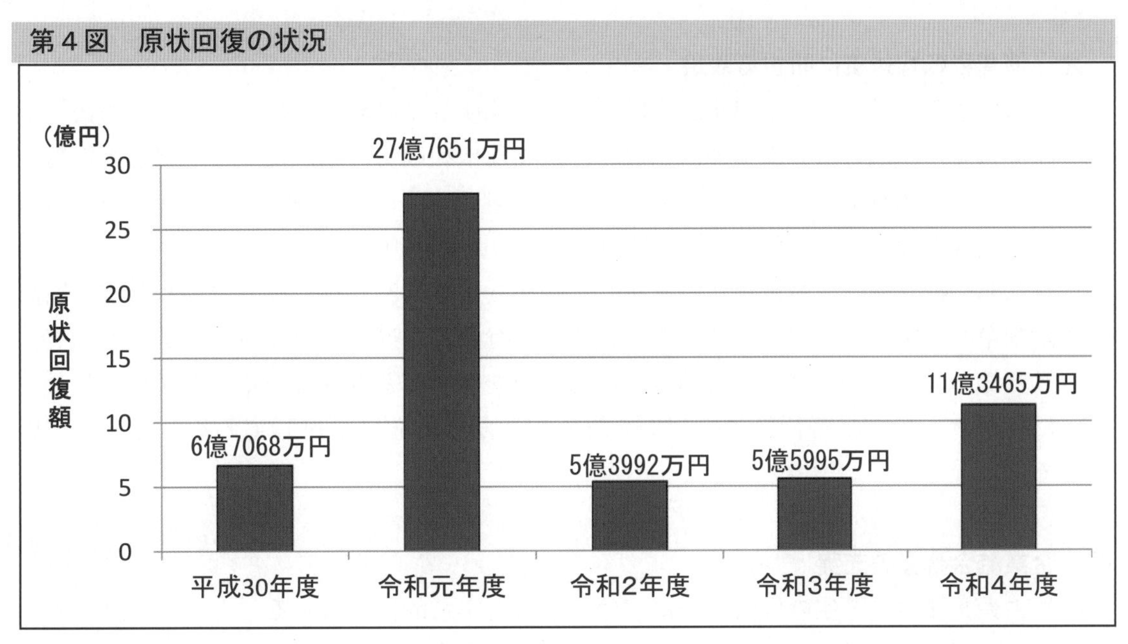

(ウ)　公正取引委員会は、親事業者の自発的な改善措置が下請事業者の受けた不利益の早期回復に資することに鑑み、当委員会が調査に着手する前に、違反行為を自発的に申し出、かつ、自発的な改善措置を採っているなどの事由が認められる事案については、親事業者の法令遵守を促す観点から、下請事業者の利益を保護するために必要な措置を採ることを勧告するまでの必要はないものとして取り扱うこととし、この旨を公表している（平成20年12月17日公表）。

令和４年度においては、前記のような親事業者からの違反行為の自発的な申出は23件であった。また、同年度に処理した自発的な申出は20件であり、そのうちの１件は、違反行為の内容が下請事業者に与える不利益が大きいなど勧告に相当する事案であった。

エ　「パートナーシップによる価値創造のための転嫁円滑化施策パッケージ」を踏まえた「中小事業者等取引公正化推進アクションプラン」に関する取組

公正取引委員会は、令和３年 12 月 27 日、当委員会を含む関係省庁において、「パートナーシップによる価値創造のための転嫁円滑化施策パッケージ」が取りまとめられたことを踏まえ、令和４年３月 30 日、「令和４年中小事業者等取引公正化推進アクションプラン」を策定した。これらに基づき、22 業種 11 万名を対象に、独占禁止法上の「優越的地位の濫用」に関する緊急調査を実施し、問題につながるおそれのある行為が認められた 4,030 名に対して注意喚起文書を発出するとともに、多数の取引先に対して協議を経ない取引価格の据置き等が認められた事業者 13 名について、その事業者名を公表するなど、適正な価格転嫁の実現に向けて、従来にない取組を進めた。その上で、令和５年３月１日、当委員会は、新たに「令和５年中小事業者等取引公正化推進アクションプラン」を策定し、適正な価格転嫁の実現に向けて、更なる取組方針を取りまとめ、関係事業者団体約 1,600 団体に対し、円滑な価格転嫁の実現に向けた要請文書を送付するなどした（詳細は第２部第９章を参照）。

オ　消費税転嫁対策に関する取組

公正取引委員会は、本局及び全国の地方事務所等に設置した相談窓口への相談・情報提供や下請法の書面調査の活用など、様々な情報収集活動によって把握した情報を踏まえ、立入検査等の調査を積極的に行い、消費税転嫁対策特別措置法に基づき161件の指導を行った。また、総額４億1497万円の原状回復が行われた。

なお、消費税転嫁対策特別措置法は、令和３年３月31日をもって失効したが、同法附則第２条第２項の規定に基づき、失効前に行われた違反行為に対する調査、指導、勧告等の規定については、失効後もなお効力を有するとされていることから、失効前に行われた転嫁拒否行為には、引き続き迅速かつ的確に対処していくこととしている。

⑶　企業結合審査の充実

独占禁止法は、一定の取引分野における競争を実質的に制限することとなる会社の株式取得・所有、合併等を禁止している。公正取引委員会は、我が国における競争的な市場構造が確保されるよう、迅速かつ的確な企業結合審査に努めている。また、個別事案の審査に当たっては、経済分析を積極的に活用している。

令和４年度においては、独占禁止法第９条から第16条までの規定に基づく企業結合審査に関する業務として、銀行又は保険会社の議決権取得・保有について21件の認可を行い、持株会社等について116件の報告、会社の株式取得・合併・分割・共同株式移転・事業譲受け等について306件の届出をそれぞれ受理し、必要な審査を行った。また、「企業結合審査の手続に関する対応方針」（平成23年６月14日公正取引委員会。令和元年12月17日改定）において届出基準を満たさない（届出を要しない）企業結合計画であっても、買収に係る対価の総額が大きく、かつ、国内の需要者に影響を与えると見込まれる場合には、企業結合審査を行う旨を公表しているところ、これを踏まえ必要な審査を行った。さらに、令和４年６月22日、当事会社等と公正取引委員会との内部文書の提出に係る円滑なやり取りに資するよう「企業結合審査における内部文書の提出に係る公正取引委員会の実務」を公表した。

3　競争環境の整備（アドボカシー（唱導））

⑴　デジタル化等社会経済の変化に対応した競争政策の積極的な推進に向けて

デジタル化の進展等、社会経済が急速に変化する中で、イノベーションや企業の成長を促す競争環境を整備することが重要となっている。このため、公正取引委員会は、独占禁止法の厳正かつ的確な執行（エンフォースメント）による違反行為の排除とともに、様々な分野での取引慣行の改善や規制・制度の見直しを提言する唱導（アドボカシー）による競争環境の整備に取り組んできた。当委員会は、令和４年６月16日、「デジタル化等社会経済の変化に対応した競争政策の積極的な推進に向けて―アドボカシーとエンフォースメントの連携・強化―」と題するステートメントを公表し、エンフォースメントとアドボカシーを車の両輪として一層精力的に取り組み、組織全体としてデジタル化の進展等社会経済の変化への対応を強化することを表明した。

⑵　ガイドラインの策定等

公正取引委員会は、独占禁止法違反行為の未然防止と事業者及び事業者団体の適切な活動に役立てるため、事業者及び事業者団体の活動の中でどのような行為が実際に独占禁止法違反となるのかを具体的に示したガイドラインを策定している。

＜令和４年度における主なガイドラインの策定等＞

○　「電気通信事業分野における競争の促進に関する指針」の改定

○　「グリーン社会の実現に向けた事業者等の活動に関する独占禁止法上の考え方」の策定

⑶　実態調査

公正取引委員会は、様々な分野に関する実態調査を積極的に行っており、実態調査において把握した事実等に基づき、独占禁止法又は競争政策上の問題点や論点を指摘して、事業者や事業者団体による取引慣行の自主的な改善を促すことや、制度所管官庁による規制や制度の見直しなどを提言することを通じ、競争環境の整備を図っている。

＜令和４年度における主な実態調査＞
○　クレジットカードの取引に関する実態調査
○　クラウドサービス分野に関する実態調査
○　モバイルＯＳ等に関する実態調査
○　携帯電話端末の廉価販売に関する緊急実態調査
○　フィンテックを活用したサービスに関するフォローアップ調査

⑷　イノベーションと競争政策に関する検討会

イノベーションを促進し得る市場環境を確保することは、競争政策における重要かつ現代的な政策課題であり、将来起こり得るイノベーションという長期的な競争環境に対する影響を適切に評価していくことが重要である。公正取引委員会は、このような認識の下、それら実態に係るより深い理解や知見を得るため、企業行動等がイノベーションに与える影響メカニズム等について、経済学的知見等に基づき理論的・体系的に整理することを目的として、令和５年３月以降、「イノベーションと競争政策に関する検討会」を開催している。

⑸　デジタル市場競争会議への参画

内閣に設置されたデジタル市場競争本部の下、デジタル市場に関する重要事項の調査審議等を実施するため、デジタル市場競争会議が開催されている。同会議は、内閣官房長官が議長を務め、公正取引委員会に関する事務を担当する内閣府特命担当大臣、公正取引委員会委員長も構成員となっている。

令和４年４月26日に第６回デジタル市場競争会議が開催され、公正取引委員会に関する事務を担当する内閣府特命担当大臣及び公正取引委員会委員長が出席した。

⑹　競争評価に関する取組

各府省が規制の新設又は改廃を行おうとする場合、原則として、規制の事前評価の実施が義務付けられ、競争状況への影響の把握や分析（以下「競争評価」という。）も行うこととされている。規制の事前評価における競争評価において、各府省は、競争評価チェックリストを作成し、規制の事前評価書の提出と併せて総務省に提出し、総務省は、受領した競争評価チェックリストを公正取引委員会へ送付することとされている。

公正取引委員会は、令和４年度においては、総務省から競争評価チェックリストを227件受領し、その内容を精査した。また、各府省における競争評価のより適切な実施の促進を目的として、競争評価の手法の改善等を検討するため、経済学や規制の政策評価の知見を有する有識者による競争評価検討会議を２回開催した（詳細は第２部第４章第７を参照）。

⑺　入札談合の防止への取組

公正取引委員会は、入札談合の防止を徹底するためには発注者側の取組が極めて重要であるとの観点から、地方公共団体等の調達担当者等に対する独占禁止法や入札談合等関与行為防止法の研修会を開催するとともに、国、地方公共団体等が実施する調達担当者等に対する同様の研修会への講師の派遣及び資料の提供等の協力を行っている。

令和４年度においては、研修会を全国で36回開催するとともに、国、地方公共団体等に対して225件の講師の派遣を行った（詳細は第２部第４章第８を参照）。

⑻　相談対応

公正取引委員会は、事業者、事業者団体、一般消費者等から寄せられる独占禁止法及び関係法令に関する質問に対して、文書又は口頭により回答している。

4　競争政策の運営基盤の強化

⑴　競争政策に関する理論的・実証的な基盤の整備

競争政策研究センターは、平成15年６月の発足以降、独占禁止法等の執行並びに競争政策の企画・立案及び評価を行う上での理論的・実証的な基礎を強化するための活動を展開している。

令和４年度においては、シンポジウムを２回開催したほか、公開セミナーを１回開催した（詳細は第２部第５章第１を参照）。

⑵　競争政策・法執行における経済分析の活用

公正取引委員会は、「成長戦略フォローアップ」（令和３年６月18日閣議決定）を踏まえ、独占禁止法等の執行・競争政策の立案の基盤となり得る質の高い経済分析を行う体制を強化するため、令和４年４月１日、「経済分析室」を設置した。また、「経済分析報告書及び経済分析等に用いるデータ等の提出についての留意事項」を令和４年５月31日に公表したほか、令和４年度に結果を公表した独占禁止法違反被疑事件審査、企業結合審査、各種実態調査等のうち、経済分析を活用したものについて、その内容を公表した。

⑶　経済のグローバル化への対応

ア　競争当局間における連携強化

公正取引委員会は、二国間独占禁止協力協定等に基づき、関係国の競争当局に対し、執行活動等に関する通報を行うなど、外国の競争当局との間で緊密な協力を行っている。また、我が国と経済的交流が特に活発な国・地域の競争当局等との間で競争政策に関する協議を行っている（詳細は第２部第11章第１及び第２参照）。

イ　経済連携協定等への取組

公正取引委員会は、経済連携協定等において競争政策を重要な要素と位置付け、競争分野における協力枠組みに係る条項等を盛り込む方向で交渉に参加している。令和４年度においては、インド太平洋経済枠組み（ＩＰＥＦ）の締結交渉に参加した（詳細は第２部第11章第３を参照）。

ウ　多国間会議への参加

国際競争ネットワーク（ＩＣＮ）においては、その設立以来、公正取引委員会委員長が、ＩＣＮの活動全体を管理する運営委員会のメンバーを務めている。また、当委員会は、令和２年５月から、単独行為作業部会の共同議長を務めている。

公正取引委員会は、令和５年３月、「現在の単独行為分野における競争政策と法執行の発展と課題」をテーマとしたワークショップを東京において主催した。

また、経済協力開発機構（ＯＥＣＤ）に設けられている競争委員会の各会合に、公正取引委員会委員等が参加している。

さらに、令和４年10月12日、ベルリンにおいて、Ｇ７の競争当局及び政策立案者のトップ等が出席する「エンフォーサーズ及びポリシーメイカーズサミット」が開催され、公正取引委員会委員長等が出席した。

このほか、公正取引委員会は、アジア太平洋経済協力（ＡＰＥＣ）、国連貿易開発会議（ＵＮＣＴＡＤ）、東アジア競争政策トップ会合（ＥＡＴＯＰ）等といった多国間会議にも積極的に参加している（詳細は第２部第11章第４を参照）。

エ　技術支援

公正取引委員会は、東アジア地域等の開発途上国の競争当局等に対し、当委員会事務総局の職員の派遣や研修の実施等の競争法・政策分野における技術支援活動を行っている。

令和４年度においては、独立行政法人国際協力機構（ＪＩＣＡ）の枠組みを通じて、ベトナム、モンゴル、マレーシア及びタイに対して技術支援を行ったほか、競争法制を導入しようとする国や既存の競争法制の強化を図ろうとする国の競争当局等の職員に対し、競争法・政策に関する研修を実施した（詳細は第２部第 11 章第５を参照）。

⑷　競争政策の普及啓発に関する広報・広聴活動

競争政策に関する意見、要望等を聴取して施策の実施の参考とし、併せて競争政策への理解の促進に資するため、独占禁止政策協力委員から意見聴取を行った。

また、経済社会の変化に即応して競争政策を有効かつ適切に推進するため、公正取引委員会が広く有識者と意見を交換し、併せて競争政策の一層の理解を求めることを目的として、独占禁止懇話会を開催しているところ、令和４年度においては、同懇話会を３回開催した。

さらに、経済団体や消費者団体との意見交換会、公正取引委員会委員等と各地の有識者との懇談会（全国８都市）、地方事務所長等の当委員会事務総局の職員と各地区の有識者との懇談会（全国各地区）、弁護士会との懇談会（全国各地区）及び全国規模の弁護士会連合会との意見交換会をそれぞれ開催した。

前記以外の活動として、本局及び地方事務所等の所在地以外の都市における独占禁止法等の普及啓発活動や相談対応の一層の充実を図るため、一般消費者に独占禁止法の内容や公正取引委員会の活動を紹介する「消費者セミナー」を開催した。

加えて、中学校、高等学校及び大学（大学院等を含む。）に職員を講師として派遣し、経済活動における競争の役割等について授業を行う独占禁止法教室（出前授業）の開催など、学校教育等を通じた競争政策の普及啓発に努めた（詳細は第２部第12章第１を参照）。

<令和４年度における主な取組>（注）

○　独占禁止政策協力委員に対する意見聴取の実施（150件）
○　独占禁止懇話会の開催（３回）
○　経済団体との意見交換会の実施（１回）
○　消費者団体との意見交換会の実施（11団体）
○　地方有識者との懇談会の開催（北海道旭川市、青森市、さいたま市、金沢市、和歌山市、広島市、徳島市及び熊本市）
○　その他の地方有識者との懇談会の開催（98回）
○　弁護士会との懇談会の開催（15回）
○　全国規模の弁護士会連合会との意見交換会の実施（２回）
○　消費者セミナーの開催（83回）
○　独占禁止法教室の開催（中学生向け51回、高校生向け29回、大学生等向け140回）

（注）対面形式のほか、ウェブ会議等の非対面形式も活用して開催した。

第２部

各　　論

第1章　独占禁止法制等の動き

第1　独占禁止法の改正及び「特定受託事業者に係る取引の適正化等に関する法律案」の国会提出

1　デジタル社会の形成を図るための規制改革を推進するためのデジタル社会形成基本法等の一部を改正する法律案の制定に伴う独占禁止法の改正

公示送達についてインターネットによる閲覧等を可能とする独占禁止法の改正を含む「デジタル社会の形成を図るための規制改革を推進するためのデジタル社会形成基本法等の一部を改正する法律案」が、令和５年３月７日、第211回通常国会に提出された。

2　「特定受託事業者に係る取引の適正化等に関する法律案」の国会提出

「新しい資本主義のグランドデザイン及び実行計画」（令和４年６月７日閣議決定）において、フリーランスの取引適正化のための法制度について検討し、早期に国会に提出するとされたこと等を踏まえ、我が国における働き方の多様化の進展に鑑み、個人が事業者として受託した業務に安定的に従事することができる環境を整備するため、特定受託事業者に業務委託をする事業者について、特定受託事業者の給付の内容その他の事項の明示を義務付けるなどの措置を講ずることを内容とする「特定受託事業者に係る取引の適正化等に関する法律案」が、令和５年２月24日、第211回通常国会に提出された。

第2　その他所管法令の改正等

1　私的独占の禁止及び公正取引の確保に関する法律第四十条の処分に関する規則の制定

「デジタル化等社会経済の変化に対応した競争政策の積極的な推進に向けて―アドボカシーとエンフォースメントの連携・強化―」（令和４年６月16日公表。詳細は第４章第１を参照）において、実態調査等の目的を達成するために必要かつ相当な範囲において、独占禁止法第40条に規定する調査権限を行使することとされた。これを受け、独占禁止法第40条に規定する調査権限に係る送達すべき書類等を定めるため、「私的独占の禁止及び公正取引の確保に関する法律第四十条の処分に関する規則」（令和４年公正取引委員会規則第２号。令和４年８月12日公布、同日施行）を制定した。

2　公正取引委員会事務総局組織令等の改正

「物価高克服・経済再生実現のための総合経済対策」（令和４年10月28日閣議決定）等に基づく中小下請取引適正化に向けた執行強化のため、公正取引委員会は、以下のとおり公正取引委員会事務総局組織令（昭和27年政令第373号）等の改正を行った。

(1)　公正取引委員会事務総局組織令の改正

事務総局の官房に置かれる参事官を一人増員することを内容とする公正取引委員会事務総局組織令の改正を行った（公正取引委員会事務総局組織令の一部を改正する政令（令

和４年政令第375号。令和４年12月９日公布、同日施行))。

⑵　公正取引委員会事務総局組織規則の改正

事務総局の経済取引局取引部企業取引課に企画官一人を置くこと等を内容とする公正取引委員会事務総局組織規則（昭和53年総理府令第10号）の改正を行った（公正取引委員会事務総局組織規則の一部を改正する内閣府令（令和４年内閣府令第64号。令和４年12月９日公布、同日施行))。

⑶　公正取引委員会事務総局組織規程の改正

事務総局の経済取引局取引部企業取引課に転嫁円滑化対策調査官27人以内を置くこと等を内容とする公正取引委員会事務総局組織規程（昭和40年公正取引委員会規則第１号）の改正を行った（公正取引委員会事務総局組織規程の一部を改正する規則（令和４年公正取引委員会規則第３号。令和４年12月９日公布、同日施行))。

3　公正取引委員会の所管する法令に係る情報通信技術を活用した行政の推進等に関する法律施行規則の改正

独占禁止法等に基づく手続について、申請者等の利便性の向上及び行政事務の効率化を図るため、公正取引委員会ホームページシステムの更改に合わせてオンラインによる受付機能を拡充等したことに伴い、公正取引委員会の所管する法令に係る情報通信技術を活用した行政の推進等に関する法律施行規則（平成15年公正取引委員会規則第１号）について所要の改正を行った（令和５年公正取引委員会規則第２号。令和５年３月31日公布、同年４月１日施行)。

第３　独占禁止法と他の経済法令等の調整

1　法令協議

公正取引委員会は、関係行政機関が特定の政策的必要性から経済法令の制定又は改正を行おうとする際に、これら法令に独占禁止法の適用除外や競争制限的効果をもたらすおそれのある行政庁の処分に係る規定を設けるなどの場合には、その企画・立案の段階で、当該行政機関からの協議を受け、独占禁止法及び競争政策との調整を図っている。

2　行政調整

公正取引委員会は、関係行政機関が特定の政策的必要性から行う行政措置等について、独占禁止法及び競争政策上の問題が生じないよう、当該行政機関と調整を行っている。

第2章 違反被疑事件の審査及び処理

第1 違反被疑事件の審査及び処理の状況

1 排除措置命令等

独占禁止法は、事業者が私的独占又は不当な取引制限をすること、不公正な取引方法を用いること等を禁止している。公正取引委員会は、一般から提供された情報、自ら探知した事実、違反行為をした事業者からの課徴金減免申請等を検討し、これらの禁止規定に違反する事実があると思料するときは、独占禁止法違反被疑事件として必要な審査を行っている。

審査事件のうち、必要なものについては独占禁止法に基づく権限を行使して審査を行い（法第47条）、違反する事実があると認められ、排除措置命令等をしようとするときは、意見聴取を行い（法第49条等）、意見聴取官が作成した意見聴取調書及び意見聴取報告書の内容を参酌している（法第60条等）。

また、排除措置命令を行うに足る証拠が得られなかった場合であっても、違反の疑いがあるときは、関係事業者等に対して警告を行い、是正措置を採るよう指導している（注）。

さらに、違反行為の存在を疑うに足る証拠は得られなかったが、違反につながるおそれのある行為がみられた場合には、未然防止を図る観点から注意を行っている。

なお、法的措置又は警告をしたときは、その旨公表している。また、注意及び打切りについては、競争政策上公表することが望ましいと考えられる事案であり、かつ、関係事業者から公表する旨の了解を得た場合又は違反被疑対象となった事業者が公表を望む場合は、公表している（第1図参照）。

令和4年度における審査件数（不当廉売事案で迅速処理したもの（第1－2表）を除く。）は、前年度からの繰越しとなっていたもの13件及び年度内に新規に着手したもの103件の合計116件であり、このうち年度内に処理した件数は99件であった。99件の内訳は、排除措置命令が8件、確約計画の認定が3件、注意が83件、審査を打ち切ったものが5件となっている（第1－1表参照）。

（注）公正取引委員会は、警告を行う場合にも、公正取引委員会の審査に関する規則（平成17年公正取引委員会規則第5号）に基づき、事前手続を経ることとしている。

第１図　排除措置命令・確約計画の認定・警告等の件数の推移

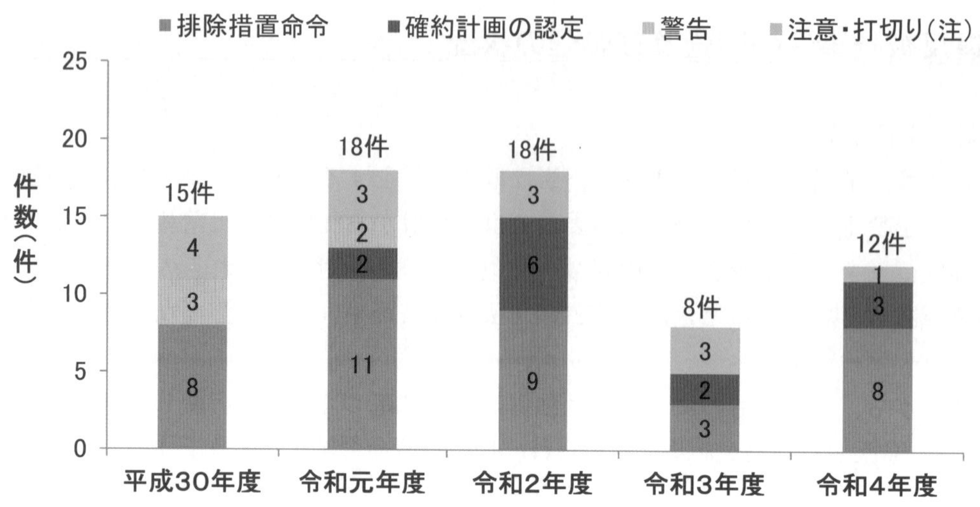

類型＼年度	平成30年度	令和元年度	令和2年度	令和3年度	令和4年度
排除措置命令	8	11	9	3	8
確約計画の認定	0	2	6	2	3
警告	3	2	0	0	0
注意・打切り（注）	4	3	3	3	1
合計	15	18	18	8	12

（注）事案の概要を公表したものに限る。

第１－１表　審査事件処理状況の推移（不当廉売事案で迅速処理（注）を行ったものを除く。）

年度			平成30年度	令和元年度	令和2年度	令和3年度	令和4年度
審査件数	前年度からの繰越し		25	23	18	10	13
審査件数	年度内新規着手		118	76	83	103	103
審査件数	合　計		143	99	101	113	116
処理件数	法的措置	排除措置命令	8	11	9	3	8
処理件数	法的措置	対象事業者等の数	46	40	20	34	29
処理件数	法的措置	確約計画の認定	0	2	6	2	3
処理件数	法的措置	対象事業者の数	0	2	6	3	4
処理件数	その他	終　了（違反認定）	0	0	0	0	0
処理件数	その他	警　告	3	2	0	0	0
処理件数	その他	注　意	95	57	73	92	83
処理件数	その他	打 切 り	14	9	3	3	5
処理件数	その他	小　計	112	68	76	95	88
処理件数	合　計		120	81	91	100	99
次年度への繰越し			23	18	10	13	17
課徴金納付命令	対象事業者数		18	37	4	31	21
課徴金納付命令	課徴金額（円）		2億6111万	692億7560万	43億2923万	21億8026万	1019億8909万
告　発			0	0	1	0	1

（注）申告のあった不当廉売事案に対し可能な限り迅速に処理する（原則２か月以内）という方針に基づいて行う処理をいう。

第１－２表　不当廉売事案における注意件数（迅速処理によるもの）の推移

年　度	平成30年度	令和元年度	令和2年度	令和3年度	令和4年度
不当廉売事案における注意件数（迅速処理によるもの）	227	235	136	244	192

第２図　法的措置（注１）件数等の推移

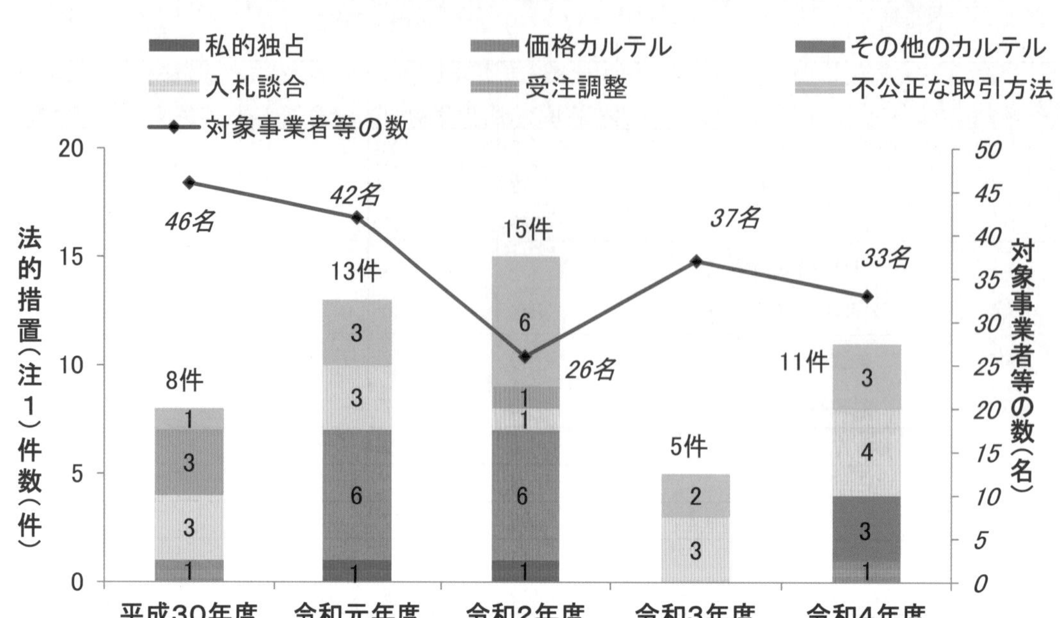

行為類型（注2）＼年度	平成30年度	令和元年度	令和2年度	令和3年度	令和4年度
私的独占	0	1	1	0	0
価格カルテル	1	6	6	0	1
その他のカルテル（注3）	0	0	0	0	3
入札談合	3	3	1	3	4
受注調整	3	0	1	0	0
不公正な取引方法	1	3	6	2	3
合計	8	13	15	5	11

（注１）法的措置とは、排除措置命令、課徴金納付命令及び確約計画の認定のことである。一つの事件について、排除措置命令と課徴金納付命令が共に行われている場合には、法的措置件数を１件としている。
（注２）私的独占と不公正な取引方法のいずれも関係法条となっている事件は、私的独占に分類している。
（注３）「その他のカルテル」とは、数量、販路、顧客移動禁止、設備制限等のカルテルである。

令和４年度における処理件数を行為類型別にみると、価格カルテル３件、その他のカルテル３件、入札談合５件、不公正な取引方法81件となっている（第２表参照）。法的措置は11件であり、この内訳は、価格カルテル１件、その他のカルテル３件、入札談合４件、不公正な取引方法３件となっている（第２表及び第３表参照）。

第２表　令和４年度審査事件（行為類型別）一覧表

行為類型（注1）＼処理		排除措置命令	確約計画の認定	終了（違反認定）	警告	注意	打切り	合計
私的独占		0	0	0	0	0	0	0
不当な取引制限	価格カルテル	1	0	0	0	2	0	3
	その他のカルテル（注2）	3	0	0	0	0	0	3
	入札談合	4	0	0	0	1	0	5
	小　計	8	0	0	0	3	0	11
不公正な取引方法（注3）	再販売価格の拘束	0	1	0	0	8	1	10
	その他の拘束・排他条件付取引	0	1	0	0	5	0	6
	取引妨害	0	1	0	0	2	1	4
	優越的地位の濫用	0	0	0	0	55	2	57
	不当廉売	0	0	0	0	3	1	4
	その他	0	0	0	0	0	0	0
	小　計	0	3	0	0	73	5	81
その他（注4）		0	0	0	0	7	0	7
合　計		8	3	0	0	83	5	99

（注１）複数の行為類型に係る事件は、主たる行為に即して分類している。
（注２）「その他のカルテル」とは、数量、販路、顧客移動禁止、設備制限等のカルテルである。
（注３）事業者団体が事業者に不公正な取引方法に該当する行為をさせるようにする行為（独占禁止法第８条第５号）は、不公正な取引方法に分類している。
（注４）「その他」とは、事業者団体による構成事業者の機能又は活動の不当な制限等である。

第３表　法的措置（注１）件数（行為類型別）の推移

行為類型（注2）＼年度		平成30年度	令和元年度	令和2年度	令和3年度	令和4年度	合計
私的独占		0	1	1	0	0	2
不当な取引制限	価格カルテル	1	6	6	0	1	14
	その他のカルテル（注3）	0	0	0	0	3	3
	入札談合	3	3	1	3	4	14
	受注調整	3	0	1	0	0	4
	小　計	7	9	8	3	8	35
不公正な取引方法	再販売価格の拘束	0	2	0	0	1	3
	その他の拘束・排他条件付取引	0	1	3	1	1	6
	取引妨害	1	0	0	1	1	3
	優越的地位の濫用	0	0	3	0	0	3
	その他	0	0	0	0	0	0
	小　計	1	3	6	2	3	15
合　計		8	13	15	5	11	52

（注１）法的措置とは、排除措置命令、課徴金納付命令及び確約計画の認定のことである。一つの事件について、排除措置命令と課徴金納付命令が共に行われている場合には、法的措置件数を１件としている。
（注２）私的独占と不公正な取引方法のいずれも関係法条となっている事件は、私的独占に分類している。
（注３）「その他のカルテル」とは、数量、販路、顧客移動禁止、設備制限等のカルテルである。

2　課徴金納付命令等

⑴　課徴金納付命令の概要

独占禁止法は、カルテル・入札談合等の未然防止という行政目的を達成するために、行政庁たる公正取引委員会が違反事業者等に対して金銭的不利益である課徴金の納付を命ずることを規定している（法第７条の２第１項、第７条の９第１項及び第２項、第８条の３並びに第20条の２から第20条の６まで）。

課徴金の対象となる行為は、①事業者又は事業者団体の行うカルテルのうち、商品若しくは役務の対価に係るもの又は商品若しくは役務について供給量若しくは購入量、市場占有率若しくは取引の相手方を実質的に制限することによりその対価に影響することとなるもの、②いわゆる支配型私的独占で被支配事業者が供給する商品若しくは役務について、その対価に係るもの又は供給量、市場占有率若しくは取引の相手方を実質的に制限することによりその対価に影響することとなるもの、③いわゆる排除型私的独占のうち供給に係るもの、④独占禁止法で定められた不公正な取引方法である、共同の取引拒絶、差別対価、不当廉売及び再販売価格の拘束のうち、一定の要件を満たしたもの並びに優越的地位の濫用のうち継続して行われたものである。

令和４年度においては、延べ21名に対し総額1019億8909万円の課徴金納付命令を行った。

第４表　課徴金額等の推移

年度 課徴金納付命令	平成30年度	令和元年度	令和2年度	令和3年度	令和4年度
課徴金額（億円）	2.6	692.7	43.2	21.8	1019.8
対象事業者数（名）	18	37	4	31	21

（注）課徴金額については、千万円未満切捨て。

⑵　課徴金減免制度の概要

公正取引委員会は、平成17年独占禁止法改正法により、事業者が自ら関与したカルテル・入札談合について、その違反内容を当委員会に自主的に報告した場合、課徴金が減免される制度（以下「課徴金減免制度」という。）を導入し、さらに、令和元年独占禁止法改正法により、課徴金減免申請の申請順位に応じた減免率に、課徴金減免申請を行った事業者（調査開始日より前に最初に課徴金減免申請をした者を除く。）の事件の真相の解明に資する程度に応じた減算率を付加する制度（以下「調査協力減算制度」という。）を導入し、運用している。

令和４年度における課徴金減免制度に基づく事業者からの報告等の件数は、22件であった（課徴金減免制度導入（平成18年１月）以降の件数は1,417件）。

また、令和４年度においては、８事件延べ22名の課徴金減免制度の適用事業者について、これらの事業者の名称、免除の事実又は減額の率等を公表した（注）。このうち、２事件計４名の事業者に調査協力減算制度を適用した。

（注）公正取引委員会は、法運用の透明性等確保の観点から、課徴金減免制度が適用された事業者について、

課徴金納付命令を行った際に、当委員会のウェブサイト（https://warp.ndl.go.jp/info:ndljp/pid/12649209/www.jftc.go.jp/dk/seido/genmen/kouhyou/index.html）に、当該事業者の名称、所在地、代表者名及び免除の事実又は減額の率等を公表することとしている（ただし、平成28年５月31日以前に課徴金減免申請を行った事業者については、当該事業者から公表の申出があった場合に、公表している。）。

なお、公表された事業者数には、課徴金減免の申請を行った者であるものの、①独占禁止法第７条の２第１項に規定する売上額（課徴金の算定の基礎となる売上額）が存在しなかったため課徴金納付命令の対象になっていない者及び②算出された課徴金の額が100万円未満であったため独占禁止法第７条の２第１項ただし書により課徴金納付命令の対象になっていない者のうち、公表することを申し出た事業者の数を含めている。

3 申告等

令和４年度においては、独占禁止法の規定に違反する事実があると思われ、公正取引委員会に報告（申告）された件数は2,991件であった（第３図参照）。この報告が、公正取引委員会規則で定めるところにより、書面で具体的な事実を摘示して行われた場合には、当該報告をした者に措置結果を通知することとされており（法第45条第３項）、令和４年度においては、2,735件の通知を行った。

また、当委員会は、独占禁止法違反被疑行為の端緒情報をより広く収集するため、平成14年４月からインターネットを利用した申告が可能となる電子申告システムを当委員会のウェブサイト上に設置しているところ、令和４年度においては、前記令和４年度の申告件数のうち同システムを利用した申告が1,212件あった。

さらに、当委員会は、ＩＴ・デジタル関連分野、農業分野及び電力・ガス分野に係る情報提供窓口を設置しており、令和４年度においてもこれらの分野における独占禁止法違反被疑行為に係る情報収集に積極的に取り組んだ。

第３図　申告件数の推移

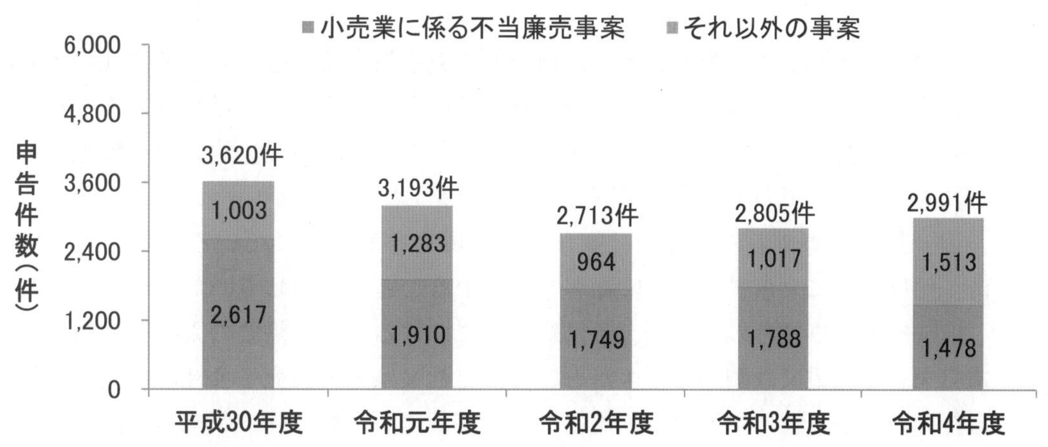

4 事業者団体等への申入れ等

公正取引委員会は、独占禁止法違反行為についての審査の過程において競争政策上必要な措置を講ずべきと判断した事項について、事業者団体等に申入れ等を行っている。令和４年度においては、以下のとおり申入れ等を行った。

(1) 電気事業連合会に対する申入れ（令和５年３月30日）（事件詳細については後記第２

1 (5)参照）

公正取引委員会は、電気事業連合会の会員である中部電力㈱、関西電力㈱、中国電力㈱及び九州電力㈱を含む違反事業者により、後記第２ 1 (5)イの独占禁止法違反行為が行われ、排除措置命令を行ったこと、また、本件審査において、当該違反事業者が、同連合会が開催する会合の機会や同連合会へ出向したことのある者同士が出向した際に構築した業務上の関係を利用して、本件違反行為に係る情報交換を行っていた事実が認められたことから、同連合会に対し、今後、本件違反行為と同様の行為又は独占禁止法違反につながる情報交換が行われないよう、同連合会の会員、役員及び事務局職員に対して周知徹底することを申し入れた。

(2)　電力・ガス取引監視等委員会に対する情報提供（令和５年３月30日）（事件詳細については後記第２ 1 (5)参照）

公正取引委員会は、本件審査において認められた以下の事実等について、電気の小売供給市場における競争の適正化を図るため、電力・ガス取引監視等委員会に対し情報提供を行った。

ア　違反事業者により、後記第２ 1 (5)イの独占禁止法違反行為が行われ、排除措置命令を行ったこと。

イ　旧一般電気事業者及びその販売子会社は、会合等において、営業活動に関する情報交換を行っていたこと。また、旧一般電気事業者及びその販売子会社は、自社の供給区域外の顧客に営業活動を行う際に、当該区域を供給区域とする旧一般電気事業者に対して、「仁義切り」などと称して、当該顧客に営業活動を行うことなどに関する情報交換を慣習的に行っていたこと。当該情報交換は、旧一般電気事業者及びその販売子会社の代表者、役員級、担当者級といった幅広い層で行われていたこと。

ウ　電力・ガス取引監視等委員会が、旧一般電気事業者及びその販売子会社の小売供給価格を監視するモニタリング調査を行っていたところ、旧一般電気事業者及びその販売子会社の中には、当該調査を行っていたことを利用し、他の旧一般電気事業者に対し、安値での小売供給に関して牽制等をしていた者がいたこと。

エ　旧一般電気事業者の中には、競争により顧客移動が生じていることを示すために、価格競争によらず、相互に顧客を獲得することを企図していた者がいたこと。

オ　旧一般電気事業者の中には、各供給区域における電気の需要の大部分に相当する電気を自ら発電又は調達してきたところ、自社又はその販売子会社の小売価格及び自社の販売子会社に卸供給する価格を、当該販売子会社以外の新電力（注１）に卸供給を行う価格よりも安価に設定していた者がいたこと。

カ　旧一般電気事業者の中には、卸売市場への電気の供給量の絞り込みを行い、市場価格（注２）を引き上げることなどにより、外部からの調達に依存する新電力の競争力を低下させることを企図していた者がいたこと。

キ　旧一般電気事業者の中には、新電力に対し、相対取引で電気の卸供給を行うに当たり、当該旧一般電気事業者の供給区域においては当該電気の小売供給を行わないように求めていた者がいたこと。
(注1)「新電力」とは、電気の自由化により新規に参入した小売電気事業者をいう。
(注2) 日本卸電力取引所からの調達価格。

5 審査官の処分に対する異議申立て及び任意の供述聴取に係る苦情申立て

独占禁止法第47条の規定に基づいて審査官がした立入検査、審尋等の処分を受けた者が、当該処分に不服があるときは、公正取引委員会の審査に関する規則(平成17年公正取引委員会規則第5号)第22条第1項の規定により、当該処分を受けた日から1週間以内に、その理由を記載した文書をもって、当委員会に異議の申立てをすることができる。令和4年度においては、調査の結果、5件の異議申立てについて理由がなかったとして却下している。

また、任意の供述聴取については、聴取対象者等が、聴取において「独占禁止法審査手続に関する指針」(平成27年12月25日公正取引委員会決定。以下「審査手続指針」という。)第2の「2 供述聴取」に反する審査官等による言動があったとする場合には、原則として当該聴取を受けた日から1週間以内に、公正取引委員会に苦情を申し立てることができる(審査手続指針第2の4)。

令和4年度における任意の供述聴取に係る苦情申立ての処理状況は第5表のとおりであり、調査の結果、苦情申立制度が対象とする審査官等の言動等に関する苦情とは認められなかったとして却下、又は審査手続指針に反する審査官等の言動等があったとは認められなかったとして棄却している。

第5表 任意の供述聴取に係る苦情申立ての処理状況

苦情申立ての類型 / 処理結果	供述聴取時の手続・説明事項に関するもの (審査手続指針第2の2(2))	威迫・強要など審査官等の言動に関するもの (審査手続指針第2の2(3)ア)	聴取時間・休憩時間に関するもの (審査手続指針第2の2(4))	供述調書の作成・署名押印の際の手続に関するもの (審査手続指針第2の2(5))	合計
処理件数	0	3	0	0	3
却下したもの	0	1	0	0	1
棄却したもの	0	2	0	0	2
必要な措置を講じたもの	0	0	0	0	0

6 判別手続の運用状況

公正取引委員会は、公正取引委員会の審査に関する規則に基づき、当委員会の行政調査手続において、所定の手続により一定の条件を満たすことが確認された事業者と弁護士との間で秘密に行われた通信の内容を記録した物件を、審査官その他の当該事件調査に従事する職員がその内容に接することなく、事件の終結を待つことなく当該事業者に還付する手続(以下「判別手続」という。)を運用している。

当該物件の還付を希望する事業者は、同規則第23条の2第1項の規定により、文書で判別手続の求めを行うこととなっている。

令和４年度においては、判別手続の求めはなかった。

第６－１表　令和４年度法的措置（排除措置命令）一覧表

一連番号	事件番号	件　名	内　容	課徴金の総額（最高額～最低額）	法的措置対象事業者の数（注）	違反法条	排除措置命令年月日
1	4（措）4	広島県が発注するコンピュータ機器の入札等の参加業者らに対する件	広島県教育委員会発注のコンピュータ機器の入札等の参加業者らが、受注予定者を決定し、受注予定者が受注できるようにしていた。	4234万円（2868万円～643万円）	6	第3条後段	4.10.6
2	4（措）5	広島市が発注するコンピュータ機器の入札参加業者らに対する件	広島市発注のコンピュータ機器の入札参加業者らが、受注予定者を決定し、受注予定者が受注できるようにしていた。	1448万円（340万円～174万円）	11	第3条後段	4.10.6
3	4（措）6	愛知県又は岐阜県に所在する病院が発注する医事業務の入札等の参加業者に対する件	愛知県又は岐阜県に所在する病院発注の医事業務の入札等の参加業者が、受注予定者を決定し、受注予定者が受注できるようにしていた。	1億2134万円	1	第3条後段	4.10.17
4	4（措）7	炭素鋼製突合せ溶接式管継手の製造販売業者らに対する件	炭素鋼製突合せ溶接式管継手の製造販売業者らが、共同して販売価格の引上げを行っていく旨を合意していた。	1億4966万円（1億1440万円～3526万円）	2	第3条後段	4.12.15
5	5（措）1	独立行政法人国立病院機構が発注する九州エリアに所在する病院が調達する医薬品の入札参加業者らに対する件	独立行政法人国立病院機構発注の九州エリアに所在する病院が調達する医薬品の入札参加業者らが、受注予定者を決定し、受注予定者が受注できるようにしていた。	6億2728万円（1億9119万円～5077万円）	5	第3条後段	5.3.24
6	5（措）2	旧一般電気事業者らに対する件	中部電力㈱、中部電力ミライズ㈱及び関西電力㈱が、互いに、相手方の供給区域において相手方が小売供給を行う大口顧客の獲得のための営業活動を制限することを合意していた。	275億5590万円（201億8338万円～73億7252万円）	2	第3条後段	5.3.30
7	5（措）3	旧一般電気事業者に対する件	中国電力㈱及び関西電力㈱が、 ⑴　互いに、相手方の供給区域に所在する相対顧客の獲得のための営業活動を制限する ⑵　関西電力㈱にあっては、中国電力管内において順次実施される官公庁入札における入札参加及び安値による入札を制限する ことを合意していた。	707億1586万円	1	第3条後段	5.3.30
8	5（措）4	旧一般電気事業者らに対する件	九州電力㈱、九電みらいエナジー㈱及び関西電力㈱が、互いに、相手方の供給区域において順次実施される官公庁入札等で安値による電気料金の提示を制限することを合意していた。	27億6223万円	2	第3条後段	5.3.30
合　計				1019億8909万円	30		

（注）排除措置命令を行っていない課徴金納付命令対象事業者を含む。

第６－２表　令和４年度法的措置（確約計画の認定）一覧表

一連番号	事件番号	件　名	内　容	法的措置対象事業者の数	関係法条	確約計画の認定年月日
1	4 (認) 4	㈱一蘭に対する件	公正取引委員会は、㈱一蘭に対し、同社の次の行為が独占禁止法の規定に違反する疑いがあるものとして、確約手続通知を行ったところ、同社から確約計画の認定申請があり、当該計画が独占禁止法に規定する認定要件に適合すると認め、当該計画を認定した。 ㈱一蘭は、同社が販売する即席めん等（以下「一蘭の即席めん等」という。）に関し、自ら又は取引先卸売業者を通じて小売業者に販売しているところ、遅くとも平成30年1月以降、一蘭の即席めん等の商品ごとに希望小売価格を定めた上で（以下、当該商品ごとに定められた希望小売価格を「一蘭の希望小売価格」という。）、当該商品が小売業者において販売される態様（同一の商品を複数まとめる場合又は異なる商品を組み合わせる場合を含む。）にかかわらず ⑴　当該商品の購入を希望する小売業者に対し、一蘭の希望小売価格から割引した価格による販売を行わないよう要請し、これに同意した小売業者に ⑵　取引先卸売業者をしてその取引先である当該商品の購入を希望する小売業者に一蘭の希望小売価格から割引した価格による販売を行わないよう要請させ、これに同意した小売業者への販売を行うことになる当該取引先卸売業者に 当該商品をそれぞれ供給している。	1	第19条（第2条第9項第4号）	4.5.19
2	4 (認) 5	エクスペディア・ロッジング・パートナー・サービシーズ・サールに対する件	公正取引委員会は、エクスペディア・ロッジング・パートナー・サービシーズ・サール（以下「エクスペディア」という。）に対し、同社の次の行為が独占禁止法の規定に違反する疑いがあるものとして、確約手続通知を行ったところ、同社から確約計画の認定申請があり、当該計画が独占禁止法に規定する認定要件に適合すると認め、当該計画を認定した。 エクスペディアは、自社の企業グループに属する事業者が運営する「Expedia」と称する宿泊予約サイト（以下「Expedia サイト」という。）に我が国所在の宿泊施設を掲載する、宿泊施設の運営業者（以下「宿泊施設運営業者」という。）との間で締結し、又は自社の企業グループに属する事業者をして締結させる契約において、Expediaサイトに宿泊施設運営業者が掲載する我が国所在の宿泊施設に係る宿泊料金及び部屋数について、他の販売経路と同等又は他の販売経路よりも有利なものとする条件（ただし、当該契約において定めている、当該宿泊料金について自社ウェブサイト等の販売経路と同等又は当該販売経路よりも有利なものとする条件を除く。）を定めるとともに、宿泊施設運営業者に対し、当該条件の遵守について、自ら要請し、又は我が国においてエクスペディアに対する支援業務を行うエクスペディアホールディングス㈱をして要請させている。	1	第19条（一般指定第12項）	4.6.2

一連番号	事件番号	件　名	内　容	法的措置対象事業者の数	関係法条	確約計画の認定年月日
3	4 (認) 6、7	㈱サイネックス及び㈱スマートバリューに対する件	公正取引委員会は、㈱サイネックス及び㈱スマートバリューの2社（以下「2社」という。）に対し、2社の次の行為が独占禁止法の規定に違反する疑いがあるものとして、確約手続通知を行ったところ、2社からそれぞれ確約計画の認定申請があり、当該計画が独占禁止法に規定する認定要件に適合すると認め、当該計画を認定した。 2社は、平成31年2月頃以降、自らのホームページをリニューアルする業務（以下「本件業務」という。）の発注を検討している市町村及び特別区（以下「市町村等」という。）に対して、それぞれが行う受注に向けた営業活動において、当該市町村等が本件業務の仕様において定める、ホームページの管理を行うために導入するコンテンツ管理システム（以下「ＣＭＳ」という。）について、2社によって作成された、オープンソースソフトウェアではないＣＭＳとすることが当該ホームページの情報セキュリティ対策上必須である旨を記載した仕様書等の案を、自らだけではＣＭＳに係る仕様を設定することが困難な市町村等に配付するなどして、オープンソースソフトウェアのＣＭＳを取り扱う事業者が本件業務の受注競争に参加することを困難にさせる要件を盛り込むよう働き掛けている。	2	第19条（一般指定第14項）	4.6.30
合　計				4		

（注）一般指定とは、不公正な取引方法（昭和57年公正取引委員会告示第15号）を指す。

第７表　課徴金制度の運用状況（注１）

年度	課徴金納付命令 対象事業者数	課徴金額
昭和52年度	0	0円
53年度	4	507万円
54年度	134	15億7174万円
55年度	203	13億3111万円
56年度	148	37億3020万円
57年度	166	4億8354万円
58年度	93	14億9257万円
59年度	5	3億5310万円
60年度	38	4億747万円
61年度	32	2億7554万円
62年度	54	1億4758万円
63年度	84	4億1899万円
平成元年度	54	8億349万円
2年度	175	125億6214万円
3年度	101	19億7169万円
4年度	135	26億8157万円
5年度	406	35億5321万円
6年度	512	56億6829万円
7年度	741	64億4640万円
8年度	368	74億8616万円
9年度	369	（注2）28億2322万円
10年度	576	31億4915万円
11年度	335	54億5891万円
12年度	719	85億1668万円
13年度	248	21億9905万円
14年度	561	43億3400万円
15年度	468	（注3）38億6712万円
16年度	219	111億5029万円
17年度	399	188億7014万円
18年度	158	92億6367万円
19年度	162	112億9686万円
20年度	87	（注4）270億2546万円
21年度	106	（注5）360億7471万円
22年度	156	（注6）719億4162万円
23年度	277	（注7、8、9、10）399億6181万円
24年度	113	（注11）248億7549万円
25年度	（注12）180	（注12）302億167万円
26年度	128	（注13、14、15）170億4607万円
27年度	31	（注16）85億725万円
28年度	32	91億4301万円
29年度	32	18億9210万円
30年度	18	2億6111万円
令和元年度	37	692億7560万円
2年度	4	43億2923万円
3年度	31	21億8026万円
4年度	21	1019億8909万円
合計	8,920	5770億2343万円

（注１）平成17年独占禁止法改正法による改正前の独占禁止法に基づく課徴金の納付を命ずる審決を含み、同法

に基づく審判手続の開始により失効した課徴金納付命令を除く。

（注２）平成15年９月12日、協業組合カンセイに係る審決取消請求事件について、審決認定（平成10年３月11日、課徴金額1934万円）の課徴金額のうち、967万円を超えて納付を命じた部分を取り消す判決が言い渡された（同判決は確定した。）。

（注３）平成16年２月20日、土屋企業㈱に係る審決取消請求事件について、審決認定（平成15年６月13日、課徴金額586万円）の課徴金額のうち、302万円を超えて納付を命じた部分を取り消す判決が言い渡された（同判決は確定した。）。

（注４）三菱樹脂㈱に対する審判事件について、平成28年２月24日、課徴金納付命令（平成21年２月18日、課徴金額37億2137万円）のうち、37億1041万円を超えて納付を命じた部分を取り消す旨の審決を行った。

（注５）平成21年11月９日、日鉄住金鋼板㈱に対する課徴金納付命令（平成21年８月27日、課徴金額37億6320万円）、日新製鋼㈱に対する課徴金納付命令（平成21年８月27日、課徴金額32億1838万円）及び㈱淀川製鋼所に対する課徴金納付命令（平成21年８月27日、課徴金額16億4450万円）のうち、平成17年独占禁止法改正法附則の規定により読み替えて適用される独占禁止法第51条第１項の規定に基づき課徴金の額をそれぞれ36億8320万円、31億2838万円及び15億5450万円に変更する旨の審決を行った。

（注６）三和シヤッター工業㈱ほか３名に対する審判事件について、令和２年８月31日、

・三和シヤッター工業㈱に対する課徴金納付命令（平成22年６月９日、課徴金額25億1615万円）のうち、24億5686万円を超えて納付を命じた部分を取り消す旨

・文化シヤッター㈱に対する課徴金納付命令（平成22年（納）第95号）（平成22年６月９日、課徴金額17億8167万円）のうち、17億3831万円を超えて納付を命じた部分を取り消す旨

・文化シヤッター㈱に対する課徴金納付命令（平成22年（納）第98号）（平成22年６月９日、課徴金額２億4425万円）のうち、２億4291万円を超えて納付を命じた部分を取り消す旨

・東洋シヤッター㈱に対する課徴金納付命令（平成22年６月９日、課徴金額５億2549万円）のうち、４億8404万円を超えて納付を命じた部分を取り消す旨

の審決を行った。

（注７）エア・ウォーター㈱に係る審決取消請求事件について、審決を取り消す旨の判決が出され、同判決が確定したことを受け、平成26年10月14日、課徴金納付命令（平成23年５月26日、課徴金額36億3911万円）のうち、７億2782万円を超えて納付を命じた部分を取り消す旨の再審決を行った。

（注８）㈱山陽マルナカに対する審判事件について、平成31年２月20日、課徴金納付命令（平成23年６月22日、課徴金額２億2216万円）のうち、１億7839万円を超えて納付を命じた部分を取り消す旨の第１次審決を行った。

また、第１次審決の審判請求棄却部分を取り消す旨の判決が出され、同判決が確定したことを受け、令和３年１月27日、上記課徴金納付命令の残余の部分（課徴金額１億7839万円）を取り消す旨の再審決を行った。

（注９）日本トイザらス㈱に対する審判事件について、平成27年６月４日、課徴金納付命令（平成23年12月13日、課徴金額３億6908万円）のうち、２億2218万円を超えて納付を命じた部分を取り消す旨の審決を行った。

（注10）㈱エディオンに対する審判事件について、令和元年10月２日、課徴金納付命令（平成24年２月16日、課徴金額40億4796万円）のうち、30億3228万円を超えて納付を命じた部分を取り消す旨の審決を行った。

（注11）NTN㈱に対する審判事件について、令和元年11月26日、課徴金納付命令（平成25年３月29日、課徴金額72億3107万円）のうち、72億3012万円を超えて納付を命じた部分を取り消すとともに平成25年独占禁止法改正法による改正前の独占禁止法第51条第３項の規定に基づき課徴金の額を70億3012万円に変更する旨の審決を行った。

（注12）加藤化学㈱に対する審判事件について、令和元年９月30日、加藤化学㈱に対する課徴金納付命令（平成25年７月11日、課徴金額4116万円）を取り消す旨の審決を行った。

（注13）ダイレックス㈱に対する審判事件について、令和２年３月25日、課徴金納付命令（平成26年６月５日、課徴金額12億7416万円）のうち、11億9221万円を超えて納付を命じた部分を取り消す旨の審決を行った。

（注14）レンゴー㈱ほか36名に対する審判事件について、令和３年２月８日、

・王子コンテナー㈱に対する課徴金納付命令（平成26年（納）第116号）（平成26年６月19日、課徴金額４億9597万円）のうち、４億8642万円を超えて納付を命じた部分を取り消す旨

・福野段ボール工業㈱に対する課徴金納付命令（平成26年６月19日、課徴金額1078万円）のうち、1050万円を超えて納付を命じた部分を取り消す旨

・王子コンテナー㈱に対する課徴金納付命令（平成26年（納）第163号）（平成26年６月19日、課徴金額12億8727万円）のうち、12億8673万円を超えて納付を命じた部分を取り消す旨

・北海道森紙業㈱に対する課徴金納付命令（平成26年６月19日、課徴金額6640万円）のうち、6586万円を超えて納付を命じた部分を取り消す旨

・浅野段ボール㈱に対する課徴金納付命令（平成26年６月19日、課徴金額2990万円）のうち、2904万円を超

えて納付を命じた部分を取り消す旨
の審決を行った。
（注15）レンゴー㈱ほか１名に対する審判事件について、令和３年２月８日、
・レンゴー㈱に対する課徴金納付命令（平成26年６月19日、課徴金額10億7044万円）のうち、10億6758万円を超えて納付を命じた部分を取り消す旨
・㈱トーモクに対する課徴金納付命令（平成26年６月19日、課徴金額６億401万円）のうち、６億363万円を超えて納付を命じた部分を取り消す旨
の審決を行った。
（注16）松尾電機㈱による排除措置命令等取消請求事件について、平成31年３月28日、東京地方裁判所から、課徴金納付命令（平成28年３月29日、課徴金額４億2765万円）のうち、４億2414万円を超えて納付を命じた部分を取り消す旨の判決が言い渡された（同判決は確定した。）。

第２　法的措置等

令和４年度においては、11件について法的措置（排除措置命令８件、確約計画の認定３件）を採った。排除措置命令８件の違反法条をみると、いずれも独占禁止法第３条後段（不当な取引制限の禁止）違反となっている。また、確約計画の認定３件の関係法条をみると、いずれも同法第19条（不公正な取引方法の禁止）となっている。

これら11件の概要は次のとおりである。

1　排除措置命令及び課徴金納付命令等

⑴　広島県又は広島市が発注するコンピュータ機器の入札等の参加業者らに対する件（令和４年（措）第４号・第５号）（令和４年10月６日　排除措置命令及び課徴金納付命令）

ア　関係人

番号	違反事業者名	本店の所在地	代表者	広島県教育委員会発注の特定コンピュータ機器	広島市発注の特定コンピュータ機器
				排除措置命令 課徴金額	排除措置命令 課徴金額
1	北辰映電㈱	広島市中区上幟町8番39号	代表取締役 國本　佳宏	○ 2868万円	○ 174万円
2	㈱新星工業社	広島市南区宇品海岸三丁目8番60号	代表取締役 佐々木　誠	○ 723万円	○ 214万円
3	㈱ハイエレコン	広島市西区草津新町一丁目21番35号	代表取締役 上田　康博	○ 643万円	○ 282万円
4	㈱大塚商会	東京都千代田区飯田橋二丁目18番4号	代表取締役 大塚　裕司	○ —	○ 340万円
5	㈱立芝	広島市西区楠木町二丁目4番3号	代表取締役 田中　修司		○ 226万円
6	中外テクノス㈱	広島市西区横川新町9番12号	代表取締役 福馬　聡之		○ 212万円
7	㈱呉電子計算センター	広島県呉市本通二丁目4番1号	代表取締役 石田　直樹		○ —
8	㈱ソルコム	広島市中区南千田	代表取締役	○	○

番号	違反事業者名	本店の所在地	代表者	広島県教育委員会発注の特定コンピュータ機器	広島市発注の特定コンピュータ機器
				排除措置命令 課徴金額	
		東町2番32号	大橋　大樹	—	—
9	西日本電信電話㈱	大阪市都島区東野田町四丁目15番82号	代表取締役 森林　正彰	○ —	○ —
10	理研産業㈱	広島市中区大手町四丁目6番27号	代表取締役 久保田　勝彦	／	○ —
11	Ｄｙｎａｂｏｏｋ㈱	東京都江東区豊洲五丁目6番15号	代表取締役 覺道　清文	／	○ —
合計				6社 4234万円	11社 1448万円

（注１）表中の「○」は、排除措置命令の対象事業者であることを示している。
（注２）表中の「—」は、課徴金納付命令の対象とはならない違反事業者であることを示している。
（注３）表中の「／」は、当該取引分野における違反事業者ではないことを示している。

イ　違反行為の概要等

㈠　広島県教育委員会発注の特定コンピュータ機器

６社（前記アの番号１から４まで及び８、９の事業者）は、遅くとも平成29年７月14日以降、広島県教育委員会発注の特定コンピュータ機器について、受注価格の低落防止を図るため

ａ ⒜　受注すべき者（以下「受注予定者」という。）を決定する

⒝　受注予定者以外の者は、受注予定者が受注できるように協力する

旨の合意の下に

ｂ ⒜　次の方法により受注予定者を決定する

ⅰ　西日本電信電話㈱（以下「ＮＴＴ西日本」という。）（注４）が受注を希望する物件については、ＮＴＴビジネスソリューションズ㈱（以下「ＮＴＴＢＳ」という。）の営業担当者が㈱ソルコム（以下「ソルコム」という。）との間で確認し合うなどする

ⅱ　北辰映電㈱（以下「北辰映電」という。）、㈱新星工業社（以下「新星工業社」という。）、㈱ハイエレコン（以下「ハイエレコン」という。）、㈱大塚商会（以下「大塚商会」という。）及びソルコムの５社が各社の営業責任者等による会合を開催するなどして、過去の受注実績等を勘案して受注予定者を決定する

⒝　受注予定者は自ら又はリース業者と２者で入札に参加する（注５）

⒞　受注予定者又は受注予定者がリース業者と２者で入札に参加する場合における当該２者が提示する入札価格は、受注予定者が定め、受注予定者以外の者は、受注予定者が定めた入札価格より高い入札価格を提示する若しくは入札を辞退する又は入札に参加しない

などにより、受注予定者を決定し、受注予定者が受注できるようにしていた。

これにより、６社は、公共の利益に反して、広島県教育委員会発注の特定コンピュータ機器の取引分野における競争を実質的に制限していた。

(注４) ＮＴＴ西日本は、コンピュータ機器の販売及び賃貸に係る営業業務を同社の完全子会社であるＮＴＴＢＳに委託するとともにＮＴＴＢＳに自社の営業担当者を出向させるなどしているところ、各特定コンピュータ機器の入札において、ＮＴＴＢＳの営業担当者が、ＮＴＴ西日本の応札価格等を検討し、ＮＴＴ西日本の支店長の決裁を得た上で、ＮＴＴ西日本の名義において入札書の提出を行い、また、落札後の契約手続、コンピュータ機器の仕入先及びリース業者の選定、保守作業等の役務の委託先の選定をＮＴＴ西日本のために行うなどしていた。

(注５) 広島県は、広島県教育委員会発注の特定コンピュータ機器の入札において、当該参加資格を満たす１者又は複数者での入札参加を認めているところ、受注予定者は、物品の賃貸に係る資格を有するリース業者をそれぞれ選定の上、当該リース業者と自社の２者で広島県教育委員会発注の特定コンピュータ機器の入札に参加していた。

(イ) 広島市発注の特定コンピュータ機器

11社（前記アの番号１から11までの事業者）は、遅くとも平成28年５月20日以降、広島市発注の特定コンピュータ機器について、受注価格の低落防止を図るため

a (a) 受注予定者を決定する

(b) 受注予定者以外の者は、受注予定者又は受注予定者が広島市発注の特定コンピュータ機器の入札に参加させる者（以下「受注予定者等」という。）が受注できるように協力する

旨の合意の下に

b (a) 次の方法により受注予定者を決定する

i ＮＴＴ西日本が受注を希望する物件については、ＮＴＴＢＳの営業担当者がソルコムとの間で確認し合うなどする

ii ㈱立芝（以下「立芝」という。）又は中外テクノス㈱（以下「中外テクノス」という。）は、Ｄｙｎａｂｏｏｋ㈱（以下「Ｄｙｎａｂｏｏｋ」という。）との間で立芝又は中外テクノスが受注を希望する物件を確認し合うなどし、Ｄｙｎａｂｏｏｋは、㈱呉電子計算センター（以下「呉電子計算センター」という。）に対し、立芝又は中外テクノスが受注を希望する物件を伝えるなどする

iii 理研産業㈱は、受注を希望する場合、新星工業社に受注を希望する旨を伝える

iv 大塚商会、ハイエレコン、新星工業社、北辰映電、ソルコム、呉電子計算センター（令和元年６月６日まで）及び立芝（令和元年６月７日以降）が、各社の営業責任者等による会合を開催するなどして、過去の受注実績、各社の受注希望等を勘案して受注予定者を決定する

(b) 受注予定者等が提示する入札価格は、受注予定者が定め、受注予定者等以外の者は、受注予定者が定めた入札価格より高い入札価格を提示する若しくは入札を辞退する又は入札に参加しない

などにより、受注予定者を決定し、受注予定者が受注できるようにしていた。

これにより、11社は、公共の利益に反して、広島市発注の特定コンピュータ機器の取引分野における競争を実質的に制限していた。

以上のことから、公正取引委員会は、令和４年10月６日、独占禁止法の規定に基づき、排除措置命令及び課徴金納付命令を行った。

（詳細については令和４年10月６日報道発表資料「広島県又は広島市が発注するコンピュータ機器の入札等の参加業者らに対する排除措置命令及び課徴金納付命令について」を参照のこと。）

https://warp.ndl.go.jp/info:ndljp/pid/12364959/www.jftc.go.jp/houdou/pressrelease/2022/oct/221006_jiken.html

⑵　愛知県又は岐阜県に所在する病院が発注する医事業務の入札等の参加業者に対する件（令和４年（措）第６号）（令和４年10月17日　排除措置命令及び課徴金納付命令）

ア　関係人

番号	違反事業者名	本店の所在地	代表者	排除措置命令	課徴金額
1	㈱ニチイ学館	東京都千代田区神田駿河台四丁目6番地	代表取締役 森　信介	○	1億2134万円
2	㈱ソラスト	東京都港区港南一丁目7番18号	代表取締役 藤河　芳一	—	—
合計				1社	1億2134万円

（注１）表中の「○」は、排除措置命令の対象事業者であることを示している。
（注２）表中の「—」は、排除措置命令又は課徴金納付命令の対象とはならない違反事業者であることを示している。

イ　違反行為の概要等

２社は、遅くとも平成27年３月９日以降、特定医事業務について、既存の取引の維持及び受注価格の低落防止を図るため

㈠ a　入札等において、２社が競合することが見込まれる状況となった場合に、受注すべき者（以下「受注予定者」という。）を決定する

b　受注予定者以外の者は、受注予定者が受注できるように協力する

旨の合意の下に

㈡ a　既存業者（病院の開設者又は管理者が入札等を実施する時点で、当該病院の特定医事業務を受注している者をいう。）を受注予定者とする

b　受注予定者が提示する入札価格又は見積価格（以下「入札価格等」という。）は、受注予定者が定める

c　受注予定者以外の者は、入札等に参加しない若しくは入札等を辞退する又は受注予定者が定めた入札価格等よりも高い入札価格等を提示する

ことにより、受注予定者を決定し、受注予定者が受注できるようにしていた。

これにより、２社は、公共の利益に反して、特定医事業務の取引分野における競争

を実質的に制限していたことから、公正取引委員会は、令和４年10月17日、独占禁止法の規定に基づき、排除措置命令及び課徴金納付命令を行った。

（詳細については令和４年10月17日報道発表資料「愛知県又は岐阜県に所在する病院が発注する医事業務の入札等の参加業者に対する排除措置命令及び課徴金納付命令について」を参照のこと。）
https://warp.ndl.go.jp/info:ndljp/pid/12359655/www.jftc.go.jp/houdou/pressrelease/2022/oct/221017_jiken.html

第2章 違反被疑事件の審査及び処理

⑶ 炭素鋼製突合せ溶接式管継手の製造販売業者らに対する件（令和４年（措）第７号）（令和４年12月15日　排除措置命令及び課徴金納付命令）

ア　関係人

番号	違反事業者名	本店の所在地	代表者	排除措置命令	課徴金額
1	古林工業㈱	大阪市西成区津守三丁目3番17号	代表取締役 古林　達也	○	1億1440万円
2	淡路マテリア㈱	兵庫県洲本市上加茂4番地の2	代表取締役 三尾　堯彦	○	3526万円
3	㈱ベンカン機工	群馬県太田市六千石町5番地1	代表取締役 一丁田　学	―	―
合計				2社	1億4966万円

（注１）表中の「○」は、排除措置命令の対象事業者であることを示している。
（注２）表中の「―」は、排除措置命令又は課徴金納付命令の対象とはならない違反事業者であることを示している。

イ　違反行為の概要等

㋐　３社は、利益の確保を図るため、３社の営業責任者級の者らが、平成28年９月16日以降、㈱ベンカン機工と淡路マテリア㈱の間で、及び、㈱ベンカン機工と古林工業㈱の間で、順次、会合を開催するなどして、３社がそれぞれ建値（注３）を定める炭素鋼製突合せ溶接式管継手について、３社が共同して販売価格の引上げを行っていく旨の認識を共有した。

㋑　３社は、３社の営業責任者級の者が、平成28年11月18日に会合を開催し、前記㋐の３社が共同して行う販売価格の引上げを、３社がそれぞれ建値を定める炭素鋼製突合せ溶接式管継手のうち、ＦＳＧＰ及びＰＴ３７０と称されるものについて行っていく旨の認識を共有し、もって、３社が共同して特定炭素鋼製管継手の販売価格の引上げを行っていく旨を合意した。

これにより、３社は、公共の利益に反して、特定炭素鋼製管継手の販売分野における競争を実質的に制限していたことから、公正取引委員会は、令和４年12月15日、独占禁止法の規定に基づき、排除措置命令及び課徴金納付命令を行った。

（注３）「建値」とは、炭素鋼製突合せ溶接式管継手の形状及び寸法並びに亜鉛めっきの有無ごとに定めた取引の基準となる価格をいう。

３社は、それぞれ、炭素鋼製突合せ溶接式管継手のうち、比較的取引量が多いＦＳＧＰ及びＰＴ３７０と称されるものについて、建値を定め、これを掲載した冊子である価格表を一次問屋（自社のブランドを付した炭素鋼製突合せ溶接式管継手を販売する事業者から炭素鋼製突合せ溶接式管継手を仕入れて、需要家や同業者に販売する事業者をいう。）に配布していた。

（詳細については令和４年12月15日報道発表資料「炭素鋼製突合せ溶接式管継手の製造販売業者らに対する排除措置命令及び課徴金納付命令について」を参照のこと。）

https://warp.ndl.go.jp/info:ndljp/pid/12366705/www.jftc.go.jp/houdou/pressrelease/2022/dec/221215sanjo.html

⑷　独立行政法人国立病院機構が発注する九州エリアに所在する病院が調達する医薬品の入札参加業者らに対する件（令和５年（措）第１号）（令和５年３月24日　排除措置命令及び課徴金納付命令）

ア　関係人

番号	違反事業者名	本店の所在地	代表者	排除措置命令	課徴金額
1	㈱アステム	大分市西大道二丁目3番8号	代表取締役 吉村　次生	○	1億9119万円
2	㈱翔薬	福岡市博多区山王二丁目3番5号	代表取締役 大黒 勇一郎	○	1億3328万円
3	九州東邦㈱	福岡市東区箱崎ふ頭三丁目4番46号	代表取締役 松谷　竹生	○	1億2759万円
4	富田薬品㈱	熊本市中央区九品寺六丁目2番35号	代表取締役 富田　久雄	○	1億2445万円
5	アルフレッサ㈱	東京都千代田区内神田一丁目12番1号	代表取締役 福神　雄介	○	5077万円
6	㈱アトル	福岡市東区香椎浜ふ頭二丁目5番1号	代表取締役 渡辺 紳二郎	—	—
合計				5社	6億2728万円

（注１）表中の「○」は、排除措置命令の対象事業者であることを示している。

（注２）表中の「—」は、その事業者が排除措置命令又は課徴金納付命令の対象事業者でないことを示している。

イ　違反行為の概要等

６社は、遅くとも平成28年６月24日以降、特定医薬品について、自社の利益を確保するため

㋐ a　特定医薬品を医薬品の製造販売業者等で区分した医薬品群（以下「特定医薬品

群」という。）ごとに、受注すべき者（以下「受注予定者」という。）を決定する

b　受注予定者以外の者は、受注予定者が受注できるように協力する

旨の合意の下に

(イ)　会合を開催するなどして

a　入札に参加していた㈱アステム、㈱翔薬、九州東邦㈱、富田薬品㈱（以下「富田薬品」という。）及び㈱アトルの入札参加５社（注３）は、それぞれの各年度の受注予定比率を設定し、同比率に合うよう特定医薬品群ごとに受注予定者を決定する

b　受注予定者が提示する入札価格は、受注予定者が定め、受注予定者以外の者は、受注予定者がその定めた価格で受注できるよう、受注予定者が連絡した価格を上回る入札価格を提示するなどして協力する

ことにより、受注予定者を決定し、受注予定者が受注できるようにしていた。

これにより、６社は、公共の利益に反して、本件医薬品の取引分野における競争を実質的に制限していたことから、公正取引委員会は、令和５年３月24日、独占禁止法の規定に基づき、排除措置命令及び課徴金納付命令を行った。

（注３）アルフレッサ㈱は、31病院に本件医薬品を納品するため、富田薬品と提携し、本件入札について、同社に委任していた。

（詳細については令和５年３月24日報道発表資料「独立行政法人国立病院機構が発注する九州エリアに所在する病院が調達する医薬品の入札参加業者らに対する排除措置命令及び課徴金納付命令について」を参照のこと。）

https://www.jftc.go.jp/houdou/pressrelease/2023/mar/230324_daigo.html

⑸　旧一般電気事業者らに対する件（令和５年（措）第２号～第４号）（令和５年３月30日　排除措置命令及び課徴金納付命令）

ア　関係人

(ア)　中部電力管内（注１）又は関西電力管内に所在する大口顧客（注２）に対して小売供給を行う電気

番号	違反事業者名	本店の所在地	代表者	排除措置命令	課徴金額
1	中部電力㈱	名古屋市東区東新町1番地	代表取締役 林　欣吾	－	201億8338万円
2	中部電力ミライズ㈱	名古屋市東区東新町1番地	代表取締役 大谷　真哉	○	73億7252万円
3	関西電力㈱	大阪市北区中之島三丁目6番16号	代表執行役 森　望	－	－

番号	違反事業者名	本店の所在地	代表者	排除措置命令	課徴金額
合計				1社	275億5590万円

(イ)　中国電力管内又は関西電力管内に所在する相対顧客（注４）及び中国電力管内に所在する官公庁等に対して小売供給を行う電気

番号	違反事業者名	本店の所在地	代表者	排除措置命令	課徴金額
1	中国電力㈱	広島市中区小町4番33号	代表取締役 瀧本　夏彦	○	707億1586万円
2	関西電力㈱	大阪市北区中之島三丁目6番16号	代表執行役 森　望	―	―
合計				1社	707億1586万円

(ウ)　九州電力管内又は関西電力管内に所在する官公庁等に対して小売供給を行う電気

番号	違反事業者名	本店の所在地	代表者	排除措置命令	課徴金額
1	九州電力㈱	福岡市中央区渡辺通二丁目1番82号	代表取締役 池辺　和弘	○	27億6223万円
2	九電みらいエナジー㈱	福岡市中央区薬院三丁目2番23号KMGビル	代表取締役 水町　豊	○	―
3	関西電力㈱	大阪市北区中之島三丁目6番16号	代表執行役 森　望	―	―
合計				2社	27億6223万円

（注１）「管内」とは、電気事業法及びガス事業法の一部を改正する法律（平成11年法律第50号）による改正前の電気事業法（昭和39年法律第170号）の規定に基づき、一般電気事業を営むことについて許可されていた旧一般電気事業者の供給区域をいう。
（注２）「大口顧客」とは、特別高圧需要又は高圧大口需要に係る電気の使用者（官公庁等を除く。）をいう。
（注３）表中の「―」は、排除措置命令又は課徴金納付命令の対象事業者ではないことを示し、「○」は、排除措置命令又は課徴金納付命令の対象事業者であることを示している。
（注４）「相対顧客」とは、特別高圧需要、高圧大口需要又は高圧小口需要に係る電気の使用者（官公庁等を除く。）をいう。

イ　違反行為の概要

(ア)　中部電力管内又は関西電力管内

a　中部電力㈱（以下「中部電力」という。）及び関西電力㈱（以下「関西電力」という。）は、遅くとも平成30年11月２日までに、中部電力管内又は関西電力管内に所在する大口顧客に対する安値の見積り（注５）提示による電気料金の水準の低落を防止して自社の利益の確保を図るため、互いに、相手方の供給区域において相手方が小売供給を行う大口顧客の獲得のための営業活動を制限することを合意し、中部電力ミライズ㈱（以下「中部電力ミライズ」という。）は、令和２年４月１日、電気の小売供給を行う事業の全部を中部電力から承継することにより、同社に替わって当該合意に参加した。

b　中部電力（令和２年４月１日以降にあっては中部電力ミライズ。中部電力及び

中部電力ミライズの２社を以下「中部電２社」という。）及び関西電力は、当該合意の下に、

(a) 関西電力にあっては、中部電力管内に所在する大口顧客に対する見積り提示を、代理業者を通じて行うもの、紹介業者から大口顧客の紹介を受けて行うもの及び大口顧客から見積り提示の依頼を受けるなどして行うものに限定する

(b) 中部電力にあっては、関西電力管内に所在する大口顧客の獲得に係る目標を大幅に減少させる

(c) 相手方の供給区域において、相手方が小売供給を行う大口顧客に対して獲得が見込まれない見積りを提示し、又は、見積り提示を辞退する

(d) 相手方の供給区域において、大口顧客に対して見積り提示する際に基準となる電気料金の下限値を引き上げることなどにより、相手方の供給区域に所在する大口顧客に対して見積り提示する電気料金の水準を上昇させる

(e) 自社の供給区域において、大口顧客に対して見積り提示する際に基準となる電気料金の下限値を引き上げることなどにより、自社の供給区域に所在する大口顧客に対して見積り提示する電気料金の水準を維持又は上昇させる

などしていた。

c　中部電２社及び関西電力は、前記ａの合意をすることにより、公共の利益に反して、中部電力管内又は関西電力管内に所在する大口顧客に対して小売供給を行う電気の取引分野における競争を実質的に制限していた。

（注５）電気料金に係る見積りをいう。以下同じ。

(イ) 中国電力管内及び関西電力管内

a　中国電力㈱（以下「中国電力」という。）及び関西電力は、遅くとも平成30年11月８日までに、中国電力管内又は関西電力管内に所在する相対顧客に対する安値の見積り提示及び中国電力管内の官公庁入札での安値の電気料金の提示による電気料金の水準の低落を防止して自社の利益の確保を図るため、

(a) 互いに、相手方の供給区域に所在する相対顧客の獲得のための営業活動を制限する

(b) 関西電力にあっては、中国電力管内において同日以降順次実施される官公庁入札における入札参加及び安値による入札を制限する

ことを合意した。

b　中国電力及び関西電力は、当該合意の下に、

(a) 相手方の供給区域に所在する相対顧客に対する見積り提示を、代理業者を通じて行うもの、紹介業者から相対顧客の紹介を受けて行うもの及び相対顧客から見積り提示の依頼を受けるなどして行うものに限定する

(b) 相手方の供給区域において、相対顧客に対して見積り提示する際に、関西電力にあっては見積りの基準となる電気料金の下限値を引き上げること、中国電力にあっては見積り提示する電気料金の基準を引き上げることにより、相手方の供給区域に所在する相対顧客に見積り提示する電気料金の水準を上昇させる

(c) 自社の供給区域において、相対顧客に対して見積り提示する際に、見積りの

基準となる電気料金の下限値を引き上げることなどにより、自社の供給区域に所在する相対顧客に見積り提示する電気料金の水準を維持又は上昇させる

(d)　関西電力にあっては、中国電力管内の官公庁入札について、１年間に供給する電力量が30万キロワットアワー未満の官公庁入札に参加しないこと及び電気料金を提示する際に基準となる下限値を引き上げて当該下限値未満の電気料金を提示しないことを中国電力に伝える

(e)　中国電力にあっては、中国電力管内の官公庁入札で提示する電気料金の水準を上昇させる

などしていた。

c　中国電力及び関西電力は、前記ａの合意をすることにより、公共の利益に反して、中国電力管内又は関西電力管内に所在する相対顧客及び中国電力管内に所在する官公庁等に対して小売供給を行う電気の取引分野における競争を実質的に制限していた。

(ウ)　九州電力管内及び関西電力管内

a　九州電力㈱（以下「九州電力」という。）及び関西電力は、遅くとも平成30年10月12日までに、九州電力管内又は関西電力管内の官公庁入札等における安値の電気料金の提示による電気料金の水準の低落を防止して自社の利益の確保を図るため、互いに、相手方の供給区域において同日以降順次実施される官公庁入札等で安値による電気料金の提示を制限することを合意した。

b　九電みらいエナジー㈱（以下「九電みらいエナジー」という。）は、遅くとも平成30年10月31日までに、九州電力から前記ａの内容を伝達され、前記ａの合意に参加した。

c　当該合意の下に

(a)　関西電力は、官公庁入札等で電気料金を提示する際に基準となる下限値を引き上げ、九州電力管内又は関西電力管内の官公庁入札等で自社が提示する電気料金の水準を九州電力に伝える

(b)　九州電力は、前記(a)の関西電力が提示する電気料金の水準を九電みらいエナジーに伝える

(c)　九州電力及び九電みらいエナジーの２社（以下「九電２社」という。）は、前記(a)の関西電力が提示する電気料金の水準を踏まえ、九州電力管内又は関西電力管内の官公庁入札等で提示する電気料金を引き上げる

(d)　九電２社は、九州電力管内において関西電力が電気の小売供給を行う需要規模（注６）等を踏まえ、関西電力管内において九電みらいエナジーが電気の小売供給を行う需要規模の上限を設定する

などしていた。

d　九電２社及び関西電力は、前記ａの合意をすることにより、公共の利益に反して、九州電力管内又は関西電力管内に所在する官公庁等に対して小売供給を行う電気の取引分野における競争を実質的に制限していた。

以上のことから、公正取引委員会は、令和５年３月30日、独占禁止法の規定に基づ

き、排除措置命令及び課徴金納付命令を行った。

（注６）「需要規模」とは、官公庁等に係る契約電力の合計をいう。

（詳細については令和５年３月30日報道発表資料「旧一般電気事業者らに対する排除措置命令及び課徴金納付命令等について」を参照のこと。）

https://www.jftc.go.jp/houdou/pressrelease/2023/mar/230330_daisan.html

2 確約計画の認定

⑴ ㈱一蘭に対する件（令和４年（認）第４号）（令和４年５月19日　確約計画の認定）

ア　関係人

名称	所在地	代表者
㈱一蘭	福岡市博多区中洲五丁目3番2号	代表取締役 吉冨　学

イ　概要

公正取引委員会は、㈱一蘭（以下「一蘭」という。）に対し、同社の次の行為が独占禁止法の規定に違反する疑いがあるものとして、確約手続通知を行ったところ、同社から確約計画の認定申請があり、当該計画が独占禁止法に規定する認定要件に適合すると認め、当該計画を認定した。

一蘭は、同社が販売する即席めん等（以下「一蘭の即席めん等」という。）に関し、自ら又は取引先卸売業者を通じて小売業者に販売しているところ、遅くとも平成30年１月以降、一蘭の即席めん等の商品ごとに希望小売価格を定めた上で（以下当該商品ごとに定められた希望小売価格を「一蘭の希望小売価格」という。）、当該商品が小売業者において販売される態様（同一の商品を複数まとめる場合又は異なる商品を組み合わせる場合を含む。）にかかわらず

㋐　当該商品の購入を希望する小売業者に対し、一蘭の希望小売価格から割引した価格による販売を行わないよう要請し、これに同意した小売業者に

㋑　取引先卸売業者をしてその取引先である当該商品の購入を希望する小売業者に一蘭の希望小売価格から割引した価格による販売を行わないよう要請させ、これに同意した小売業者への販売を行うことになる当該取引先卸売業者に

当該商品をそれぞれ供給している。

（詳細については令和４年５月19日報道発表資料「㈱一蘭から申請があった確約計画の認定について」を参照のこと。）

https://warp.ndl.go.jp/info:ndljp/pid/12364959/www.jftc.go.jp/houdou/pressrelease/2022/may/220519kyusyu.html

⑵　エクスペディア・ロッジング・パートナー・サービシーズ・サールに対する件（令和４年（認）第５号）（令和４年６月２日　確約計画の認定）

ア　関係人

名称	所在地	代表者
エクスペディア・ロッジング・パートナー・サービシーズ・サール	スイス連邦　ジュネーブ　12月31日通り40-42及び44-46	ニコラス・ヴィンセンティ

イ　概要

公正取引委員会は、エクスペディア・ロッジング・パートナー・サービシーズ・サール（以下「エクスペディア」という。）に対し、同社の次の行為が独占禁止法の規定に違反する疑いがあるものとして、確約手続通知を行ったところ、同社から確約計画の認定申請があり、当該計画が独占禁止法に規定する認定要件に適合すると認め、当該計画を認定した。

エクスペディアは、自社の企業グループに属する事業者が運営する「Expedia」と称する宿泊予約サイト（以下「Expedia サイト」という。）に我が国所在の宿泊施設を掲載する、宿泊施設の運営業者（以下「宿泊施設運営業者」という。）との間で締結し、又は自社の企業グループに属する事業者をして締結させる契約において、Expedia サイトに宿泊施設運営業者が掲載する我が国所在の宿泊施設に係る宿泊料金及び部屋数について、他の販売経路と同等又は他の販売経路よりも有利なものとする条件（ただし、当該契約において定めている、当該宿泊料金について自社ウェブサイト等の販売経路と同等又は当該販売経路よりも有利なものとする条件を除く。）を定めるとともに、宿泊施設運営業者に対し、当該条件の遵守について、自ら要請し、又は我が国においてエクスペディアに対する支援業務を行うエクスペディアホールディングス㈱をして要請させている。

（詳細については令和４年６月２日報道発表資料「エクスペディア・ロッジング・パートナー・サービシーズ・サールから申請があった確約計画の認定等について」を参照のこと。）

https://warp.ndl.go.jp/info:ndljp/pid/12359655/www.jftc.go.jp/houdou/pressrelease/2022/jun/220602.html

⑶ ㈱サイネックス及び㈱スマートバリューに対する件（令和４年（認）第６号・第７号）（令和４年６月30日　確約計画の認定）

ア　関係人

番号	名称	所在地	代表者
1	㈱サイネックス	大阪市天王寺区上本町五丁目3番15号	代表取締役 村田　吉優
2	㈱スマートバリュー	大阪市中央区道修町三丁目6番1号	代表執行役 渋谷　順

イ　概要

公正取引委員会は、２社に対し、２社の次の行為が独占禁止法の規定に違反する疑いがあるものとして、確約手続通知を行ったところ、２社から確約計画の認定申請があり、当該計画が独占禁止法に規定する認定要件に適合すると認め、当該計画を認定した。

２社は、平成31年２月頃以降、自らのホームページをリニューアルする業務（以下「本件業務」という。）の発注を検討している市町村及び特別区（以下「市町村等」という。）に対して、それぞれが行う受注に向けた営業活動において、当該市町村等が本件業務の仕様において定める、ホームページの管理を行うために導入するコンテンツ管理システム（以下「ＣＭＳ」という。）（注）について、２社によって作成された、オープンソースソフトウェアではないＣＭＳとすることが当該ホームページの情報セキュリティ対策上必須である旨を記載した仕様書等の案を、自らだけではＣＭＳに係る仕様を設定することが困難な市町村等に配付するなどして、オープンソースソフトウェアのＣＭＳを取り扱う事業者が本件業務の受注競争に参加することを困難にさせる要件を盛り込むよう働き掛けている。

（注）　組織が持つ情報（コンテンツ）の配信、版管理等を行うためのシステムをいう。

ウ　本件と関連する公正取引委員会のアドボカシー・唱導活動（実態調査）

公正取引委員会では、今後成長が期待される分野や規制分野の事業活動の実態等について調査を行い、独占禁止法・競争政策上の考え方を明らかにして、事業者等による取引慣行の自主的な改善を促すとともに、その調査結果を公表している。

次の実態調査に係る報告書において、本件違反被疑行為と関連する行為は、独占禁止法上問題となるおそれがあるとされているものである。また、公正取引委員会は、独占禁止法違反行為に対しては、厳正に対処していくこととしている。

(ア)　官公庁における情報システム調達に関する実態調査（令和４年２月８日報告書公表）

「官公庁の情報システム調達において、ベンダーが、発注担当者が仕様に精通していないことに付け込み不正確な情報を提供するなどして自社のみが対応できる仕様書による入札を実現し、自社の仕様を盛り込むことにより、他のベンダーの入札参加を困難にさせ、官公庁の入札方針に反する入札をさせている場合など」には、独占禁止法上問題となるおそれがある（私的独占等）。（実態調査報告書第４の１(2)）

(イ)　スタートアップの取引慣行に関する実態調査（令和２年11月27日最終報告書公表）

「競合他社が、スタートアップの販売先に対し、スタートアップの商品等に関する悪評を流すことにより、スタートアップとその販売先との取引を妨害した事例」について、それが不公正な競争手段によるものである場合には、競争者に対する取引妨害（一般指定第14項）として問題となるおそれがある。（最終報告書第４の５(1)）

（詳細については令和４年６月30日報道発表資料「㈱サイネックス及び㈱スマートバリューから申請があった確約計画の認定等について」を参照のこと。）

https://warp.ndl.go.jp/info:ndljp/pid/12364959/www.jftc.go.jp/houdou/pressrelease/2022/jun/220630daiichi/220630.html

第３　その他の事件処理

1　自発的な措置に関する公表

令和４年度において、事業者から自発的な措置の報告を受け、事案の概要を公表したものは、次のとおりである。

第８表　令和４年度自発的な措置に関する公表事案一覧

件　　名	内　　容	公表年月日
㈱セブン－イレブン・ジャパンによる対応について	公正取引委員会は、㈱セブン－イレブン・ジャパンの取引先が、㈱セブン－イレブン・ジャパンのプライベート・ブランド等の製造委託先下請事業者から「商品案内作成代」を徴収していたことについて、下請法上の勧告（第8章第2 6 (1)参照）をした後、これに関連して、㈱セブン－イレブン・ジャパンに対し、当該取引先との間における優越的地位の濫用の観点からみた問題の有無について事実確認するため資料を求めるなどした。こうした中、㈱セブン－イレブン・ジャパンから、当該取引先との取引を含むプライベート・ブランド等の製造委託に関する「商品案内作成代」の徴収を取りやめ、徴収していた取引先に対して、その旨を通知するなどの措置を自発的に講じた旨の報告があったため、これ以上の対応は行わないこととした旨を公表した。 （詳細については令和４年12月22日報道発表資料「㈱セブン－イレブン・ジャパンによるプライベート・ブランド製造委託に関する「商品案内作成代」への対応について」を参照のこと。） https://www.jftc.go.jp/houdou/pressrelease/2022/dec/221222_kankijoseki.html	4. 12. 22

第４　告発

私的独占、カルテル等の重大な独占禁止法違反行為については、排除措置命令等の行政上の措置のほか罰則が設けられているところ、これらについては公正取引委員会による告発を待って論ずることとされている（第96条及び第74条第１項）。

公正取引委員会は、平成17年10月、平成17年独占禁止法改正法の趣旨を踏まえ、「独占禁止法違反に対する刑事告発及び犯則事件の調査に関する公正取引委員会の方針」を公表し、独占禁止法違反行為に対する抑止力強化の観点から、積極的に刑事処罰を求めて告発を行っていくこと等を明らかにしている。

令和４年度においては、公益財団法人東京オリンピック・パラリンピック競技大会組織委員会（以下「組織委員会」という。）が発注する東京2020オリンピック・パラリンピック競技大会（以下「東京2020大会」という。）に関するテストイベント計画立案等業務委託契約等（注）の入札談合事件について、以下のとおり、検事総長に告発した。

（注）「テストイベント計画立案等業務委託契約等」とは、組織委員会が順次発注する東京2020大会に関して競技・会場ごとに実施される各テストイベント計画立案等業務委託契約並びに同契約の受注者との間で締結されることとされていた各テストイベント実施等業務委託契約及び各本大会運営等業務委託契約をいう。

○　組織委員会が発注する東京2020大会に関するテストイベント計画立案等業務委託契約等の入札談合に係る告発（令和５年２月28日告発）

⑴　被告発会社等

ア　被告発会社（下表記載の６社）

イ　被告発人

(ア)　前記被告発会社６社でテストイベント計画立案等業務委託契約等の受注等に関する業務に従事していた者６名

(イ)　組織委員会大会準備運営第一局次長等としてテストイベント計画立案等業務委託契約等の発注等に関する業務に従事していた者１名

番号	被告発会社	本店の所在地	代　表　者
1	㈱電通グループ	東京都港区東新橋一丁目８番１号	代表取締役　五十嵐　博
2	㈱博報堂	東京都港区赤坂五丁目３番１号	代表取締役　水島　正幸
3	㈱東急エージェンシー	東京都港区西新橋一丁目１番１号	代表取締役　澁谷　尚幸
4	㈱フジクリエイティブコーポレーション	東京都江東区青海一丁目１番20号	代表取締役　前田　和也
5	㈱セレスポ	東京都豊島区北大塚一丁目21番５号	代表取締役　田代　剛
6	㈱セイムトゥー	東京都千代田区永田町二丁目４番３号	代表取締役　海野　雅生

(2)　告発事実

被告発会社６社は、いずれも広告代理業等又はイベントの企画・運営等を営む事業者であり、前記(1)イ(ア)の被告発人６名は、それぞれその被告発会社の従業者としてテストイベント計画立案等業務委託契約等の受注等に関する業務に従事していたもの、前記(1)イ(イ)の被告発人は、組織委員会大会準備運営第一局次長等として、テストイベント計画立案等業務委託契約等の発注等に関する業務に従事していたものであるが、被告発人７名は、広告代理業等を営むその他の事業者１社（以下、同事業者と被告発会社６社とを合わせて「被告発会社等７社」という。）の従業者として前記同様にテストイベント計画立案等業務委託契約等の受注等に関する業務に従事していた者と共に、それぞれその従業者として業務に従事する被告発会社等７社の他の従業者らと共謀の上、それぞれその従業者として業務に従事する被告発会社等７社の業務に関し、平成30年２月頃から同年７月頃までの間、東京都内の組織委員会事務所等において、面談等の方法により、テストイベント計画立案等業務委託契約等について被告発会社等７社の受注希望等を考慮して受注予定事業者を決定するとともに基本的に当該受注予定事業者のみが入札を行うことなどを合意した上、同合意に従ってテストイベント計画立案等業務委託契約等についてそれぞれ受注予定事業者を決定するなどし、もって被告発会社等７社が共同して、テストイベント計画立案等業務委託契約等の受注に関し、相互にその事業活動を拘束し、遂行することにより、公共の利益に反して、テストイベント計画立案等業務委託契約等の受注に係る取引分野における競争を実質的に制限したものである。

(3)　罪名及び罰条

独占禁止法違反

同法第89条第１項第１号、第３条及び第95条第１項第１号並びに刑法第60条

第3章　訴　訟

第1　審決取消請求訴訟

1　概説

令和4年度当初において係属中の審決取消請求訴訟は15件であったところ、これらのうち、同年度中に東京高等裁判所が原告の請求を棄却した判決が2件（いずれも原告が上訴）、最高裁判所が上告不受理決定をしたことにより終了したものが1件あった（第1表参照）。

この結果、令和4年度末時点において係属中の審決取消請求訴訟は14件となった。

第1表　令和4年度係属事件一覧

一連番号	件　名	審決の内容	判決等
1	㈱ラルズによる件	被審人が、納入業者のうち88社に対し自己の取引上の地位が優越していることを利用して、正常な商慣習に照らして不当に、納入業者に従業員等を派遣させ、金銭を提供させ、商品を購入させていたことについて、優越的地位の濫用行為であると認め、被審人と納入業者88社それぞれとの間における購入額を課徴金の対象として認めた（課徴金額　12億8713万円）。	審決年月日　平成31年 3月25日 提訴年月日　平成31年 4月24日 判決年月日　令和 3年 3月 3日 （請求棄却、東京高等裁判所） 上訴年月日　令和 3年 3月15日 （上告受理申立て、原審原告） 決定年月日　令和 4年 5月18日 （上告不受理決定、最高裁判所）
2	㈱エディオンによる件	被審人が、納入業者に対し自己の取引上の地位が優越していることを利用して、正常な商慣習に照らして不当に、納入業者に従業員等を派遣させていたことについて、原処分における違反行為の相手方である127社のうち、92社に対する行為は優越的地位の濫用行為であると認められることから、排除措置命令を変更し課徴金納付命令の一部を取り消した。被審人と納入業者92社それぞれとの間における購入額を課徴金の対象として認めた。ただし、「マル特経費負担」分は購入額から除外すべきものとされた（一部取消し後の課徴金額　30億3228万円）。	審決年月日　令和元年10月 2日 提訴年月日　令和元年11月 1日

一連番号	件　名	審決の内容	判決等
3	ダイレックス㈱による件	被審人が、納入業者に対し自己の取引上の地位が優越していることを利用して、正常な商慣習に照らして不当に、納入業者に従業員等を派遣させ、金銭を提供させていたことについて、原処分における違反行為の相手方である78社のうち、69社に対する行為は優越的地位の濫用行為であると認められることから、排除措置命令を変更し課徴金納付命令の一部を取り消した。被審人と69社それぞれとの間における購入額を課徴金の対象として認めた（一部取消し後の課徴金額　11億9221万円）。	審決年月日　令和 2年 3月25日 提訴年月日　令和 2年 4月 2日
4	東洋シヤッター㈱による件	被審人が、他の事業者と共同して、特定シャッターの需要者向け販売価格について引き上げることを合意（全国合意）することにより、公共の利益に反して、我が国における特定シャッターの販売分野における競争を実質的に制限していたと認めた。 被審人が前記全国合意に係る違反行為により販売した特定シャッターの売上額を課徴金の対象として認めた。ただし、近畿合意（一連番号の5参照）に基づく売上額と全国合意に基づく売上額のうち、重複した売上額は全国合意に係る課徴金の計算の基礎から控除すべきものとして課徴金の対象とは認めなかった（一部取消し後の課徴金額4億8404万円）。	審決年月日　令和 2年 8月31日 提訴年月日　令和 2年 9月29日

一連番号	件　名	審決の内容	判決等
5	三和ホールディングス㈱ほか1名による件	被審人三和シヤッター工業㈱が、他の事業者と共同して、特定シャッターの需要者向け販売価格について引き上げることを合意（全国合意）することにより、公共の利益に反して、我が国における特定シャッターの販売分野における競争を実質的に制限していたと認めた。 被審人らが、他の事業者と共同して、近畿地区における特定シャッター等について、受注予定者を決定し、受注予定者が受注できるようにするとともに、受注予定者以外の者も受注することとなった場合には受注予定者が建設業者に対して提示していた見積価格と同じ水準の価格で受注するようにする（近畿合意）ことにより、公共の利益に反して、近畿地区における特定シャッター等の取引分野における競争を実質的に制限していたと認めた。 被審人らが前記全国合意に係る違反行為により販売した特定シャッター及び近畿合意に係る違反行為により販売した近畿地区における特定シャッター等の売上額を課徴金の対象として認めた。ただし、被審人三和シヤッター工業㈱については、近畿合意に基づく売上額と全国合意に基づく売上額のうち、重複した売上額は全国合意に係る課徴金の計算の基礎から控除すべきものとして課徴金の対象とは認めなかった（課徴金額　4026万円（三和ホールディングス㈱）、一部取消し後の課徴金額　27億1585万円（三和シヤッター工業㈱））。	審決年月日　令和 2年 8月31日 提訴年月日　令和 2年 9月30日
6	文化シヤッター㈱による件	被審人が、他の事業者と共同して、特定シャッターの需要者向け販売価格について引き上げることを合意（全国合意）することにより、公共の利益に反して、我が国における特定シャッターの販売分野における競争を実質的に制限していたと認めた。 被審人が前記全国合意に係る違反行為により販売した特定シャッターの売上額を課徴金の対象として認めた。ただし、近畿合意（一連番号の5参照）に基づく売上額と全国合意に基づく売上額のうち、重複した売上額は全国合意に係る課徴金の計算の基礎から控除すべきものとして課徴金の対象とは認めなかった（一部取消し後の課徴金額17億3831万円）。	審決年月日　令和 2年 8月31日 提訴年月日　令和 2年 9月30日

第3章 訴訟

一連番号	件　名	審決の内容	判決等
7	サクラパックス㈱ほか1名による件	被審人らが、他の事業者と共同して、特定段ボールシートの販売価格を引き上げることを合意（本件シート合意）することにより、公共の利益に反して、特定段ボールシートの販売分野における競争を実質的に制限していたと認めた。 被審人らが、他の事業者と共同して、特定段ボールケースの販売価格を引き上げることを合意（本件ケース合意）することにより、公共の利益に反して、特定段ボールケースの販売分野における競争を実質的に制限していたと認めた。 被審人らが本件シート合意及び本件ケース合意に係る違反行為により販売した特定段ボールシート及び特定段ボールケースの売上額を課徴金の対象として認めた（課徴金額　2662万円（サクラパックス㈱）、3477万円（森井紙器工業㈱））。	審決年月日　令和 3年 2月 8日 提訴年月日　令和 3年 3月 9日
8	レンゴー㈱ほか6名による件	被審人らが、他の事業者と共同して、特定段ボールシートの販売価格を引き上げることを合意（本件シート合意）することにより、公共の利益に反して、特定段ボールシートの販売分野における競争を実質的に制限していたと認めた。 被審人らが、他の事業者と共同して、特定段ボールケースの販売価格を引き上げることを合意（本件ケース合意）することにより、公共の利益に反して、特定段ボールケースの販売分野における競争を実質的に制限していたと認めた。 被審人らが本件シート合意及び本件ケース合意に係る違反行為により販売した特定段ボールシート及び特定段ボールケースの売上額を課徴金の対象として認めた（課徴金額　46億6156万円（7名の合計額））。	審決年月日　令和 3年 2月 8日 提訴年月日　令和 3年 3月10日

一連番号	件　名	審決の内容	判決等
9	レンゴー㈱による件	被審人が、他の事業者と共同して、特定ユーザー向け段ボールケースの販売価格又は加工賃を引き上げることを合意（本件合意）することにより、公共の利益に反して、特定ユーザー向け段ボールケースの取引分野における競争を実質的に制限していたと認めた。 被審人が本件合意に係る違反行為により販売した特定ユーザー向け段ボールケースの売上額等を課徴金の対象として認めた。ただし、被審人が特定ユーザーに対して支払った割戻金について、当該割戻金を支払うことを定めた「覚書」等の書面作成日以降の取引に対応する割戻金額について、課徴金の計算の基礎となる売上額から控除すべきものと認めた（一部取消し後の課徴金額　10億6758万円）。	審決年月日　令和 3年 2月 8日 提訴年月日　令和 3年 3月10日 判決年月日　令和 4年 9月16日 （請求棄却、東京高等裁判所） 上訴年月日　令和 4年 9月29日 （上告及び上告受理申立て、原審原告）
10	王子コンテナー㈱ほか10名による件	被審人らが、他の事業者と共同して、特定段ボールシートの販売価格を引き上げることを合意（本件シート合意）することにより、公共の利益に反して、特定段ボールシートの販売分野における競争を実質的に制限していたと認めた。 被審人らが、他の事業者と共同して、特定段ボールケースの販売価格を引き上げることを合意（本件ケース合意）することにより、公共の利益に反して、特定段ボールケースの販売分野における競争を実質的に制限していたと認めた。 被審人らが本件シート合意及び本件ケース合意に係る違反行為により販売した特定段ボールシート及び特定段ボールケースの売上額を課徴金の対象として認めた。ただし、被審人王子コンテナー㈱及び被審人北海道森紙業㈱の「当て紙」の売上額並びに被審人王子コンテナー㈱が加工委託のため別のメーカーに有償支給した段ボールシートの売上額は、特定段ボールシート及び特定段ボールケースの売上額ではない等の理由から、これを課徴金の計算の基礎から除外すべきものと認めた（課徴金額　27億192万円（11名の合計額。ただし被審人王子コンテナー㈱及び被審人北海道森紙業㈱については一部取消し後の金額））。	審決年月日　令和 3年 2月 8日 提訴年月日　令和 3年 3月10日

一連番号	件　名	審決の内容	判決等
11	コバシ㈱ほか6名による件	被審人コバシ㈱、同大万紙業㈱、同福原紙器㈱及び同吉沢工業㈱が、他の事業者と共同して、特定段ボールシートの販売価格を引き上げることを合意（本件シート合意）することにより、公共の利益に反して、特定段ボールシートの販売分野における競争を実質的に制限していたと認めた。 被審人らが、他の事業者と共同して、特定段ボールケースの販売価格を引き上げることを合意（本件ケース合意）することにより、公共の利益に反して、特定段ボールケースの販売分野における競争を実質的に制限していたと認めた。 被審人らが本件シート合意及び本件ケース合意に係る違反行為により販売した特定段ボールシート及び特定段ボールケースの売上額を課徴金の対象として認めた。ただし、被審人浅野段ボール㈱が東日本地区に交渉担当部署が所在しない取引先に納入した段ボールケースの売上額は、特定段ボールケースの売上額ではない等の理由から、これを課徴金の計算の基礎から除外すべきものと認めた（課徴金額　1億5785万円（7名の合計額。ただし被審人浅野段ボール㈱については一部取消し後の金額））。	審決年月日　令和 3年 2月 8日 提訴年月日　令和 3年 3月10日

一連番号	件　名	審決の内容	判決等
12	福野段ボール工業㈱による件	被審人が、他の事業者と共同して、特定段ボールシートの販売価格を引き上げることを合意（本件シート合意）することにより、公共の利益に反して、特定段ボールシートの販売分野における競争を実質的に制限していたと認めた。 被審人が、他の事業者と共同して、特定段ボールケースの販売価格を引き上げることを合意（本件ケース合意）することにより、公共の利益に反して、特定段ボールケースの販売分野における競争を実質的に制限していたと認めた。 被審人が本件シート合意及び本件ケース合意に係る違反行為により販売した特定段ボールシート及び特定段ボールケースの売上額を課徴金の対象として認めた。ただし、被審人が訂正伝票により「特値」（通常より低い価格での受注）で代金の支払を受けていた段ボールシートの当該訂正後の売上額と訂正前の売上額との差額は、特定段ボールシートの売上額ではない等の理由から、これを課徴金の計算の基礎から除外すべきものと認めた（一部取消し後の課徴金額　2529万円）。	審決年月日　令和 3年 2月 8日 提訴年月日　令和 3年 3月10日
13	㈱トーモクほか3名による件	被審人らが、他の事業者と共同して、特定段ボールシートの販売価格を引き上げることを合意（本件シート合意）することにより、公共の利益に反して、特定段ボールシートの販売分野における競争を実質的に制限していたと認めた。 被審人らが、他の事業者と共同して、特定段ボールケースの販売価格を引き上げることを合意（本件ケース合意）することにより、公共の利益に反して、特定段ボールケースの販売分野における競争を実質的に制限していたと認めた。 被審人らが本件シート合意及び本件ケース合意に係る違反行為により販売した特定段ボールシート及び特定段ボールケースの売上額を課徴金の対象として認めた（課徴金額　10億9211万円（4名の合計額））。	審決年月日　令和 3年 2月 8日 提訴年月日　令和 3年 3月10日

一連番号	件　名	審決の内容	判決等
14	㈱トーモクによる件	被審人が、他の事業者と共同して、特定ユーザー向け段ボールケースの販売価格又は加工賃を引き上げることを合意（本件合意）することにより、公共の利益に反して、特定ユーザー向け段ボールケースの取引分野における競争を実質的に制限していたと認めた。 被審人が本件合意に係る違反行為により販売した特定ユーザー向け段ボールケースの売上額等を課徴金の対象として認めた。ただし、被審人が特定ユーザーに対して支払った割戻金について、当該割戻金を支払うことを定めた「覚書」等の書面作成日以降の取引に対応する割戻金額について、課徴金の計算の基礎となる売上額から控除すべきものと認めた（一部取消し後の課徴金額　6億363万円）。	審決年月日　令和 3年 2月 8日 提訴年月日　令和 3年 3月10日 判決年月日　令和 4年 9月16日 （請求棄却、東京高等裁判所） 上訴年月日　令和 4年 9月29日 （上告及び上告受理申立て、原審原告）
15	東京コンテナ工業㈱による件	被審人が、他の事業者と共同して、特定段ボールシートの販売価格を引き上げることを合意（本件シート合意）することにより、公共の利益に反して、特定段ボールシートの販売分野における競争を実質的に制限していたと認めた。 被審人が、他の事業者と共同して、特定段ボールケースの販売価格を引き上げることを合意（本件ケース合意）することにより、公共の利益に反して、特定段ボールケースの販売分野における競争を実質的に制限していたと認めた。 被審人が本件シート合意及び本件ケース合意に係る違反行為により販売した特定段ボールシート及び特定段ボールケースの売上額を課徴金の対象として認めた（課徴金額　4825万円）。	審決年月日　令和 3年 2月 8日 提訴年月日　令和 3年 3月10日

2　東京高等裁判所における判決

㈱トーモクほか１名による審決取消請求事件（令和３年（行ケ）第12号、同第７号）（第１表一連番号14及び９（注１））

（注１）第１表一連番号14及び９は東京高等裁判所係属中に併合された。

⑴　主な争点及び判決の概要

ア　争点１（本件合意の成否）について

㈠　独占禁止法第２条第６項にいう「共同して」に該当するためには、当該行為について、相互の間に「意思の連絡」があったと認められることが必要と考えられる。そして、「意思の連絡」とは、複数の事業者の間で相互に同内容又は同種の対価の引上げを実施することを認識し、これと歩調をそろえる意思があることを意味し、一方の対価引上げを他方が単に認識して認容するのみでは足りないものの、事業者間で相互に拘束し合うことを明示して合意することまでは必要でなく、相互に他の事業者の対価の引上げ行為を認識し、暗黙のうちに認容することで足りると考えられる。

この考え方を前提とすると、本件合意の成立が認められるためには、少なくとも暗黙のうちに、原告ら及び他の段ボールケース製造業者３社（以下「本件５社」という。）の間に「意思の連絡」、すなわち同内容又は同種の対価の引上げを実施することを相互に認識し、これと歩調をそろえる意思が存在していることが必要というべきである。本件審決は、これと同旨の判断枠組みを採用しており、その法令解釈に誤りはない。

(イ) 本件合意の成否を判断するに当たって、本件審決が認定した事実は、本件審決に掲記された証拠から合理的に形成された心証に基づき認定されたものであって、実質的証拠を欠くものとはいえない。

(ウ) 本件審決が認定した事実及び前提事実を総合すると、本件５社間において行われた一連の事前交渉は、飽くまで値上げを目的として行われたものであって、単なる情報交換の場ではない上、その内容は、値上げの対象となる広域ユーザー（注２）をホワイトボードにリストアップし、これをメモに取るなど、参加者全員が共通認識を持ち得るような確実な方法により行われていること、そして、その結果、10月31日５社会（注３）以降、５社会や小部会（注４）において具体的な値上げの幅等についての交渉が進捗し、値上げ要請文書記載の値上げ予定日から２ないし４か月以内に、原紙代、加工賃及び販売価格いずれについても値上げが実現したものであり、しかも、その値上げの幅等は、偶然とはいえないほど足並みが一致していることなどの事情を指摘することができる。そして、これらの事情によれば、原告らを含む本件５社は、遅くとも10月31日５社会までに、相互に特定ユーザー（注５）向け段ボールケースの販売価格又は加工賃の引上げを実施することを認識ないし予測し、これと歩調を合わせる意思を形成し、本件合意を成立させるに至ったものと推認するのが合理的である。

そうすると、本件合意の成否に関する本件審決の認定は、原告らの各値上げが本件５社の値上げとは無関係に独自の判断によって行われたことなど「特段の事情」の存在が認められない限り、実質的証拠を欠くものとはいえない。

（注２）全国各地に有する工場等の拠点において使用する段ボールケースにつき、購入価格等の取引条件の交渉を交渉担当部署において一括して行う大口の需要者
（注３）平成23年10月31日に開催された、本件５社の営業本部長級の者らを出席者とする会合
（注４）段ボール製品の値上げの時期に、個別の広域ユーザーごとに開催されていた会合
（注５）10月31日５社会でリストアップされた広域ユーザー67社

(エ) 原告らの各値上げが本件５社の値上げとは無関係に独自の判断によって行われたことなどをうかがわせる事情は見当たらない。したがって、前記特段の事情は存在しないというべきである。

イ　争点2（本件合意が一定の取引分野における競争を実質的に制限するものであったか）について

(ア)　独占禁止法第2条第6項にいう「一定の取引分野における競争を実質的に制限する」とは、当該取引に係る市場が有する競争機能を損なうことをいい、共同して商品の販売価格を引き上げた場合には、その当事者である事業者らがその意思で、ある程度自由に当該商品の販売価格を左右することができる状態をもたらすことをいう。

(イ)　**「一定の取引分野」について**

a　独占禁止法第2条第6項所定の「一定の取引分野」とは、同条第4項にいう「競争」が行われる場である市場を意味する。

b　前記「一定の取引分野」が要件の一つとされる理由は、当該競争が不当な取引制限としての共同行為によって実質的に制限されるか否かを判断するために、その対象となる市場（競争の場）の範囲を画定することにあるところ、本件審決が認定した事実及び前提事実によれば、本件合意は事実上の拘束力（実効性）を有するカルテル合意として成立しており、その対象となる商品は、いずれも広域ユーザーである特定ユーザー向けの、日本工業規格に基づく外装用段ボールシートを加工して製造される段ボールケースであって、かつ、その交渉の範囲等は、この特定ユーザー向け段ボールケースの販売及び加工に係る取引全般に及んでいたものというべきである。このような事実関係の下では、一般的かつ客観的な見地からみて、本件合意による競争の実質的な制限の判断対象となる「一定の取引分野」（市場）は、特定ユーザー向け段ボールケースの販売及び加工に係る取引全般をもって画定すべきである。

c　「一定の取引分野」、すなわち一般的かつ客観的な市場の画定に関しては、一般に、個別ユーザーごとに競争関係が想定される場合であっても、これを重層的に画定することが可能であるところ、前記のとおり、本件合意の対象となる商品は、いずれも日本工業規格に基づく外装用段ボールシートを加工して製造される段ボールケースである上、本件5社は、10月31日5社会においてリストアップされた各特定ユーザーについて、小部会等において、競合する特定ユーザーごとに段ボールケースの販売価格又は加工賃の引上げの実施方法や交渉状況、さらには値上げの進捗状況について情報を交換しながら、これらの値上げ活動を行い、頓挫することなく本件合意（価格協定）の目的を達成させていることからみて、個別ユーザーごとに想定される仕様や値上げの対象等の相違は、本件合意の形成とこれを具体化する過程において当然の前提として扱われ、代替性のあるものとして一連の値上げ交渉が行われたとみるのが合理的である。実際、10月31日5社会における特定ユーザー67社（交渉窓口会社40社）のリストアップの過程において、段ボール製品の代替性について疑義が出され、以後の協議が紛糾するなどした形跡はうかがわれない。

そうすると、本件合意においては、個別ユーザーごとに仕様等の違いが想定されるとしても、個々のユーザーにとって選択肢となる商品は、特定ユーザー向け段ボールケースという形で重層的に存在し、実質的な制限の有無の判断対象となる「市場」を形成しているというべきである。

d　以上によれば、「一定の取引分野」の画定に関する本件審決の判断は、実質的証拠を欠くものでなく、法令にも違反しない。

(ウ)　**「競争の実質的制限」について**

a　独占禁止法第２条第６項にいう「競争を実質的に制限する」とは、前記一定の取引分野において、当該取決めによって、その当事者である事業者らがその意思で、ある程度自由に販売価格又は加工賃を左右することができる状態をもたらすことをいう。

本件合意が成立した平成23年度において、本件５社が特定ユーザーに販売する段ボールケースの総販売金額（914億1295万円余り）は、特定ユーザーに販売される段ボールケースの総販売金額（1093億5332万円余り）の８割余りを占めていたことからすると、本件５社は、前記特定ユーザー向け段ボールケースの取引分野において、その意思で、ある程度自由に販売価格又は加工賃を左右することができる状態にあったということができる。したがって、本件合意は、特定ユーザー向け段ボールケースの販売価格又は加工賃について、その取引分野における「競争を実質的に制限する」ものというべきである。

b　以上によれば、「競争の実質的制限」に関する本件審決の判断は、法令に違反せず、実質的証拠に欠けるものでもない。

ウ　争点３（本件排除措置命令の適法性）について

本件排除措置命令について、「特に必要があると認めるとき」に該当し、その内容も相当なものであるとして適法とした本件審決の判断は、実質的証拠に欠けるところがなく、法令にも違反しない。

エ　争点４（本件各課徴金納付命令の適法性）について

(ア)　**本件各課徴金の算定期間（実行期間）の始期について**

独占禁止法第７条の２第１項が定める課徴金制度は、既存の刑事罰の定め（同法第89条）やカルテルによる損害を回復するための損害賠償制度（同法第25条）に加えて、カルテル禁止の実効性確保のための行政上の措置として設けられたものであるから、同項が、実行期間の始期につき「当該行為の実行としての事業活動を行った日」と規定する趣旨は、不当な取引制限に係る合意の拘束力が及んでいる「事業活動」が行われた日以降については、具体的な値上げの実現の有無やその可能性のいかんを問わず、当該カルテルに基づく不当な利得の発生を擬制した上、これを違反行為者から課徴金として剝奪しようとするものである。そして、値上げ合意（カルテル）により値上げ予定日が定められ、その日からの値上げに向けて交渉が行われた場合には、仮に、その交渉の結果として、値上げ予定日に実際に値上げをすることができなかったとしても、少なくとも値上げ予定日以降においては、カルテル合意の拘束力が及んでおり、競争者の低価格攻勢に対する競争的な値下げをほとんど検討することなく値上げ交渉を行うことができたものというべきであるから、当該値上げ予定日に、本件合意（違反行為）の「実行としての事業活動」が開始されたものとみるのが合理的である。

そうすると、本件合意（カルテル）の下では、値上げ予定日に実際に価格を引き上げることができたか否かはもとより、その可能性の程度や認識の有無を問わず、当該値上げ予定日をもって実行期間の始期に当たるものと考えるべきである。

そして、本件審決が認定する各事情を総合すると、原告らを含む本件５社は、期替わり前の値上げが容易でないという事情があったとしても、本件合意（価格協定）が存在していることにより、少なくとも値上げ要請文書に記載された値上げ予定日以降は、低価格攻勢を仕掛けてくる競争者の出現をほとんど危惧することなく、可及的に速やかに期替わり前の値上げの実現に向けて交渉することのできる状態となっていたとみることができるから、本件合意（違反行為）の「実行としての事業活動」が開始されていたというべきである。

そうすると、本件合意の下における実行期間の始期は、値上げ要請文書記載の値上げ予定日に基づいて認定すべきであると考えられる。

(イ)　課徴金の算定対象となる「当該商品」の該当性について

a　独占禁止法第７条の２第１項にいう「当該商品」とは、一定の取引分野における競争を実質的に制限する行為が行われた場合において、その対象商品の範ちゅうに属する商品であって、当該違反行為による拘束を受けたものをいうと考えられる。そして、対象商品の範ちゅうに属する商品については、原則として違反行為の影響下で取引がされたものと推定されるから、一定の商品につき違反行為を行った事業者が明示的又は黙示的に当該商品を対象から除外するなど、当該商品が違反行為である相互拘束から除外されていることを示す特段の事情が認められない限り、当該違反行為による拘束が及んでいるものとして、課徴金の算定の対象となる「当該商品」に含まれるものというべきである。

b　本件違反行為すなわち本件合意の対象となる商品は、特定ユーザー向け段ボールケースであるから、前記特段の事情が認められない限り、特定ユーザー向け段ボールケースについては、本件違反行為による拘束が及んでいるものとして、課徴金の算定対象となる商品に該当することになる。

本件審決は、原告らが前記特段の事情があると主張する各特定ユーザー向け段ボールケースについて、いずれも特段の事情は認められないと判断しているところ、その判断に違法はない。

(ウ)　課徴金の算定基礎となる売上金について

a　協力値引きの控除について

原告レンゴー㈱が提出する証拠だけでは、「協力値引き」名目で実質的な販売価格の引下げ交渉が行われ、その結果として実際にその値引きが行われていたことを認めるに足りる的確な証拠とはいえず、他に、同原告の主張を客観的に裏付けるに足りる証拠はない。したがって、「協力値引き」に関する本件審決の判断に違法はない。

b　割戻金の控除について

独占禁止法施行令第５条第１項第３号が控除される割戻金を限定する趣旨は、事後的に支払側の裁量によって支払われるなどしたものは対価の修正と認めるべきでないことにある。そうすると、同号が予定している前記「対価の修正」といえるためには、それがあらかじめ書面によって明らかにされ、第三者にも容易に説明可能なものであることが必要というべきであるから、同号所定の「割戻金の支払を行うべき旨が書面によって明らかな契約」があった場合とは、割戻しの対象となる商品又は役務の引渡し前に、割戻金を支払うべきことが書面により明らかにされている場合に限られ、原告㈱トーモクが主張するような例外的処理を認める余地はない。

⑵ 訴訟手続の経過

本件は、原告らによる上告及び上告受理申立てにつき、令和4年度末現在、最高裁判所に係属中である。

3 最高裁判所における決定

㈱ラルズによる審決取消請求上告受理事件（令和3年（行ヒ）第271号）（第1表一連番号1）の決定の概要

最高裁判所は、本件は、民事訴訟法第318条第1項により受理すべきものとは認められないとして、上告不受理の決定を行った。

第2 排除措置命令等取消請求訴訟

1 概要

令和4年度当初において係属中の排除措置命令等取消請求訴訟（注1）は8件（東京地方裁判所5件、東京高等裁判所3件）（注2）であったところ、同年度中に新たに提起された排除措置命令等取消請求訴訟はなかった。

令和4年度当初において東京地方裁判所に係属中であった5件のうち2件については、同裁判所が請求を棄却する判決をしたが、いずれについてもその後控訴され、東京高等裁判所に係属中である（このうち1件については、令和5年度において控訴が提起されたものである。）。

令和4年度当初において東京高等裁判所に係属中であった3件のうち2件については、同裁判所が控訴を棄却する判決をしたが、いずれについてもその後、最高裁判所に上告及び上告受理申立てがなされ、2件のうち1件については同裁判所が上告棄却及び上告不受理決定をしたことにより終了し、その余の1件については同裁判所に係属中である。

これらの結果、令和4年度末時点において係属中の排除措置命令等取消請求訴訟は6件（前記令和5年度中に控訴されたものは含まない。）であった。

（注1）平成25年独占禁止法改正法（私的独占の禁止及び公正取引の確保に関する法律の一部を改正する法律（平成25年法律第100号）をいう。）により審判制度が廃止されたことに伴い、平成27年度以降、独占禁止法違反に係る行政処分に対する取消請求訴訟は、東京地方裁判所に提起する制度となっている。
（注2）排除措置命令等取消請求訴訟の件数は、訴訟ごとに裁判所において付される事件番号の数である。

第２表　令和４年度において係属していた排除措置命令等取消請求訴訟一覧

一連番号	件　名	事件の内容	関係法条	判決等
1	㈱富士通ゼネラルによる件	消防救急デジタル無線機器について、納入予定メーカーを決定し、納入予定メーカー以外の者は、納入予定メーカーが納入できるように協力する旨を合意していた（課徴金額　48億円）。 （排除措置命令及び課徴金納付命令取消請求事件）	独占禁止法第3条後段及び第7条の2	措置年月日　平成29年 2月 2日 提訴年月日　平成29年 8月 1日 判決年月日　令和 4年 3月 3日 （請求棄却、東京地方裁判所） 控訴年月日　令和 4年 3月17日
2	本町化学工業㈱による件	東日本地区又は近畿地区に所在する地方公共団体が発注する活性炭について、共同して、供給予定者を決定し、供給予定者が本町化学工業㈱を介して供給できるようにしていた（課徴金額　1億6143万円（東日本地区）、3283万円（近畿地区））。 （排除措置命令及び課徴金納付命令取消請求事件並びに執行停止申立事件）	独占禁止法第3条後段及び第7条の2	措置年月日　令和元年11月22日 提訴年月日　令和 2年 1月16日 申立年月日　令和 2年 1月16日 決定年月日　令和 2年 3月27日 （執行停止の申立てについて、却下決定（確定）、東京地方裁判所） 判決年月日　令和 4年 9月15日 （請求棄却、東京地方裁判所） 控訴年月日　令和 4年 9月30日
3	鹿島道路㈱による件	アスファルト合材の販売価格の引上げを行っていく旨を合意していた（課徴金額　58億157万円）。 （排除措置命令及び課徴金納付命令取消請求事件）	独占禁止法第3条後段及び第7条の2	措置年月日　令和元年 7月30日 提訴年月日　令和 2年 1月28日 判決年月日　令和 5年 3月30日 （請求棄却、東京地方裁判所） 令和4年度末時点　上訴期間中 （控訴年月日　令和 5年 4月12日）
4	世紀東急工業㈱による件	アスファルト合材の販売価格の引上げを行っていく旨を合意していた（課徴金額　28億9781万円）。 （課徴金納付命令取消請求事件）	独占禁止法第7条の2（第3条後段）	措置年月日　令和元年 7月30日 提訴年月日　令和 2年 1月29日 判決年月日　令和 3年 8月 5日 （請求棄却、東京地方裁判所） 控訴年月日　令和 3年 8月18日 判決年月日　令和 4年 6月 8日 （控訴棄却、東京高等裁判所） 上訴年月日　令和 4年 6月23日 （上告及び上告受理申立て） 決定年月日　令和 4年11月10日 （上告棄却及び上告不受理決定、最高裁判所）
5	マイナミ空港サービス㈱による件	八尾空港における機上渡し給油による航空燃料の販売に関して、エス・ジー・シー佐賀航空㈱の事業活動を排除していた（課徴金額　612万円）。 （排除措置命令及び課徴金納付命令取消請求事件）	独占禁止法第3条前段及び第7条の9第2項	措置年月日　令和 2年 7月 7日 提訴年月日　令和 3年 1月 6日 （排除措置命令について） 提訴年月日　令和 3年 3月29日 （課徴金納付命令について） 判決年月日　令和 4年 2月10日 （請求棄却、東京地方裁判所） 控訴年月日　令和 4年 2月27日 判決年月日　令和 5年 1月25日 （控訴棄却、東京高等裁判所） 上訴年月日　令和 5年 2月 8日 （上告及び上告受理申立て）
6	大成建設㈱による件	リニア中央新幹線に係る地下開削工法による品川駅及び名古屋駅新設工事について、受注予定者を決定し、受注予定者が受	独占禁止法第3条後段	措置年月日　令和 2年12月22日 提訴年月日　令和 3年 3月 1日

一連番号	件　名	事件の内容	関係法条	判決等
		注できるようにしていた。 （排除措置命令取消請求事件）		
7	鹿島建設㈱による件	リニア中央新幹線に係る地下開削工法による品川駅及び名古屋駅新設工事について、受注予定者を決定し、受注予定者が受注できるようにしていた。 （排除措置命令取消請求事件）	独占禁止法第3条後段	措置年月日　令和 2年12月22日 提訴年月日　令和 3年 6月21日
8	三条印刷㈱による件	日本年金機構が発注するデータプリントサービスについて、受注予定者を決定し、受注予定者が受注できるようにしていた。 （排除措置命令取消請求事件及び執行停止申立事件）	独占禁止法第3条後段	措置年月日　令和 4年 3月 3日 提訴年月日　令和 4年 3月 4日 申立年月日　令和 4年 3月 8日 決定年月日　令和 4年 3月29日 （執行停止の申立てについて、却下決定（確定）、東京地方裁判所）

第３　独占禁止法第24条に基づく差止請求訴訟

令和４年度において独占禁止法第79条第１項に基づいて公正取引委員会に対し通知があった訴訟は４件であり、同条第２項に基づいて当委員会に対し求意見がなされた事件はなかった。

第３表　令和４年度に通知があった独占禁止法第24条に基づく差止請求訴訟

裁判所 事件番号 提訴年月日	内　容
東京地方裁判所 令和4年（ワ）8049号 令和4年4月1日	被告らは、継続的に被告製品の梱包・運送作業等を委託している原告らに対し、一方的に新たな業務内容等を指定して見積提出を求め、かかる業務内容等は業務体制上困難であるとして見積提出を拒んだ原告らに対し、取引関係の終了を告げる等した。かかる行為は優越的地位の濫用に該当するものとして当該行為の差止めを求めるもの。
東京地方裁判所 令和4年（ワ）10237号 令和4年4月28日	被告は、被告が運営する飲食店ポータルサイト「食べログ」において、原告を含むチェーン店の評点を下方修正するアルゴリズム変更を行った。かかる行為は、差別取扱い及び優越的地位の濫用に該当するものとして当該行為の差止めを求めるもの。
東京地方裁判所 令和4年（ワ）16794号 令和4年7月5日	被告らは、原告のオートローンの利率に対して被告より低金利としないよう圧力をかけるなどの干渉を行った。かかる行為は取引妨害等に当たるとして、当該行為の差止め等を求めるもの。
横浜地方裁判所 令和4年（ワ）3666号 令和4年10月3日	原告は、被告が輸入する特定の自動車用フィルムシート等について被告から受託されて販売していたところ、被告から原告の当該フィルム等の受託販売権を認めない等の契約変更を提案された上、被告から原告が受け取る利益を一方的に減額された。原告が契約変更に難色を示したところ、被告から取引を停止されたため、かかる行為は優越的地位の濫用に当たるとして、当該行為の差止め等を求めるもの。

第４　独占禁止法第25条に基づく損害賠償請求訴訟

令和４年度において独占禁止法第84条に基づいて公正取引委員会に対し求意見がなされた訴訟はなかった。

第４章　競争環境の整備

第１　「デジタル化等社会経済の変化に対応した競争政策の積極的な推進に向けて」の公表

デジタル化の進展等、社会経済が急速に変化する中で、イノベーションや企業の成長を促す競争環境を整備することが重要となっている。このため、公正取引委員会は、独占禁止法の厳正かつ的確な執行（エンフォースメント）による違反行為の排除とともに、様々な分野での取引慣行の改善や規制・制度の見直しを提言する唱導（アドボカシー）による競争環境の整備に取り組んできた。令和４年６月７日に閣議決定された「経済財政運営と改革の基本方針2022」及び「新しい資本主義のグランドデザイン及び実行計画」においても、当委員会のアドボカシー機能の強化が明記された。こうした状況を踏まえ、当委員会は、同月16日に「デジタル化等社会経済の変化に対応した競争政策の積極的な推進に向けて―アドボカシーとエンフォースメントの連携・強化―」と題するステートメントを公表し、以下のとおり、エンフォースメントとアドボカシーを車の両輪として一層精力的に取り組み、組織全体としてデジタル化の進展等社会経済の変化への対応を強化することを表明した。

○　実態調査の役割、その対象分野や実施方法等についての基本的な考え方を明らかにし、実態調査に対する幅広い理解・協力を求める。調査結果の公表・周知においては分かりやすい発信を行い、また、必要に応じて点検・改善を要請することで関係事業者等による自主的な改善を促し、違反行為の未然防止を図るなど、アドボカシーの実効性を強化する。

○　アドボカシーとエンフォースメントの連携を促進する。

○　デジタルプラットフォーム事業者の独占禁止法違反被疑行為等について、個別事件の審査に際して事件の概要を公表して、情報・意見を募集するなど、情報収集のツールを多様化すること等により、エンフォースメントを強化する。

○　これらを的確に実施するため、機能・体制の計画的な充実・強化を行う。

（詳細については令和４年６月16日公表「デジタル化等社会経済の変化に対応した競争政策の積極的な推進に向けて―アドボカシーとエンフォースメントの連携・強化―」を参照のこと。）

https://warp.ndl.go.jp/info:ndljp/pid/12366705/www.jftc.go.jp/dk/advocacy/220616digital_statement.pdf

第2　ガイドラインの策定等

1　概説

公正取引委員会は、独占禁止法違反行為の未然防止と事業者及び事業者団体の適切な活動に役立てるため、事業者及び事業者団体の活動の中でどのような行為が実際に独占禁止法違反となるのかを具体的に示したガイドラインを策定するなどしている。

令和４年度においては、主に以下のガイドラインの策定等に取り組んだ。

2　「電気通信事業分野における競争の促進に関する指針」の改定

公正取引委員会は、電気通信事業分野における公正かつ自由な競争をより一層促進していく観点から、総務省と共同して、独占禁止法及び電気通信事業法（昭和59年法律第86号）の適用に当たっての基本的考え方及び問題となる行為等を明らかにした「電気通信事業分野における競争の促進に関する指針」を平成13年11月に作成・公表し、これまで必要に応じて、改定を行ってきた。

公正取引委員会は、令和３年６月に公表した「携帯電話市場における競争政策上の課題について（令和３年度調査）」等を踏まえ、独占禁止法上の考え方及び独占禁止法上問題となる行為の想定例を同指針に追記するなどの改定を行い、総務省と共同して、令和４年６月30日及び同年12月23日に公表した。

（詳細については令和４年６月30日報道発表資料「「電気通信事業分野における競争の促進に関する指針」の改定について」及び同年12月23日報道発表資料「「電気通信事業分野における競争の促進に関する指針」の改定について」を参照のこと。）

（令和４年６月30日報道発表資料）

https://warp.ndl.go.jp/info:ndljp/pid/12366705/www.jftc.go.jp/houdou/pressrelease/2022/jun/220630denkitsushin.html

（令和４年12月23日報道発表資料）

https://warp.ndl.go.jp/info:ndljp/pid/12366705/www.jftc.go.jp/houdou/pressrelease/2022/dec/221223denkitsushin.html

3　「ガソリン等の流通における不当廉売，差別対価等への対応について」の改定

公正取引委員会は、ガソリン等販売業を取り巻く経営環境の変化等を踏まえ、当委員会における法運用の透明性を一層確保し、事業者の予見可能性をより高めるため、「ガソリン等の流通における不当廉売，差別対価等への対応について」を改定し、令和４年11月11日に公表した。

（詳細については令和４年11月11日報道発表資料「「ガソリン等の流通における不当廉売，差別対価等への対応について」の改定について」を参照のこと。）

https://warp.ndl.go.jp/info:ndljp/pid/12513273/www.jftc.go.jp/houdou/pressrelease/2022/nov/221111gasoline.html

4 「グリーン社会の実現に向けた事業者等の活動に関する独占禁止法上の考え方」の策定

我が国は、「地球温暖化対策計画」（令和３年10月22日閣議決定）において、2030年度や2050年の温室効果ガスの削減目標を掲げている。これらの削減目標を達成するためには、環境負荷の低減と経済成長の両立する社会、すなわち「グリーン社会」を実現する必要がある。

グリーン社会の実現に向けた事業者等の取組については、今後一層活発化・具体化すると考えられるところ、公正取引委員会は、グリーン社会の実現に向けた事業者等の取組に関する新たな技術等のイノベーションを妨げる競争制限行為を未然に防止するとともに、事業者等の取組に対する法適用及び執行に係る透明性及び事業者等の予見可能性を一層向上させることで、事業者等のグリーン社会の実現に向けた取組を後押しすることを目的として、グリーン社会の実現に向けた事業者等の活動に関する独占禁止法上の考え方の明確化を図ることとした。

このため、有識者の知見に基づき、我が国における実情等を踏まえた上で、当該考え方について検討を行うことを目的として、令和４年10月から12月にかけて、経済取引局長主催の「グリーン社会の実現に向けた事業者等の活動に関するガイドライン検討会」を開催した。

その上で、令和５年１月13日に同検討会における有識者の意見等を踏まえて作成した「グリーン社会の実現に向けた事業者等の活動に関する独占禁止法上の考え方」（案）を公表し、同年２月13日を期限として、関係各方面から広く意見を募集したところ、29件の意見が提出された。提出された意見等を踏まえて検討した結果、原案を一部変更した上で、同年３月31日に公表した。

（詳細については令和５年３月31日報道発表資料「「グリーン社会の実現に向けた事業者等の活動に関する独占禁止法上の考え方」の策定について」を参照のこと。）

https://www.jftc.go.jp/houdou/pressrelease/2023/mar/230331_green.html

第3　実態調査

1　概説

公正取引委員会は、様々な実態調査を積極的に行っており、実態調査において把握した事実等に基づき、独占禁止法又は競争政策上の問題点や論点を指摘して、事業者や事業者団体による取引慣行の自主的な改善を促すことや、制度所管省庁による規制や制度の見直しなどを提言することを通じ、競争環境の整備を図っている。

令和4年度においては、主に以下の実態調査を実施した。

2　クレジットカードの取引に関する実態調査

近年、我が国におけるキャッシュレス決済額の大半はクレジットカードによるものであり、また、クレジットカードによる決済額は増加傾向にある。政府としても、キャッシュレス決済比率を更に増やしていくとの方針を掲げており、クレジットカードによる決済額は今後も増えていくことが予想されたことから、公正取引委員会は、国際ブランドとクレジットカード会社との取引実態等に関する調査を行い、平成31年3月に独占禁止法及び競争政策上の考え方を取りまとめた「クレジットカードに関する取引実態調査報告書」を公表した。

その後、「成長戦略実行計画」（令和3年6月18日閣議決定）において、「我が国では、キャッシュレス決済導入の拡大への課題の一つとして、クレジットカード加盟店手数料が高額であることが指摘されている。ヒアリングによると、加盟店手数料の約7割をインターチェンジフィー（クレジットカードでの決済があった際に、お店と契約する決済会社が、利用者と契約する決済会社に支払う手数料）が占めている。こうした点を踏まえ、公正取引委員会による調査…（略）…を実施する」とされた。

公正取引委員会は、このような状況を踏まえ、インターチェンジフィーの標準料率の公開状況等を把握するとともに、クレジットカード市場における競争政策上の課題の有無を明らかにするため、クレジットカードの取引に関する実態調査を実施し、令和4年4月8日、「クレジットカードの取引に関する実態調査報告書」を公表した。

本報告書は、加盟店とクレジットカード会社との間の加盟店手数料の交渉や、クレジットカード会社間の競争を促進する観点から、インターチェンジフィーの標準料率を定めている国際ブランドにあっては、我が国においても、標準料率を公開することが適当であるとの考え方を示した。また、カード発行市場における国際ブランド間の公正な競争条件を確保するとともに、クレジットカード市場全体の透明性を高める観点から、国際ブランドにあっては、標準料率を定めているか否かにかかわらず、インターチェンジフィー又はイシュア手数料の平均的な料率を公開することが望ましいとの考え方を示した。

前記の考え方を踏まえ、公正取引委員会及び経済産業省では、国際ブランドにおけるインターチェンジフィーの標準料率の公開に向けた取組を進めてきたところ、令和4年11月30日、Mastercard、UnionPay（銀聯）及びVisaからクレジットカードのインターチェンジフィーの標準料率が公開された。

（詳細については後記報道発表資料を参照のこと。）
○令和４年４月８日公表「クレジットカードの取引に関する実態調査について」
https://warp.ndl.go.jp/info:ndljp/pid/12251762/www.jftc.go.jp/houdou/pressrelease/2022/apr/220408.html

○令和４年11月30日公表「クレジットカードのインターチェンジフィーの標準料率の公開について」
https://warp.ndl.go.jp/info:ndljp/pid/12366705/www.jftc.go.jp/houdou/pressrelease/2022/nov/221130creditcard.html

3 クラウドサービス分野に関する実態調査

近年の経済のデジタル化の進展に伴い、企業のデジタルトランスフォーメーションや様々なデジタルサービスを支えるものとして、クラウドサービスの利用が拡大している。こうした中、情報通信技術やデータを活用するデジタルプラットフォーム事業者が、クラウドサービス事業においても幅広いサービスを提供しており、多くの企業の事業活動の基盤として重要な存在となりつつある。こうした状況を踏まえ、公正取引委員会は、クラウドサービス市場における競争の状況や取引実態を明らかにするため、クラウドサービス分野に関する実態調査を行い、令和４年６月28日に「クラウドサービス分野の取引実態に関する報告書」を公表した。

本報告書では、クラウドサービス市場における競争力の要因や、利用者におけるサービスの切替えが生じにくいといったクラウドサービス市場の特徴について、詳細な分析を行うとともに、今後も市場集中が進み、将来的には市場が非競争的な構造に変化していく可能性が高く、その場合には取引条件の悪化やイノベーションの停滞などが懸念されるという評価を示した。また、これらの評価を基に、クラウドサービスに係る市場シェアの集中により懸念される弊害の未然防止や、取引の公正性・透明性を実現するために、クラウド提供事業者及び利用者の双方において必要と考えられる取組を整理した。

（詳細については令和４年６月28日報道発表資料「クラウドサービス分野の取引実態に関する報告書について」を参照のこと。）

https://warp.ndl.go.jp/info:ndljp/pid/12366705/www.jftc.go.jp/houdou/pressrelease/2022/jun/220628.html

4　モバイルＯＳ等に関する実態調査

消費者にとってスマートフォンは生活必需品となっており、消費者はスマートフォン上のアプリストアからダウンロードしたアプリやブラウザを介して多様なデジタルコンテンツ・サービスにアクセスしている。また、スマートウォッチ等、スマートフォンと連携して用いられる商品・サービスも拡大している。こうしたアプリや商品・サービスの提供のために必須となるのがモバイルＯＳ及びアプリストア等のアプリ流通サービスへのアクセスであり、これらの市場における競争の実態を把握することは、これらの市場に加えて、スマートフォン上で提供されるアプリや、スマートフォンと連携して用いられる商品・サービスの市場の競争環境を整備する観点から非常に重要である。このため、公正取引委員会は、モバイルＯＳ市場及びアプリ流通サービス市場における実態調査を実施し、令和５年２月９日に「モバイルＯＳ等に関する実態調査報告書」を公表した。

本報告書では、モバイルＯＳ市場及びアプリ流通サービス市場について、その状況を分析した上で、競争環境に係る評価を行うとともに、当該評価を踏まえてアプリ市場その他周辺市場に係る独占禁止法上の考え方を整理した。また、モバイルＯＳ市場及びアプリ流通サービス市場における健全な競争環境の整備を図るとともに、アプリ市場その他周辺市場における同法違反行為の未然防止や同法上問題となり得る行為の改善の促進を図ることで、同法の執行による対応を補完するために、競争政策上の観点からの対応を整理した。

（詳細については令和５年２月９日報道発表資料「モバイルＯＳ等に関する実態調査報告書について」を参照のこと。）

https://warp.ndl.go.jp/info:ndljp/pid/12649209/www.jftc.go.jp/houdou/pressrelease/2023/feb/230209mobileos.html

5　携帯電話端末の廉価販売に関する緊急実態調査

公正取引委員会は、令和３年６月に「携帯電話市場における競争政策上の課題について（令和３年度調査）」を公表した。その後、携帯電話端末（スマートフォン）のいわゆる「１円販売」といった極端な値引き販売という新たな問題が指摘されてきた。

このような販売方法は、通信料金と端末販売代金の分離下においては、不当廉売につながるおそれのある販売方法とも見られることから、その取引構造及び流通実態を明らかにするため、携帯電話端末の値引き販売に関する実態調査を実施し、令和５年２月24日に「携帯電話端末の廉価販売に関する緊急実態調査」を公表した。

本報告書では、スマートフォンの販売については通信料収入等と別個にコスト割れを判断するとの考え方を示したほか、スマートフォンの値引き販売、通信サービスの公正な競争及び販売代理店評価制度について、独占禁止法上及び競争政策上の考え方を示した。

（詳細については令和５年２月24日報道発表資料「携帯電話端末の廉価販売に関する緊急実態調査について」を参照のこと。）

https://warp.da.ndl.go.jp/info:ndljp/pid/12649209/www.jftc.go.jp/houdou/pressrelease/2023/feb/230224.html

6　フィンテックを活用したサービスに関するフォローアップ調査

公正取引委員会は、フィンテックを活用したサービス分野における競争政策上の課題を把握するために、実態調査を実施し、令和２年４月に「家計簿サービス等に関する実態調査報告書」及び「ＱＲコード等を用いたキャッシュレス決済に関する実態調査報告書」を公表し、電子決済等代行業者の銀行へのアクセス確保、銀行間手数料に係る取引慣行の見直し、資金決済システムへの資金移動業者のアクセス開放に向けた検討等について提言した。

前回調査を受けて関係事業者等により行われた取組を踏まえつつ、フィンテックを活用したサービス分野における競争環境を更に改善し、イノベーションの促進と利用者の利便性の更なる向上を図るため、公正取引委員会は、前回調査のフォローアップ調査を実施し、令和５年３月１日に「フィンテックを活用したサービスに関するフォローアップ調査報告書」を公表した。

本報告書では、関係事業者等において、銀行間手数料の廃止に伴う内国為替制度運営費の創設、全銀システム参加資格の資金移動業者への拡大等の取組がなされており、キャッシュレス決済の推進に資する取組は着実に進展しているものと評価した。一方で、銀行は、業務の安定性や持続性が確保される範囲で、自行の参照系ＡＰＩ接続料に係る標準料金体系を策定し、電子決済等代行業者から求めがあった場合には、適用する参照系ＡＰＩ接続料の合理性について説明することが望ましいとの考え方や、銀行は、銀行間手数料が適用されていた頃からの慣習に基づき合理的理由なく振込手数料の区分を維持している場合には、振込手数料を統一することで生じるシステム改修コスト、顧客への影響等を十分に勘案しつつ、現状の見直しの検討を行うべきといった考え方を示した。

（詳細については令和５年３月１日報道発表資料「フィンテックを活用したサービスに関するフォローアップ調査について」を参照のこと。）

https://warp.ndl.go.jp/info:ndljp/pid/12649209/www.jftc.go.jp/houdou/pressrelease/2023/mar/230301.html

第４　イノベーションと競争政策に関する検討会

我が国の持続的な経済成長のためには、新たなサービスや新市場の創出につながるイノベーションの達成が不可欠である。また、デジタル経済の進展やビジネスのプラットフォーム化・エコシステム化に伴って、市場の独占・寡占化や固定化が進み、競争のダイナミズムが低下し得るとの懸念も指摘されている。このような経済環境の下で、イノベーションを促進し得る市場環境を確保することは、競争政策における重要かつ現代的な政策課題である。

企業行動がイノベーションへ与える影響は複雑かつ動態的であるところ、競争政策においても、将来起こり得るイノベーションという長期的な競争環境に対する影響を適切に評価していくことが重要である。

公正取引委員会は、このような認識の下、それら実態に係るより深い理解や知見を得るため、企業行動等がイノベーションに与える影響メカニズム等について、経済学的知見等に基づき理論的・体系的に整理することを目的として、令和５年３月以降、経済取引局長主催の「イノベーションと競争政策に関する検討会」（座長　岡田羊祐　一橋大学大学院経済学研究科教授）を開催している。

（役職は令和５年３月９日時点）

第５　デジタル市場競争会議への参画

内閣に設置されたデジタル市場競争本部の下、デジタル市場に関する重要事項の調査審議等を実施するため、デジタル市場競争会議が開催されている。同会議は、内閣官房長官が議長を務め、公正取引委員会に関する事務を担当する内閣府特命担当大臣、公正取引委員会委員長も構成員となっている。

令和４年４月26日に開催された第６回デジタル市場競争会議において、「モバイル・エコシステムに関する競争評価中間報告」及び「新たな顧客接点（ボイスアシスタント及びウェアラブル）に関する競争評価中間報告」が取りまとめられた。

第６　独占禁止法適用除外の見直し等

1　独占禁止法適用除外の概要

独占禁止法は、市場における公正かつ自由な競争を促進することにより、一般消費者の利益を確保するとともに国民経済の民主的で健全な発達を促進することを目的とし、これを達成するために、私的独占、不当な取引制限、不公正な取引方法等を禁止している。他方、他の政策目的を達成する観点から、特定の分野における一定の行為に独占禁止法の禁止規定の適用を除外するという適用除外が設けられている。

適用除外は、その根拠規定が独占禁止法自体に定められているものと独占禁止法以外の個別の法律に定められているものとに分けることができる。

⑴　独占禁止法に基づく適用除外

独占禁止法は、知的財産権の行使行為（同法第21条）、一定の組合の行為（同法第22条）及び再販売価格維持契約（同法第23条）をそれぞれ同法の規定の適用除外としている。

⑵　個別法に基づく適用除外

独占禁止法以外の個別の法律において、特定の事業者又は事業者団体の行為について独占禁止法の適用除外を定めているものとしては、令和４年度末現在、保険業法等の16法律がある。

2　適用除外の見直し等

適用除外の多くは、昭和20年代から昭和30年代にかけて、産業の育成・強化、国際競争力強化のための企業経営の安定、合理化等を達成するため、各産業分野において創設されてきたが、個々の事業者において効率化への努力が十分に行われず、事業活動における創意工夫の発揮が阻害されるおそれがあるなどの問題があることから、その見直しが行われてきた。

平成９年７月20日、私的独占の禁止及び公正取引の確保に関する法律の適用除外制度の整理等に関する法律（平成９年法律第96号）が施行され、個別法に基づく適用除外のうち20法律35制度について廃止等の措置が採られた。次いで、平成11年７月23日、私的独占の禁止及び公正取引の確保に関する法律の適用除外制度の整理等に関する法律（平成11年法律第80号）が施行され、不況カルテル制度及び合理化カルテル制度の廃止、私的独占の禁止及び公正取引の確保に関する法律の適用除外等に関する法律の廃止等の措置が採られた。さらに、平成12年６月19日、私的独占の禁止及び公正取引の確保に関する法律の一部を改正する法律（平成12年法律第76号）が施行され、自然独占に固有の行為に関する適用除外の規定が削除された。

平成25年度においては、平成25年10月１日、消費税転嫁対策特別措置法が施行され、消費税の転嫁及び表示の方法の決定に係る共同行為に関する特別措置が設けられた。また、平成26年１月27日、特定地域における一般乗用旅客自動車運送事業の適正化及び活性化に関する特別措置法等の一部を改正する法律（平成25年法律第83号）が施行され、認可特定地域計画に基づく一般乗用旅客自動車運送事業（タクシー事業）の供給輸送力の削減等に関する適用除外の規定が設けられた。

その後、令和２年11月27日に、地域における一般乗合旅客自動車運送事業及び銀行業に係る基盤的なサービスの提供の維持を図るための私的独占の禁止及び公正取引の確保に関する法律の特例に関する法律（令和２年法律第32号）が施行され、地域一般乗合旅客自動車運送事業者及び地域銀行等（特定地域基盤企業等）の合併その他の行為について、適用除外の規定が設けられた。

なお、令和４年１月１日に、著作権法の一部を改正する法律（令和３年法律第52号）が施行され、これまで適用除外の対象であった商業用レコードの二次使用料等に関する取決めに加え、放送番組のインターネット同時配信等（注）を行うに当たり、集中管理等が行われておらず、文化庁長官が定める方法により円滑な許諾に必要な情報が公開されていない商業用レコードや映像実演等について権利者に支払う通常の使用料額に相当する補償金等に関する取決めについても適用除外の対象となった。

これらの措置により、平成７年度末において30法律89制度存在した適用除外は、令和４年度末現在、17法律23制度となっている。

（注）「同時配信」のほか、「追っかけ配信」（放送が終了するまでの間に配信が開始されるもの）、一定期間の「見逃し配信」（番組の放送間隔・有線放送間隔に応じて文化庁長官が定める期間内に行われるもの）

3　適用除外カルテル等

⑴　概要

独占禁止法は、公正かつ自由な競争を妨げるものとして、価格、数量、販路等のカルテルを禁止しているが、その一方で、他の政策目的を達成するなどの観点から、個々の適用除外ごとに設けられた一定の要件・手続の下で、特定のカルテルが例外的に許容される場合がある。このような適用除外カルテルが認められるのは、当該事業の特殊性のため（保険業法（平成７年法律第105号）に基づく保険カルテル）、地域住民の生活に必要な旅客輸送（いわゆる生活路線）を確保するため（道路運送法（昭和26年法律第183号）等に基づく運輸カルテル）など、様々な理由による。

個別法に基づく適用除外カルテルについては、一般に、公正取引委員会の同意を得、又は当委員会へ協議若しくは通知を行って、主務大臣が認可を行うこととなっている。

また、適用除外カルテルの認可に当たっては、一般に、当該適用除外カルテルの目的を達成するために必要であること等の積極的要件のほか、当該カルテルが弊害をもたらしたりすることのないよう、カルテルの目的を達成するために必要な限度を超えないこと、不当に差別的でないこと等の消極的要件を充足することがそれぞれの法律により必要とされている。

さらに、このような適用除外カルテルについては、不公正な取引方法に該当する行為が用いられた場合等には独占禁止法の適用除外とはならないとする、いわゆるただし書規定が設けられている。

公正取引委員会が認可し、又は当委員会の同意を得、若しくは当委員会に協議若しくは通知を行って主務大臣が認可等を行ったカルテルの件数は、昭和40年度末の1,079件（中小企業団体の組織に関する法律（昭和32年法律第185号）に基づくカルテルのように、同一業種について都道府県等の地区別に結成されている組合ごとにカルテルが締結されている場合等に、同一業種についてのカルテルを１件として算定すると、件数は

415件）をピークに減少傾向にあり、また、適用除外制度そのものが大幅に縮減されたこともあり、令和４年度末現在、36件となっている（内訳は附属資料３－２表を参照）。

⑵ 個別法に基づく適用除外カルテル等の動向

令和４年度において、個別法に基づき主務大臣が公正取引委員会の同意を得、又は当委員会へ協議若しくは通知を行うこととされている適用除外カルテル等の処理状況及びこのうち現在実施されている個別法に基づく適用除外カルテル等の動向は、第１表のとおりである。

第１表　令和４年度における適用除外カルテル等の処理状況

法律名	カルテル等の内容		根拠条項	適用除外規定	公取委との関係	処理件数	結　果
保険業法	損害保険会社の共同行為	航空保険	第101条第1項第1号、第102条	第101条	同意（第105条第1項）	0	所要の検討を行った結果、同意した。
		原子力保険				0	
		自動車損害賠償責任保険				0	
		地震保険				1（変更1）	
		船舶保険	第101条第1項第2号、第102条			0	
		外航貨物保険				0	
		自動車保険（対人賠償、自損事故及び無保険車傷害保険部分）				0	
		住宅瑕疵担保責任保険				0	
損害保険料率算出団体に関する法律	基準料率の算出	自動車損害賠償責任保険	第7条の2第1項第2号、第9条の3	第7条の3	通知（第9条の3第3項）	1（変更1）	ー
		地震保険				0	
酒税の保全及び酒類業組合等に関する法律	施設、容器その他の販売方法の規制		第42条第5号、第43条	第93条	協議（第94条第1項）	0	ー
著作権法	商業用レコードの二次使用料等に関する取決め		第93条の3、第94条、第94条の3、第95条、第95条の3、第96条の3、第97条、第97条の3	第93条の3、第95条	通知（施行令第45条の6第2項、第49条の2第2項）	10	ー

法律名	カルテル等の内容	根拠条項	適用除外規定	公取委との関係	処理件数	結　果
生活衛生関係営業の運営の適正化及び振興に関する法律	料金、価格、営業方法の制限	第8条、第9条	第10条	協議（第13条第1項）	0	—
輸出入取引法	輸出取引における価格、数量、品質、意匠その他の協定等	第5条、第11条第2項、	第33条	通知（第34条第1項）	0	—
道路運送法	生活路線確保のための共同経営、旅客の利便向上に資する運行時刻の設定のための共同経営	第18条、第19条	第18条	協議（第19条の3第1項）	0	—
航空法	＜国内＞生活路線確保のための共同経営	第110条第1号、第111条	第110条	協議（第111条の3第1項）	0	—
	＜国際＞公衆の利便を増進するための連絡運輸、運賃その他の運輸に関する協定	第110条第2号、第111条	第110条	通知（第111条の3第2項）	0	—
海上運送法	＜内航＞生活航路確保のための共同経営、利用者利便を増進する適切な運航時刻等を設定するための共同経営	第28条第1〜3号、第29条	第28条	協議（第29条の3第1項）	0	—
	＜外航＞運賃、料金その他の運送条件等を内容とする協定等	第28条第4号、第29条の2	第28条	通知（第29条の4第1項）	41（締結8）（変更33）	—
内航海運組合法	運賃、料金、運送条件、配船船腹、保有船腹等の調整等	第8条第1項第1〜6号、第10条、第12条	第18条	協議（第65条第1項）	0	—
特定地域及び準特定地域における一般乗用旅客自動車運送事業の適正化及び活性化に関する特別措置法	供給輸送力の削減等	第8条の2	第8条の4	通知（第8条の6第1項）	0	—

法律名	カルテル等の内容	根拠条項	適用除外規定	公取委との関係	処理件数	結　果
地域における一般乗合旅客自動車運送事業及び銀行業に係る基盤的なサービスの提供の維持を図るための私的独占の禁止及び公正取引の確保に関する法律の特例に関する法律	特定地域基盤企業等の合併等	第3条、第5条	第3条第1項	協議（第5条第2項）	0	－
	地域一般乗合旅客自動車運送事業者等による共同経営に関する協定の締結	第9条、第11条	第9条第2項	協議（第11条第2項）	4 (締結1) (変更3)	所要の検討を行った結果、異議ない旨等回答した。

ア　保険業法に基づくカルテル

保険業法に基づき損害保険会社は

①　航空保険事業、原子力保険事業、自動車損害賠償保障法（昭和30年法律第97号）に基づく自動車損害賠償責任保険事業若しくは地震保険に関する法律（昭和41年法律第73号）に基づく地震保険事業についての共同行為

又は

②　①以外の保険で共同再保険を必要とするものについての一定の共同行為

を行う場合又はその内容を変更しようとする場合には、金融庁長官の認可を受けなければならない。金融庁長官は、認可をする際には、公正取引委員会の同意を得ることとされている。

また、損害保険会社は、①及び②の保険について、共同行為を廃止した場合には、金融庁長官に届け出なければならない。金融庁長官は、届出を受理したときは、公正取引委員会に通知することとされている。

令和４年度において、金融庁長官から同意を求められたものは１件であった。また、同年度末における同法に基づくカルテルは８件である。

イ　損害保険料率算出団体に関する法律に基づくカルテル

損害保険料率算出団体は、自動車損害賠償責任保険及び地震保険について基準料率を算出した場合又は変更しようとする場合には、金融庁長官に届け出なければならない。金融庁長官は、届出を受理したときは、公正取引委員会に通知することとされている。

令和４年度において、金融庁長官から通知を受けたものは１件であった。また、同年度末における同法に基づくカルテルは２件である。

ウ　著作権法に基づく商業用レコードの二次使用料等に関する取決め

著作隣接権者（実演家又はレコード製作者）が有する商業用レコードの二次使用料等の請求権については、毎年、その請求額を文化庁長官が指定する著作権等管理事業者又は団体（指定団体）と放送事業者等又はその団体間において協議して定めることとされており、指定団体は当該協議において定められた額を文化庁長官に届け出なければならない。文化庁長官は、届出を受理したときは、公正取引委員会に通知することとされている。

令和４年度において、文化庁長官から通知を受けたものは10件であった。

エ　道路運送法に基づくカルテル

輸送需要の減少により事業の継続が困難と見込まれる路線において地域住民の生活に必要な旅客輸送を確保するため、又は旅客の利便を増進する適切な運行時刻を設定するため、一般乗合旅客自動車運送事業者は、他の一般乗合旅客自動車運送事業者と、共同経営に関する協定を締結することができる。この協定の締結・変更に当たっては、国土交通大臣の認可を受けなければならない。国土交通大臣は、認可をする際には、公正取引委員会に協議することとされている。

令和４年度において、国土交通大臣から協議を受けたものはなかった。また、同年度末における同法に基づくカルテルは３件である。

オ　航空法に基づくカルテル

(ｱ)　国内航空カルテル

航空輸送需要の減少により事業の継続が困難と見込まれる本邦内の各地間の路線において地域住民の生活に必要な旅客輸送を確保するため、本邦航空運送事業者は、他の航空運送事業者と、共同経営に関する協定を締結することができる。この協定の締結・変更に当たっては、国土交通大臣の認可を受けなければならない。国土交通大臣は、認可をする際には、公正取引委員会に協議することとされている。

令和４年度において、国土交通大臣から協議を受けたものはなかった。また、同年度末における同法に基づくカルテルはない。

(ｲ)　国際航空カルテル

本邦内の地点と本邦外の地点との間の路線又は本邦外の各地間の路線において公衆の利便を増進するため、本邦航空運送事業者は、他の航空運送事業者と、連絡運輸に関する契約、運賃協定その他の運輸に関する協定を締結することができる。この協定の締結・変更に当たっては、国土交通大臣の認可を受けなければならない。国土交通大臣は、認可をしたときは、公正取引委員会に通知することとされている。

令和４年度において、国土交通大臣から通知を受けたものはなかった。

カ　海上運送法に基づくカルテル

(ｱ)　内航海運カルテル

本邦の各港間の航路において、地域住民の生活に必要な旅客輸送を確保するため、旅客の利便を増進する適切な運航日程・運航時刻を設定するため、又は貨物の運送の利用者の利便を増進する適切な運航日程を設定するため、定期航路事業者は、他の定期航路事業者と、共同経営に関する協定を締結することができる。この協定の締結・変更に当たっては、国土交通大臣の認可を受けなければならない。国土交通大臣は、認可をする際には、公正取引委員会に協議することとされている。

令和４年度において、国土交通大臣から協議を受けたものはなかった。また、同年度末における同法に基づくカルテルは３件である。

(イ) 外航海運カルテル

本邦の港と本邦以外の地域の港との間の航路において、船舶運航事業者は、他の船舶運航事業者と、運賃及び料金その他の運送条件、航路、配船並びに積取りに関する事項を内容とする協定を締結することができる。この協定の締結・変更に当たっては、あらかじめ国土交通大臣に届け出なければならない。国土交通大臣は、届出を受理したときは、公正取引委員会に通知することとされている。

令和４年度において、国土交通大臣から通知を受けたものは41件であった。

キ　内航海運組合法に基づくカルテル

内航海運組合法（昭和32年法律第162号）に基づき内航海運組合が調整事業を行う場合には、調整規程又は団体協約を設定し、国土交通大臣の認可を受けなければならない。国土交通大臣は、認可をする際には、公正取引委員会に協議することとされている。

令和４年度において、国土交通大臣から協議を受けたものはなかった。また、同年度末における同法に基づくカルテルは１件である。

ク　特定地域及び準特定地域における一般乗用旅客自動車運送事業の適正化及び活性化に関する特別措置法に基づくカルテル

一般乗用旅客自動車運送事業が供給過剰であると認められる特定地域において、一般乗用旅客自動車運送事業者等により組織された協議会は、当該地域において削減すべき供給輸送力やその削減方法等を定める特定地域計画を作成し、当該計画に合意した一般乗用旅客自動車運送事業者はこれに従い、供給輸送力の削減を行わなければならない。この計画の作成・変更に当たっては、国土交通大臣の認可を受けなければならない。国土交通大臣は、認可をしたときは、公正取引委員会に通知することとされている。

令和４年度において、国土交通大臣から通知を受けたものはなかった。また、同年度末における同法に基づくカルテルは２件である。

ケ　地域における一般乗合旅客自動車運送事業及び銀行業に係る基盤的なサービスの提供の維持を図るための私的独占の禁止及び公正取引の確保に関する法律の特例に関する法律に基づく合併等及び共同経営

(ア) 特定地域基盤企業等の合併等

特定地域基盤企業等が合併等を行う場合には、主務大臣の認可を受けなければならない。主務大臣は、認可をする際には、公正取引委員会に協議することとされている。

令和４年度において、主務大臣から協議を受けたものはなかった。また、同年度末において実施期間内にある同法に基づく合併等に係る基盤的サービス維持計画は１件である。

(イ)　地域一般乗合旅客自動車運送事業者等による共同経営に関する協定の締結

地域一般乗合旅客自動車運送事業者等が、共同経営に関する協定の締結等を行う場合には、国土交通大臣の認可を受けなければならない。国土交通大臣は、認可をする際には、公正取引委員会に協議することとされている。

令和４年度において、国土交通大臣から協議を受けたものは４件であった。また、同年度末における同法に基づく共同経営に関する協定は６件である。

4　協同組合の届出状況

独占禁止法第22条は、「小規模の事業者又は消費者の相互扶助を目的とすること」（同条第１号）等同条各号に掲げる要件を備え、かつ、法律の規定に基づいて設立された組合（組合の連合会を含む。）の行為について、不公正な取引方法を用いる場合又は一定の取引分野における競争を実質的に制限することにより不当に対価を引き上げることとなる場合を除き、同法を適用しない旨を定めている（一定の組合の行為に対する独占禁止法適用除外制度）。

中小企業等協同組合法（昭和24年法律第181号。以下「中協法」という。）に基づいて設立された事業協同組合及び信用協同組合（以下「協同組合」という。）は、その組合員たる事業者が、①資本金の額又は出資の総額が３億円（小売業又はサービス業を主たる事業とする事業者については5000万円、卸売業を主たる事業とする事業者については１億円）を超えない法人たる事業者又は②常時使用する従業員の数が300人（小売業を主たる事業とする事業者については50人、卸売業又はサービス業を主たる事業とする事業者については100人）を超えない事業者に該当するものである場合、独占禁止法の適用に際しては、同法第22条第１号の要件を備える組合とみなされる（中協法第７条第１項）。

一方、協同組合が前記①又は②以外の事業者を組合員に含む場合には、公正取引委員会は、その協同組合が独占禁止法第22条第１号の要件を備えているかどうかを判断する権限を有しており（中協法第７条第２項）、これらの協同組合に対し、当該組合員が加入している旨を当委員会に届け出る義務を課している（中協法第７条第３項）。

この中協法第７条第３項の規定に基づく届出件数は、令和４年度において、206件であった（第２表及び附属資料３－11表参照）。

第２表　協同組合届出件数の推移

年度	平成25年度	平成26年度	平成27年度	平成28年度	平成29年度	平成30年度	令和元年度	令和2年度	令和3年度	令和4年度
協同組合届出件数	187	227	235	273	240	294	304	214	211	206

5　著作物再販適用除外の取扱いについて

商品の供給者がその商品の取引先である事業者に対して再販売する価格を指示し、これを遵守させることは、原則として、独占禁止法第２条第９項第４号（再販売価格の拘束）に該当し、同法第19条に違反するものであるが、同法第23条第４項の規定に基づき、著作物６品目（書籍・雑誌、新聞及びレコード盤・音楽用テープ・音楽用ＣＤをいう。以下同じ。）については、例外的に同法の適用が除外されている。

公正取引委員会は、著作物６品目の再販適用除外の取扱いについて、国民各層から意見を求めるなどして検討を進め、平成13年３月、当面同再販適用除外を存置することが相当であると考えるとの結論を得るに至った（第３表参照）。

公正取引委員会は、著作物６品目の再販適用除外が消費者利益を不当に害することがないよう、著作物６品目の流通・取引慣行の実態を調査し、関係業界における弊害是正の取組の進捗を検証するとともに、関係業界における運用の弾力化の取組等、著作物６品目の流通についての意見交換を行うため、当委員会、関係事業者、消費者、学識経験者等を構成員とする著作物再販協議会を設け、平成 13 年 12 月から平成 20 年６月までの間に８回の会合を開催した。平成 22 年度からは、著作物再販協議会に代わって、関係業界に対する著作物再販ヒアリング等を実施し、関係業界における運用の弾力化の取組等の実態を把握するとともにその取組を促している。

第３表　著作物再販制度の取扱いについて（概要）（平成13年３月23日）

⑴　著作物再販制度は、独占禁止法上原則禁止されている再販売価格維持行為に対する適用除外制度であり、競争政策の観点からは同制度を廃止し、著作物の流通において競争が促進されるべきであると考える。

しかしながら、国民各層から寄せられた意見をみると、著作物再販制度を廃止すべきとする意見がある反面、文化・公共面での影響が生じるおそれがあるとし、同制度の廃止に反対する意見も多く、なお同制度の廃止について国民的合意が形成されるに至っていない状況にある。

したがって、現段階において独占禁止法の改正に向けた措置を講じて著作物再販制度を廃止することは行わず、当面同制度を存置することが相当であると考える。

⑵　著作物再販制度の下においても、可能な限り運用の弾力化等の取組が進められることによって消費者利益の向上が図られるよう、関係業界に対し、非再販商品の発行・流通の拡大、各種割引制度の導入等による価格設定の多様化等の方策を一層推進することを提案し、その実施を要請する。また、これらの方策が実効を挙げているか否かを検証し、より効果的な方途を検討するなど、著作物の流通について意見交換をする場として、公正取引委員会、関係事業者、消費者、学識経験者等を構成員とする協議会を設けることとする。公正取引委員会としては、今後とも著作物再販制度の廃止について国民的合意が得られるよう努力を傾注するとともに、当面存置される同制度が硬直的に運用されて消費者利益が害されることがないよう著作物の取引実態の調査・検証に努めることとする。

⑶　また、著作物再販制度の対象となる著作物の範囲については、従来公正取引委員会が解釈・運用してきた６品目（書籍・雑誌、新聞及びレコード盤・音楽用テープ・音楽用ＣＤ）に限ることとする。

第７　競争評価に関する取組

１　競争評価の本格的実施

平成19年10月以後、各府省が規制の新設又は改廃を行おうとする場合、原則として、規制の事前評価の実施が義務付けられ、規制の事前評価において、競争状況への影響の把握・分析（以下「競争評価」という。）も行うこととされ、平成22年４月から試行的に実施されてきた。

平成29年７月28日、「規制の政策評価の実施に関するガイドライン」が改正され、競争評価については、公正取引委員会が定める手法により把握すること、また、競争に影響を及ぼす可能性があるとの結果となった場合には、その旨を規制の事前評価書へ記載することが必要であるなどとされたことを受け、当委員会は、競争評価の手法として、同月31日に「規制の政策評価における競争状況への影響の把握・分析に関する考え方について」及び競争評価の具体的な手法である「競争評価チェックリスト」を作成し、公表した。また、これらを補完するものとして「規制の政策評価における競争状況への影響の把握・分析に係る事務参考マニュアル」を同年９月26日に公表し、その後、令和元年６月27日に、各府省における競争評価の実施状況を踏まえ、説明を追加する等の改訂を行った。改正された「規制の政策評価の実施に関するガイドライン」等が平成29年10月１日に施行されたことに伴い、競争評価も同日から本格的に実施された。規制の事前評価における競争評価において、各府省は、競争評価チェックリストを作成し、規制の事前評価書の提出と併せて総務省に提出し、総務省は、受領した競争評価チェックリストを当委員会へ送付することとされている。

公正取引委員会は、令和４年度においては、総務省から競争評価チェックリストを 227件受領し、その内容を精査した。また、各府省における競争評価のより適切な実施の促進を目的として、競争評価の手法の改善等を検討するため、経済学や規制の政策評価の知見を有する有識者による競争評価検討会議を令和４年度において２回開催した。

２　競争評価の普及・定着に係る公正取引委員会の取組

公正取引委員会は、競争評価チェックリストに記入するに当たっての考え方や検討方法について、随時、相談を受け付けている。

第８　入札談合の防止への取組

公正取引委員会は、以前から積極的に入札談合の摘発に努めているほか、平成６年７月に「公共的な入札に係る事業者及び事業者団体の活動に関する独占禁止法上の指針」を公表し、入札に係るどのような行為が独占禁止法上問題となるかについて具体例を挙げながら明らかにすることによって、入札談合の防止の徹底を図っている。

また、入札談合の防止を徹底するためには、発注者側の取組が極めて重要であるとの観点から、独占禁止法違反の可能性のある行為に関し、発注官庁等から公正取引委員会に対し情報が円滑に提供されるよう、各発注官庁等において、公共入札に関する当委員会との連絡担当官として会計課長等が指名されている。

公正取引委員会は、連絡担当官との連絡・協力体制を一層緊密なものとするため、平成５年度以降、「公共入札に関する公正取引委員会との連絡担当官会議」を開催している。令和４年度においては、国の本府省庁との連絡担当官会議を令和４年５月30日及び同年11月29日に開催するとともに、国の地方支分部局等との連絡担当官会議を全国９か所で開催した。

また、公正取引委員会は、地方公共団体等の調達担当者等に対する独占禁止法や入札談合等関与行為防止法の研修会を開催するとともに、国、地方公共団体等が実施する調達担当者等に対する同様の研修会への講師の派遣及び資料の提供等の協力を行っている。令和４年度においては、研修会を全国で36回開催するとともに、国、地方公共団体等に対して225件の講師の派遣を行った。

第９　独占的状態調査

独占禁止法第８条の４は、独占的状態に対する措置について定めている。公正取引委員会は、同条の規定の適切な運用を図るため、「独占的状態の定義規定のうち事業分野に関する考え方について」（昭和52年公正取引委員会事務局）において、独占禁止法第２条第７項に規定する独占的状態に係る要件のうち市場構造要件（国内総供給価額要件及び事業分野占拠率要件）の考え方を明らかにしている。

市場構造要件に係る事業活動及び経済実態については、これまで国内向け供給価額及び供給量に関する独自調査を実施してきたが、統計調査に係る報告者負担の軽減と業務の見直し・効率化を図るとの政府方針（統計改革推進会議最終取りまとめ（平成29年５月19日統計改革推進会議決定））も踏まえ、当該独自調査を実施しないこととした（平成30年11月13日公表）ところ、令和４年度においては、令和３年度に引き続き、政府統計情報等を活用しつつ、市場構造要件に係る事業活動及び経済実態に関する調査を実施した。

第５章　競争政策に関する理論的・実証的基盤の整備等

第１　競争政策に関する理論的・実証的基盤の整備

1　はじめに

いわゆる経済の高度化、ボーダーレス化等が進展する中で、公正取引委員会における競争政策上の制度設計や法執行に関し、経済学的、あるいは法学的な分析の成果を取り入れる必要性がますます高まっている。

このような中、公正取引委員会は、平成15年６月、事務総局内に「競争政策研究センター」を発足させた。同センターでは、中長期的観点から、独占禁止法の運用や競争政策の企画・立案・評価を行う上での理論的・実証的な基礎を強化するため、独占禁止法や経済学等の専門家等の参画を得て、研究活動を行うほか各種セミナー等を開催している。

2　ディスカッション・ペーパーの公表

競争政策研究センターでは、競争政策上の先端的な課題について、学識経験者等が、所長、主任研究官、公正取引委員会の職員等と議論しながら、執筆者の名義・責任の下にディスカッション・ペーパーを公表してきている。令和４年度においては、８本のディスカッション・ペーパーを公表した（第１表参照）。その内容は競争政策研究センターのウェブサイト（https://www.jftc.go.jp/cprc/index.html）上に全文が掲載されている。

第１表　ディスカッション・ペーパー（令和４年度公表分）

	公表年月日	タイトル・執筆者（注）
1	4. 5.20	「プラットフォームによる自己優遇に関する経済学文献のレビュー」 橘高　勇太（神戸大学大学院経済学研究科日本学術振興会特別研究員（PD）・競争政策研究センター客員研究員） 佐藤　進（一橋大学経済研究所講師・競争政策研究センター客員研究員） 善如　悠介（神戸大学大学院経営学研究科准教授・競争政策研究センター客員研究員）
2	4. 5.20	「モバイルアプリの市場画定と市場支配力評価の経済分析」 川口　康平（香港科技大学商学院経済学部助理教授・競争政策研究センター客員研究員） 黒田　敏史（東京経済大学経済学部准教授、経済産業省デジタル取引環境整備室経済分析企画専門官・競争政策研究センター客員研究員） 佐藤　進（一橋大学経済研究所講師・競争政策研究センター客員研究員）
3	4. 5.20	「「能率競争」概念からみた優越的地位の濫用の公正競争阻害性に関する一考察」 田辺　治（競争政策研究センター次長・公正取引委員会事務総局官房政策立案総括審議官）
4	4.11.30	「日本の製造業における市場集中度と競争環境」 五十嵐　俊子（公正取引委員会事務総局官房総務課経済分析室長） 本多　純（公正取引委員会事務総局官房総務課経済分析室室長補佐）
5	4.12. 9	「An Attempt to Draw Implications about Economic Analysis in Antitrust Cases」 上續　高裕（公正取引委員会事務総局経済取引局総務課デジタル市場企画調査室係長） 下津　秀幸（公正取引委員会事務総局審査局管理企画課企画室長）

	公表年月日	タイトル・執筆者（注）
6	4. 12. 23	「巻頭言「デジタル・プラットフォーム事業者によるエコシステム形成・拡大について」」 松島　法明（大阪大学社会経済研究所教授・競争政策研究センター所長） 植田　真太郎（公正取引委員会事務総局官房総務課経済分析室室長補佐） 中田　健介（公正取引委員会事務総局官房総務課係長）
7	4. 12. 23	「Google-Fitbit の経営統合を手掛かりとした混合型合併の検討」 中川　晶比兒（北海道大学大学院法学研究科教授・競争政策研究センター客員研究員） 松島　法明（大阪大学社会経済研究所教授・競争政策研究センター所長）
8	5. 3. 31	「Should Platforms be Held Liable for Defective Third-Party Goods?」 善如　悠介（神戸大学高等学術研究院卓越教授 兼 経営学研究科教授・競争政策研究センター客員研究員）

（注）執筆者の役職は公表時点のものである。

3　イベントの開催

(1)　シンポジウム

競争政策研究センターでは、競争政策に関する国内外との交流拠点の機能を果たすため、海外の競争当局担当者や国内外の学識経験者を迎えたシンポジウムを開催している。令和４年度においては、２件のシンポジウムを開催した（第２表参照）。

第２表　シンポジウムの開催状況（令和４年度）

	開催年月日	主催者・共催者等	テーマ・講演者等（注）
1	4. 12. 2	［主催者］ 公正取引委員会 ［共催者］ 大阪弁護士会、大阪商工会議所、（一社）電子情報技術産業協会、神戸大学科研「プラットフォームとイノベーションをめぐる新たな競争政策の構築」、（公財）公正取引協会 ［後援］ （公社）関西経済連合会	第５回大阪シンポジウム「デジタルプラットフォームによるエコシステム」 ［講演者］ 和久井　理子（京都大学大学院法学研究科教授） Annabelle Gawer（サリー大学デジタルエコノミーセンター教授） 善如　悠介（神戸大学高等学術研究院卓越教授 兼 経営学研究科教授） ［モデレーター］ 松島　法明（大阪大学社会経済研究所教授・競争政策研究センター所長） ［パネリスト］ Annabelle Gawer（サリー大学デジタルエコノミーセンター教授） 善如　悠介（神戸大学高等学術研究院卓越教授 兼 経営学研究科教授） 小林　慎太郎（㈱野村総合研究所 ICT メディアコンサルティング部パブリックポリシーグループグループマネージャー） 酒匂　景範（弁護士法人大江橋法律事務所パートナー弁護士） 泉水　文雄（神戸大学大学院法学研究科教授）

	開催年月日	主催者・共催者等	テーマ・講演者等（注）
2	5. 2. 17	［主催者］ 公正取引委員会 ［共催者］ ㈱日本経済新聞社、（公財）公正取引協会	第21回国際シンポジウム「メタバースと独占禁止法・競争政策」 ［講演者］ Hyun Baro（LunaTone Inc. Founder/CEO） 伊永　大輔（東北大学大学院法学研究科教授） Daniel Francis（ニューヨーク大学法学部 Assistant Professor） ［モデレーター］ 増田　雅史（森・濱田松本法律事務所パートナー弁護士） ［パネリスト］ Hyun Baro（LunaTone Inc. Founder/CEO） 伊永　大輔（東北大学大学院法学研究科教授） Daniel Francis（ニューヨーク大学法学部 Assistant Professor）

（注）講演者等の役職は開催時点のものである。

⑵　公開セミナー

競争政策研究センターは、国内外の学識経験者・有識者を講演者とし、主として学術関係者を対象として、アカデミックな議論を深めることを目的として、公開セミナーを開催している。令和４年度においては、１件の公開セミナーを開催した（第３表参照）。

第３表　公開セミナーの開催状況（令和４年度）

	開催年月日	主催者	テーマ・講演者等（注）
1	5. 3. 8	［主催者］ 公正取引委員会	第51回公開セミナー「日米欧におけるデジタル市場への対応の進展」 ［講演者］ Vera Pozzato（欧州委員会競争総局 Policy Officer, Antitrust Case Support and Policy） Hans Zenger（欧州委員会競争総局 Head of Unit, Economic Analysis） Andrew Heimert（米国連邦取引委員会 Counsel for Asian Competition Affairs, Office of International Affairs） 池田　大起（公正取引委員会事務総局経済取引局総務課デジタル市場企画調査室室長補佐） ［コメンテーター］ 池田　毅（池田・染谷法律事務所代表パートナー）

（注）講演者等の役職は開催時点のものである。

⑶　ＣＰＲＣセミナー

競争政策研究センターは、競争政策上の将来の研究課題の発掘等に資するために、有識者による講演（ＣＰＲＣセミナー）を随時開催している。

⑷　ＢＢＬ（Brown Bag Lunch）ミーティング

競争政策研究センターは、将来の研究課題の発掘等に資するために、競争政策の観点から注目すべき業界の動向等について、昼食時間等を利用して、有識者による講演（ＢＢＬミーティング）を随時開催している。

第２　競争政策・法執行における経済分析の活用

1　「経済分析室」の設置について

デジタル市場における競争促進の観点から、反競争的行為への厳正・的確な対処、実態調査の継続的な実施、海外競争当局との連携等に取り組むとともに、外部人材活用を含めた専門的知見に係る人的基盤の整備等、デジタル・経済分析・審査情報解析分野における公正取引委員会の体制を強化する（「成長戦略フォローアップ」（令和３年６月18日閣議決定））とされていること等を踏まえ、当委員会は、独占禁止法等の執行・競争政策の立案の基盤となり得る質の高い経済分析を行う体制を強化するため、令和４年４月１日、「経済分析室」を設置した。

「経済分析室」では、独占禁止法違反被疑事件審査、企業結合審査、各種実態調査等における経済分析業務を専門に担当し、法執行及び政策立案への経済分析の一層の活用を図ることとしている。

2　「経済分析報告書及び経済分析等に用いるデータ等の提出についての留意事項」の策定について

近年、独占禁止法違反被疑事件審査や企業結合審査において、事業者等が、自らの主張を裏付けるために、コンサルティング会社や大学等に所属する経済学等に関する専門家に委託するなどによって実施した経済分析の結果をまとめた報告書（以下「経済分析報告書」という。）を公正取引委員会に提出するケースが出てきている。また、今後、これ以外の場合においても独占禁止法の適用に関連して経済分析が実施されることが想定される。適切な内容の経済分析報告書が適時に提出された場合には、当委員会が、事業者等の主張の内容を的確に理解し、評価することが可能となり、ひいては事案をより実態に即して判断することができるようになり、さらにはより迅速に事件の解明や企業結合審査の結論がもたらされる場合もある。

公正取引委員会が、事業者等から提出された経済分析報告書をどのような場合に適切な内容のものであると評価するかについて明らかにすることは、審査の透明性や予見可能性を高めるため、事業者等にとって有益である。このような観点から、当委員会は、これまでの独占禁止法違反被疑事件審査や企業結合審査において事業者等から提出された経済分析報告書及び当委員会の経済分析に関する実務を踏まえ、また、国際的収れんの観点から、いくつかの海外当局において公表されている経済分析及びデータの提出に関するベストプラクティス等も参照の上、「経済分析報告書及び経済分析等に用いるデータ等の提出についての留意事項」を策定し、令和４年５月31日に公表した。

本留意事項は、事業者等から公正取引委員会に対して提出される経済分析報告書が踏まえていることが望ましいと考えられる原則・構成等をまとめるとともに、当委員会が独自に経済分析を実施するために依頼するデータの提出や、当委員会と事業者等との間の経済分析報告書に関する意思疎通に当たっての留意事項の内容を整理している。

（詳細については令和４年５月 31 日報道発表資料「「経済分析報告書及び経済分析等に用いるデータ等の提出についての留意事項」の策定について」を参照のこと。）

https://warp.ndl.go.jp/info:ndljp/pid/12366705/www.jftc.go.jp/houdou/pressrelease/2022/may/220531keizaibunseki.html

3 経済分析の活用状況

公正取引委員会では、独占禁止法違反被疑事件審査、企業結合審査、各種実態調査等において、経済分析の活用を図っている。

令和４年度に結果を公表した独占禁止法違反被疑事件審査、企業結合審査、各種実態調査等のうち、経済分析を活用し、かつ、その内容を公表したものは、次のとおりである。

<企業結合審査>

○　マイクロソフト・コーポレーション及びアクティビジョン・ブリザード・インクの統合に関する審査結果について（令和５年３月 28 日公表。第６章第６参照）

<各種実態調査>

○　クラウドサービス分野の取引実態に関する報告書について（令和４年６月 28 日公表。第４章第３ 3 参照）

○　独占禁止法上の「優越的地位の濫用」に関する緊急調査の結果について（令和４年 12 月 27 日公表。第９章 3 (1)参照）

○　モバイルＯＳ等に関する実態調査報告書について（令和５年２月９日公表。第４章第３ 4 参照）

第６章　株式取得、合併等に関する業務

第１　概説

独占禁止法第４章は、事業支配力が過度に集中することとなる会社の設立等の禁止（同法第９条）及び銀行業又は保険業を営む会社の議決権取得・保有の制限（同法第11条）について規定しているほか、一定の取引分野における競争を実質的に制限することとなる場合及び不公正な取引方法による場合の会社等の株式取得・所有、役員兼任、合併、分割、共同株式移転及び事業譲受け等の禁止並びに一定の条件を満たす企業結合についての届出義務（同法第10条及び第13条から第16条まで）を規定している。公正取引委員会は、これらの規定に従い、企業結合審査を行っている。個別事案の審査に当たっては、必要に応じ経済分析を積極的に活用している。

また、公正取引委員会は、いわゆる第２次審査を行って排除措置命令を行わない旨の通知をした場合等について、当該審査結果を公表するほか、届出を受理した事案等のうち、企業結合を計画している事業者の参考に資すると思われる事案については、一定の取引分野の画定の考え方や独占禁止法上の判断の理由等についてできるだけ詳細に記載し、その内容を公表している。

第２　デジタル分野の企業結合審査への対応

公正取引委員会は、前記第４章第１の「デジタル化等社会経済の変化に対応した競争政策の積極的な推進に向けて―アドボカシーとエンフォースメントの連携・強化―」において、デジタル市場等における企業結合案件について、次のような取組により迅速かつ的確なエンフォースメントを推進していくことを明らかにした。

１　第三者からの情報・意見の募集

公正取引委員会は、従来から第２次審査を開始した案件について、第２次審査開始と同時に第三者から意見聴取する旨公表し、広く意見を求めてきた。しかし、デジタル分野の案件を中心に、複雑かつ急速に変化する市場状況において、より広く第三者からの意見を収集する必要があると考えられるような案件もあり得ることから、当委員会は、個別の案件について、第２次審査の開始の如何を問わず、必要に応じて、第三者から情報・意見を募集することとした。令和４年度においては、令和４年６月16日から７月15日にかけて、①グーグル・エルエルシー及びマンディアント・インクの統合並びに②マイクロソフト・コーポレーション及びアクティビジョン・ブリザード・インクの統合について、第三者からの情報・意見の募集を行った。

２　内部文書の活用

公正取引委員会は、デジタル市場等における企業結合案件の審査を迅速かつ的確に実施するため、当事会社等の内部文書を活用する方針を明らかにした。内部文書の提出を求め

るに当たって、当事会社等と当委員会との円滑なやり取りに資するよう、「企業結合審査における内部文書の提出に係る公正取引委員会の実務」を令和４年６月22日に公表し、内部文書の提出を求める場合の実務（提出を求める内部文書の範囲、提出方法等）を明らかにした。

（詳細については公正取引委員会ウェブサイト「企業結合審査における内部文書の提出に係る公正取引委員会の実務」を参照のこと。）
https://warp.ndl.go.jp/info:ndljp/pid/12302202/www.jftc.go.jp/dk/kiketsu/kigyoketsugo/naibubunnsyo.html

第３　独占禁止法第９条の規定による報告・届出

独占禁止法第９条第１項及び第２項は、他の国内の会社の株式を所有することにより事業支配力が過度に集中することとなる会社を設立すること及び会社が他の国内の会社の株式を取得し又は所有することにより事業支配力が過度に集中することとなる会社に転化することを禁止しており、会社及びその子会社（注）の総資産合計額が、①持株会社については6000億円、②銀行業、保険業又は第一種金融商品取引業を営む会社（持株会社を除く。）については８兆円、③一般事業会社（①及び②以外の会社）については２兆円を超える場合には、(i)毎事業年度終了後３か月以内に当該会社及び子会社の事業報告書を提出すること（同条第４項）、(ii)当該会社の新設について設立後30日以内に届け出ること（同条第７項）を義務付けている。

令和４年度において、独占禁止法第９条第４項の規定に基づき提出された会社の事業報告書の件数は116件であり、同条第７項の規定に基づく会社設立届出書の件数は５件であった。

（注）会社がその総株主の議決権の過半数を有する他の国内の会社をいう。この場合において、会社及びその一若しくは二以上の子会社又は会社の一若しくは二以上の子会社がその総株主の議決権の過半数を有する他の国内の会社は、当該会社の子会社とみなす。

第４　銀行業又は保険業を営む会社の議決権取得・保有

独占禁止法第11条第１項の規定では、銀行業又は保険業を営む会社は他の国内の会社の議決権をその総株主の議決権の５％（保険会社は10％）を超えて取得・保有してはならないとされている。ただし、あらかじめ公正取引委員会の認可を受けるなど一定の要件を満たした場合は、同項の規定の適用を受けない（同条第１項ただし書、第２項）。

令和４年度において、公正取引委員会が認可した銀行業又は保険業を営む会社の議決権取得・保有の件数は21件であった。このうち、独占禁止法第11条第１項ただし書の規定に基づくものが20件（銀行業を営む会社に係るもの14件、保険業を営む会社に係るもの６

件)、同条第２項の規定に基づくものが１件（銀行業を営む会社に係るもの）であった。また、外国会社に係るものはなかった（銀行業又は保険業を営む会社の議決権取得・保有の制限に係る認可についての詳細は、附属資料４－１表参照)。

第５　株式取得・合併・分割・共同株式移転・事業譲受け等

1　概要

⑴　一定の条件を満たす会社が、株式取得、合併、分割、共同株式移転及び事業譲受け等（以下「企業結合」という。）を行う場合には、それぞれ独占禁止法第10条第２項、第15条第２項、第15条の２第２項及び第３項、第15条の３第２項又は第16条第２項の規定により、公正取引委員会に企業結合に関する計画を届け出ることが義務付けられている（ただし、合併等をしようとする全ての会社が同一の企業結合集団に属する場合等については届出が不要である。)。

企業結合に関する計画の届出が必要な場合は、具体的には次のとおりである。

ア　株式取得の場合

会社の属する企業結合集団（注１）の国内売上高合計額（注２）が200億円を超える会社が、他の会社であって、その国内売上高と子会社（注３）の国内売上高を合計した額が50億円を超える会社の株式を取得する場合において、当該会社の属する企業結合集団に属する会社が所有することとなる株式に係る議決権の数の割合が20％又は50％を超えることとなる場合（注４）

（注１）会社及び当該会社の子会社並びに当該会社の最終親会社（親会社であって他の会社の子会社でないものをいう。）及び当該最終親会社の子会社（当該会社及び当該会社の子会社を除く。）から成る集団をいう。
（注２）会社の属する企業結合集団に属する会社等の国内売上高を合計したものをいう。
（注３）会社が他の会社等の財務及び事業の方針の決定を支配している場合における当該他の会社等をいう。
（注４）ただし、あらかじめ届出を行うことが困難である場合として公正取引委員会規則で定める場合は、届出が不要である。

イ　合併の場合

会社の属する企業結合集団の国内売上高合計額200億円超の会社と国内売上高合計額50億円超の会社の場合

ウ　共同新設分割の場合

会社の属する企業結合集団の国内売上高合計額200億円超の全部承継会社と会社の属する企業結合集団の国内売上高合計額50億円超の全部承継会社の場合
会社の属する企業結合集団の国内売上高合計額200億円超の全部承継会社と承継対象部分に係る国内売上高が30億円超の重要部分承継会社の場合
承継対象部分に係る国内売上高が100億円超の重要部分承継会社と会社の属する企業結合集団の国内売上高合計額50億円超の全部承継会社の場合
承継対象部分に係る国内売上高が100億円超の重要部分承継会社と承継対象部分に係る国内売上高が30億円超の重要部分承継会社の場合

エ　吸収分割の場合

会社の属する企業結合集団の国内売上高合計額200億円超の全部承継会社と会社の属する企業結合集団の国内売上高合計額50億円超の被承継会社の場合
会社の属する企業結合集団の国内売上高合計額50億円超の全部承継会社と会社の属する企業結合集団の国内売上高合計額200億円超の被承継会社の場合
承継対象部分に係る国内売上高が100億円超の重要部分承継会社と会社の属する企業結合集団の国内売上高合計額50億円超の被承継会社の場合
承継対象部分に係る国内売上高が30億円超の重要部分承継会社と会社の属する企業結合集団の国内売上高合計額200億円超の被承継会社の場合

オ　共同株式移転の場合

会社の属する企業結合集団の国内売上高合計額200億円超の会社と会社の属する企業結合集団の国内売上高合計額50億円超の会社の場合

カ　事業譲受け等の場合

会社の属する企業結合集団の国内売上高合計額200億円超の譲受会社と国内売上高30億円超の全部譲渡会社の場合
会社の属する企業結合集団の国内売上高合計額200億円超の譲受会社と対象部分の国内売上高が30億円超の重要部分譲渡会社の場合

⑵　過去３年度に受理した届出及び第２次審査の処理状況は第１表及び第２表のとおりである。

⑶　令和４年度において、産業競争力強化法（平成25年法律第98号）第25条第１項の規定に基づく協議を受けたものはなかった。

⑷　令和４年度において、農業競争力強化支援法（平成29年法律第35号）第20条第１項の規定に基づく協議を受けたものはなかった。

⑸　令和４年度において、地域における一般乗合旅客自動車運送事業及び銀行業に係る基盤的なサービスの提供の維持を図るための私的独占の禁止及び公正取引の確保に関する法律の特例に関する法律（令和２年法律第32号）第５条第２項の規定に基づく協議を受けたものはなかった。

第１表　過去３年度に受理した届出の処理状況

	令和２年度	令和３年度	令和４年度
届出件数	266	337	306
第1次審査で終了したもの	258	328	299
うち禁止期間の短縮を行ったもの	(199)	(248)	(243)
第1次審査終了前に取下げがあったもの	7	8	7
第2次審査に移行したもの	1	1	0

第２表　過去３年度における第２次審査の処理状況

	令和２年度	令和３年度	令和４年度
第2次審査で終了した件数	1	1	0
うち問題解消措置を前提に問題なしとした件数	1	0	0
排除措置命令を行った件数	0	0	0

（注）当該年度に受理したか否かにかかわらず、当該年度において処理したものについて記載している。

2　株式取得・合併・分割・共同株式移転・事業譲受け等の動向

令和４年度に届出を受理した企業結合を国内売上高合計額別、議決権取得割合別、業種別及び形態別でみると、第３表から第11表までのとおりである。

第３表　国内売上高合計額別株式取得届出受理件数

株式発行会社の国内売上高合計額 ／ 株式取得会社の国内売上高合計額	50億円以上200億円未満	200億円以上500億円未満	500億円以上1000億円未満	1000億円以上5000億円未満	5000億円以上	合計
200億円以上500億円未満	31	7	0	1	0	39
500億円以上1000億円未満	22	5	0	2	0	29
1000億円以上5000億円未満	55	13	5	3	0	76
5000億円以上1兆円未満	31	15	5	7	0	58
1兆円以上5兆円未満	21	14	4	2	2	43
5兆円以上	10	6	5	4	0	25
合計	170	60	19	19	2	270

第４表　国内売上高合計額別合併届出受理件数

消滅会社の国内売上高合計額 ＼ 存続会社の国内売上高合計額	50億円以上200億円未満	200億円以上500億円未満	500億円以上1000億円未満	1000億円以上5000億円未満	5000億円以上	合計
50億円以上200億円未満	0	2	0	1	1	4
200億円以上500億円未満	0	1	0	3	0	4
500億円以上1000億円未満	1	0	0	0	0	1
1000億円以上5000億円未満	0	0	1	0	0	1
5000億円以上1兆円未満	0	0	0	0	0	0
1兆円以上5兆円未満	0	0	0	0	1	1
5兆円以上	0	0	0	0	0	0
合計	1	3	1	4	2	11

(注) ３社以上の合併、すなわち消滅会社が２社以上である場合には、国内売上高合計額が最も大きい消滅会社を基準とする。

第５表　国内売上高合計額等別共同新設分割届出受理件数

分割する会社１の国内売上高合計額（又は分割対象部分に係る国内売上高）＼分割する会社２の国内売上高合計額（又は分割対象部分に係る国内売上高）	30 億円以上 200 億円未満	200 億円以上 500 億円未満	500 億円以上 1000 億円未満	1000 億円以上 5000 億円未満	5000 億円以上	合計
50 億円以上 200 億円未満	0 (0)	0 (0)	0 (0)	0 (0)	0 (0)	0 (0)
200 億円以上 500 億円未満	0 (0)	0 (1)	0 (0)	0 (0)	0 (0)	0 (1)
500 億円以上 1000 億円未満	0 (0)	0 (0)	0 (0)	0 (0)	0 (0)	0 (0)
1000 億円以上 5000 億円未満	0 (0)	0 (0)	0 (0)	0 (0)	0 (0)	0 (0)
5000 億円以上 1 兆円未満	0 (0)	0 (0)	0 (0)	0 (0)	0 (0)	0 (0)
1 兆円以上 5 兆円未満	0 (0)	0 (0)	0 (0)	0 (0)	0 (0)	0 (0)
5 兆円以上	0 (0)	0 (0)	0 (0)	0 (0)	0 (0)	0 (0)
合計	0 (0)	0 (1)	0 (0)	0 (0)	0 (0)	0 (1)

(注) 共同新設分割をする会社のうち、国内売上高合計額又は分割対象部分に係る国内売上高が最も大きい会社を「分割する会社１」、その次に大きい会社を「分割する会社２」とした。また、(　) 外は事業の全部を承継させようとする会社に係る国内売上高合計額による届出受理の件数であり、(　) 内は事業の重要部分を承継させようとする会社の分割対象部分に係る国内売上高による届出受理の件数である（内数ではない。)。

第６表　国内売上高合計額等別吸収分割届出受理件数

分割する会社の国内売上高合計額（又は分割対象部分に係る国内売上高）／承継する会社の国内売上高合計額	30億円以上200億円未満	200億円以上500億円未満	500億円以上1000億円未満	1000億円以上5000億円未満	5000億円以上	合計
50億円以上200億円未満	0 (0)	0 (0)	0 (0)	0 (0)	0 (0)	0 (0)
200億円以上500億円未満	0 (1)	0 (0)	0 (0)	0 (0)	0 (0)	0 (1)
500億円以上1000億円未満	0 (1)	0 (1)	0 (0)	0 (0)	0 (0)	0 (2)
1000億円以上5000億円未満	0 (2)	0 (0)	0 (0)	0 (0)	0 (0)	0 (2)
5000億円以上1兆円未満	0 (0)	0 (0)	0 (0)	0 (0)	0 (0)	0 (0)
1兆円以上5兆円未満	0 (1)	0 (0)	0 (0)	0 (0)	0 (0)	0 (1)
5兆円以上	0 (0)	0 (0)	0 (0)	0 (0)	0 (0)	0 (0)
合計	0 (5)	0 (1)	0 (0)	0 (0)	0 (0)	0 (6)

(注)（　）外は事業の全部を承継させようとする会社に係る国内売上高合計額による届出受理の件数であり、（　）内は事業の重要部分を承継させようとする会社の分割対象部分に係る国内売上高による届出受理の件数である（内数ではない。）。

第７表　国内売上高合計額別共同株式移転届出受理件数

株式移転会社1の国内売上高合計額＼株式移転会社2の国内売上高合計額	50億円以上200億円未満	200億円以上500億円未満	500億円以上1000億円未満	1000億円以上5000億円未満	5000億円以上	合計
200億円以上500億円未満	1	0	0	0	0	1
500億円以上1000億円未満	0	0	0	0	0	0
1000億円以上5000億円未満	0	0	1	1	0	2
5000億円以上1兆円未満	0	0	0	0	0	0
1兆円以上5兆円未満	0	0	0	0	0	0
5兆円以上	0	0	0	0	0	0
合計	1	0	1	1	0	3

（注）共同株式移転をする会社のうち、国内売上高合計額が最も大きい会社を「株式移転会社１」、その次に大きい会社を「株式移転会社２」とした。

第８表　国内売上高合計額等別事業譲受け等届出受理件数

譲受け対象部分に係る国内売上高＼譲受会社の国内売上高合計額	30億円以上200億円未満	200億円以上500億円未満	500億円以上1000億円未満	1000億円以上5000億円未満	5000億円以上	合計
200億円以上500億円未満	3	0	0	0	0	3
500億円以上1000億円未満	2	1	0	0	0	3
1000億円以上5000億円未満	5	0	0	0	0	5
5000億円以上1兆円未満	2	0	1	1	0	4
1兆円以上5兆円未満	0	0	0	0	0	0
5兆円以上	0	0	0	0	0	0
合計	12	1	1	1	0	15

（注）２社以上からの事業譲受け等，すなわち譲渡会社が２社以上である場合には，譲受け対象部分に係る国内売上高が最も大きい譲渡会社を基準とする。

第９表　議決権取得割合別の株式取得届出受理件数

20%超50%以下	50%超	合 計
65	205	270

第10表　業種別届出受理件数

業種別	株式取得	合併	分割	共同株式移転	事業譲受け等	合計
農林・水産業	0	0	0	0	0	0
鉱業	1	0	0	0	0	1
建設業	5	0	0	0	0	5
製造業	42	4	3	0	9	58
食料品	6	0	1	0	1	8
繊維	2	0	0	0	0	2
木材・木製品	0	0	0	0	0	0
紙・パルプ	0	0	0	0	0	0
出版・印刷	0	0	0	0	0	0
化学・石油・石炭	8	1	2	0	3	14
ゴム・皮革	0	0	0	0	0	0
窯業・土石	1	0	0	0	0	1
鉄鋼	4	0	0	0	0	4
非鉄金属	0	0	0	0	0	0
金属製品	1	0	0	0	0	1
機械	18	3	0	0	4	25
その他製造業	2	0	0	0	1	3
卸・小売業	43	1	0	2	3	49
不動産業	8	0	0	0	1	9
運輸・通信・倉庫業	17	1	0	1	1	20
サービス業	11	2	1	0	1	15
金融・保険業	15	1	0	0	0	16
電気・ガス 熱供給・水道業	2	0	2	0	0	4
その他	126	2	1	0	0	129
合　計	270	11	7	3	15	306

(注) 業種は、株式取得の場合には株式を取得する会社の業種に、合併の場合には合併後の存続会社の業種に、共同新設分割の場合には分割する会社の業種に、吸収分割の場合には事業を承継する会社の業種に、共同株式移転の場合には新設会社の業種に、事業譲受け等の場合には事業等を譲り受ける会社の業種によった。

第11表　形態別届出受理件数

形　態　別		株式取得	合併	共同新設分割	吸収分割	共同株式移転	事業譲受け等
水平関係		169	7	0	4	1	11
垂直関係	前進	95	1	0	3	0	4
	後進	80	5	0	0	0	4
混合関係	地域拡大	37	1	0	1	2	1
	商品拡大	42	3	0	2	0	1
	純粋	30	0	0	0	0	0
届出受理件数		270	11	1	6	3	15

（注１）企業結合の形態の定義については、附属資料４－２(3)参照。
（注２）形態別の件数については、複数の形態に該当する企業結合の場合、該当する形態を全て集計している。
　そのため、形態別の件数の合計は、届出受理件数と必ずしも一致しない。

第６　審査結果の公表

公正取引委員会は、令和５年３月にマイクロソフト・コーポレーション及びアクティビジョン・ブリザード・インクの統合に関する審査結果について公表した。

事例　マイクロソフト・コーポレーション及びアクティビジョン・ブリザード・インクの統合（令和５年３月28日公表）

公正取引委員会は、マイクロソフト・コーポレーション（本社米国。以下「マイクロソフト」という。）及びアクティビジョン・ブリザード・インク（本社米国。以下「アクティビジョン」という。また、両社をそれぞれ最終親会社として既に結合関係が形成されている企業の集団を併せて「当事会社グループ」という。）の統合について、当事会社グループから独占禁止法の規定に基づく株式取得及び合併に関する計画届出書の提出を受け、審査を行った結果、一定の取引分野における競争を実質的に制限することとはならないと認められたので、当事会社グループに対し、排除措置命令を行わない旨の通知を行い、本件審査を終了した。

⑴　本件の概要

本件は、当事会社グループが、株式取得及び合併によって、マイクロソフト及びアクティビジョンの統合（以下「本件行為」という。）を計画しているものであった。

⑵　本件の経緯

令和４年６月16日　本件行為に関する第三者からの情報・意見の募集
（情報・意見の提出期限：７月15日）
令和５年３月10日　本件行為に関する計画の届出の受理（第１次審査の開始）
３月28日　排除措置命令を行わない旨の通知

⑶　結論

公正取引委員会は、本件行為が一定の取引分野における競争を実質的に制限することとはならないと判断した。

（詳細については令和５年３月28日報道発表資料「マイクロソフト・コーポレーション及びアクティビジョン・ブリザード・インクの統合に関する審査結果について」を参照のこと。）

https://www.jftc.go.jp/houdou/pressrelease/2023/mar/kiketsu_230328m.html

第７章　不公正な取引方法への取組

第１　概説

独占禁止法は、第19条において事業者が不公正な取引方法を用いることを禁止しているほか、事業者及び事業者団体が不公正な取引方法に該当する事項を内容とする国際的契約を締結すること、事業者団体が事業者に不公正な取引方法に該当する行為をさせるようにすること、会社及び会社以外の者が不公正な取引方法により株式を取得し又は所有すること、会社が不公正な取引方法により役員の兼任を強制すること、会社が不公正な取引方法により合併すること等の行為を禁止している（第６条、第８条第５号、第10条第１項、第13条第２項、第14条、第15条第１項、第15条の２第１項第２号及び第16条第１項）。不公正な取引方法として規制される行為の具体的な内容は、公正取引委員会が告示により指定することとされてきたが、私的独占の禁止及び公正取引の確保に関する法律の一部を改正する法律（平成21年法律第51号。以下「平成21年独占禁止法改正法」という。）により、これまで不公正な取引方法（昭和57年公正取引委員会告示第15号）により指定されていたもののうち、共同の取引拒絶、差別対価、不当廉売、再販売価格の拘束及び優越的地位の濫用の全部又は一部が法定化され（第２条第９項第１号から第５号まで）、新たに課徴金納付命令の対象となった（第20条の２から第20条の６まで）。

不公正な取引方法に対する取組に関しては、前記規定に違反する事件の処理のほか、不公正な取引方法の指定に関する調査、不公正な取引方法に関する説明会の開催等の普及・啓発活動、不公正な取引方法を防止するための指導業務等がある。また、不公正な取引方法に関する事業者からの相談に積極的に応じることにより違反行為の未然防止に努めている（優越的地位の濫用の未然防止に向けた取組については、第９章参照）。

第２　不当廉売に対する取組

企業が効率化によって達成した低価格で商品を供給するのではなく、採算を度外視した低価格によって顧客を獲得しようとすることは、独占禁止法の目的からみて問題がある場合があり、公正な競争秩序に悪影響を与えるときは、不公正な取引方法の一つである不当廉売として規制される。

公正取引委員会は、不当廉売に対し、厳正かつ積極的に対処することとしている。

１　不当廉売事案への対処

⑴　処理方針

小売業における不当廉売事案については、①申告のあった事案に関しては、処理結果を通知するまでの目標処理期間を原則２か月以内として迅速処理（注）することとし、繰り返し注意を受ける事業者に対しては、事案に応じて、責任者を招致した上で直接注意を行うほか、②大規模な事業者による事案又は繰り返し行われている事案であって、周辺の販売業者に対する影響が大きいと考えられるものについて、周辺の販売業者の事業活動への影響等について個別に調査を行い、問題のみられる事案については厳正に対処することとしている。

（注）申告のあった不当廉売事案に対し可能な限り迅速に処理する（原則２か月以内）という方針に基づいて行う処理をいう。

⑵　処理の状況

令和４年度においては、酒類、石油製品等の小売業に係る不当廉売の申告等に対し迅速処理を行い、不当廉売につながるおそれがあるとして合計192件の事案に関して注意を行った（第１表参照）。

例えば、酒類について、供給に要する費用を著しく下回る対価で販売した事業者の責任者に対し、不当廉売につながるおそれがあるとして直接注意した事例があった。石油製品について、繰り返し注意を受けていた大規模な給油所を含む複数の給油所を運営する事業者の本社の責任者に対し、供給に要する費用を下回る対価で販売したとして直接注意した事例があった。また、繰り返し注意を受けた事業者には、注意後の価格動向について情報収集を行うために、販売価格、仕入価格等の報告を求めた。

第１表　令和４年度における小売業に係る不当廉売事案の注意件数（迅速処理によるもの）

（単位：件）

	酒類	石油製品	家庭用電気製品	その他	合計
注意件数	37	151	0	4	192

2　規制基準の明確化等

公正取引委員会は、昭和59年に「不当廉売に関する独占禁止法上の考え方」を公表し、その後、個別の業種（酒類、ガソリン等及び家庭用電気製品）についてその取引実態を踏まえたガイドラインを順次公表することにより、不当廉売規制の考え方を明らかにしてきた。

平成21年独占禁止法改正法により、不当廉売が新たに課徴金納付命令の対象となったこと等に伴い、公正取引委員会は、不当廉売の要件に関する解釈を更に明確化すること等により、法運用の透明性を一層確保し、事業者の予見可能性をより向上させるため、これらのガイドラインを改定し、平成21年12月18日に公表した。

また、公正取引委員会は、ガソリン等販売業を取り巻く経営環境の変化等を踏まえ、当委員会における法運用の透明性を一層確保し、事業者の予見可能性をより高めるため、「ガソリン等の流通における不当廉売，差別対価等への対応について」を改定し、令和４年11月11日に公表した。

第３　優越的地位の濫用に対する取組

自己の取引上の地位が相手方に優越していることを利用して、取引の相手方に正常な商慣習に照らして不当に不利益を与える行為（優越的地位の濫用）は、自己と競争者間及び相手方とその競争者間の公正な競争を阻害するおそれがあるものであり、不公正な取引方法の一つとして禁止されている。

公正取引委員会は、優越的地位の濫用行為に対し、厳正かつ効果的に対処することとしている（優越的地位の濫用の未然防止に向けた取組については、第９章参照）。

1　優越的地位の濫用への対処

公正取引委員会は、優越的地位の濫用行為に係る調査を効率的かつ効果的に行い、必要な是正措置を講じていくことを目的とした「優越的地位濫用事件タスクフォース」を設置し（平成21年11月）、調査を行っているところ、令和４年度においては、55件の注意を行った。注意の内訳（行為類型）は第２表のとおりであり、購入・利用強制が22件、従業員等の派遣の要請が20件、減額が20件、協賛金等の負担の要請が18件、返品が９件、支払遅延が８件、その他経済上の利益の提供の要請が６件、不当な給付内容の変更及びやり直しの要請が５件、その他が４件、取引の対価の一方的決定が３件となっている（注）。

（注）独占禁止法の不公正な取引方法の規制の補完法である下請法において勧告又は指導が行われた違反行為等は、後記第８章第２ 3 違反行為類型別件数のとおりである。下請法においては、独占禁止法の優越的地位の濫用規制とは異なり、支払遅延、減額及び買いたたきの３類型が違反行為類型別の実体規定違反件数の約９割を占めている。ただし、下請法の対象は、親事業者と下請事業者との間の一定の委託取引に限られており（後記第８章第１参照）、そのような限定がない優越的地位の濫用規制とは異なる。

第２表　注意事案の行為類型一覧

（単位：件）

行為類型＼取引形態	小売業者に対する納入取引	物流取引	宿泊業者に対する納入等取引	飲食業者に対する納入等取引	卸売業者に対する納入取引	冠婚葬祭業者に対する納入等取引	その他の取引	合計
購入・利用強制	12	4	3	0	1	2	0	22
協賛金等の負担の要請	9	1	1	0	6	0	1	18
従業員等の派遣の要請	20	0	0	0	0	0	0	20
その他経済上の利益の提供の要請	1	3	1	0	0	1	0	6
受領拒否	0	0	0	0	0	0	0	0
返品	7	0	0	0	2	0	0	9
支払遅延	0	7	1	0	0	0	0	8
減額	4	11	0	0	5	0	0	20
取引の対価の一方的決定	1	0	0	0	1	0	1	3
不当な給付内容の変更及びやり直しの要請	0	5	0	0	0	0	0	5
その他	0	4	0	0	0	0	0	4
合計	54	35	6	0	15	3	2	115

（注）一つの事案において複数の行為類型について注意を行っている場合があるため、注意件数（55件）と行為類型の内訳の合計数（115件）とは一致しない。

2　インボイス制度に係る対応

インボイス制度（消費税の適格請求書等保存方式）の導入に際しては、免税事業者を始めとした事業者の取引環境の整備が求められているところ、これへの対応として、公正取引委員会では、インボイス制度の導入に際して起こり得る、免税事業者に対する一方的な取引価格の引下げや、課税事業者に転換した者に対する一方的な価格の据置きといった行為など、どのような行為が独占禁止法や下請法上問題となるかについての考え方をQ＆Aの形で明らかにした。このQ＆Aは、令和４年１月19日に関係省庁連名で公表し、その後、同年３月８日に改正を行った。

また、インボイス制度の導入に伴い、免税事業者に対して経過措置により仕入税額控除が認められているにもかかわらず、消費税相当額を引き下げることを決定し、その旨一方的に通知していた発注事業者に対して優越的地位の濫用につながるおそれがあるとして注意を行った。

（インボイス制度に係る対応については、下記リンクを参照のこと。）

https://www.jftc.go.jp/invoice/index.html

第８章　下請法に関する業務

第１　概説

下請法は、経済的に優越した地位にある親事業者が下請代金の支払を遅延するなどの行為を迅速かつ効果的に規制することにより、下請取引の公正化を図るとともに下請事業者の利益を保護する目的で、独占禁止法の不公正な取引方法の規制の補完法として昭和31年に制定された。

下請法は、親事業者が下請事業者に対し物品の製造・修理、プログラム等の情報成果物の作成及び役務の提供を委託する場合、親事業者に下請事業者への発注書面の交付（第３条）並びに下請取引に関する書類の作成及びその２年間の保存（第５条）を義務付けているほか、親事業者の禁止事項として、①受領拒否（第４条第１項第１号）、②下請代金の支払遅延（同項第２号）、③下請代金の減額（同項第３号）、④返品（同項第４号）、⑤買いたたき（同項第５号）、⑥物の購入強制・役務の利用強制（同項第６号）、⑦報復措置（同項第７号）、⑧有償支給原材料等の対価の早期決済（同条第２項第１号）、⑨割引困難な手形の交付（同項第２号）、⑩不当な経済上の利益の提供要請（同項第３号）、⑪不当な給付内容の変更・不当なやり直し（同項第４号）を定めており、これらの行為が行われた場合には、公正取引委員会は、その親事業者に対し、当該行為を取りやめ、下請事業者が被った不利益の原状回復措置等を講ずるよう勧告する旨を定めている（第７条）。

なお、公正取引委員会は、こうした下請法違反行為の未然防止を図る観点から、下請法の普及啓発に関する取組を行っている（第９章参照）。

第２　違反事件の処理

下請取引においては、親事業者の下請法違反行為により下請事業者が不利益を受けている場合であっても、その取引の性格から、下請事業者からの自発的な情報提供が期待しにくい実態にあるため、公正取引委員会は、中小企業庁と協力し、親事業者及びこれらと取引している下請事業者を対象として定期的な調査を実施するなど違反行為の発見に努めている（第１表及び附属資料５－１表参照）。

これらの調査の結果、違反行為が認められた親事業者に対しては、その行為を取りやめさせるほか、下請事業者が被った不利益の原状回復措置等を講じさせている（第２表及び附属資料５－２表参照）。

1　書面調査

公正取引委員会は、令和４年度において、資本金の額又は出資の総額が1000万円超の親事業者７万名（製造委託等（注１）３万7993名、役務委託等（注２）３万2007名）及びその下請事業者30万名（製造委託等17万6799名、役務委託等12万3201名）を対象に書面調査を実施した（第１表参照）。

（注１）製造委託及び修理委託をいう。以下同じ。

（注２）情報成果物作成委託及び役務提供委託をいう。以下同じ。

第１表　書面調査の実施状況の推移

（単位：名）

年度 ＼ 区分	書面調査実施件数	
	親事業者調査	下請事業者調査
令和4年度	70,000	300,000
製造委託等	37,993	176,799
役務委託等	32,007	123,201
令和3年度	65,000	300,000
製造委託等	37,280	169,318
役務委託等	27,720	130,682
令和2年度	60,000	300,000
製造委託等	36,128	196,879
役務委託等	23,872	103,121
令和元年度	60,000	300,000
製造委託等	35,810	200,190
役務委託等	24,190	99,810
平成30年度	60,000	300,000
製造委託等	39,175	211,741
役務委託等	20,825	88,259

2　違反被疑事件の新規着手件数及び処理件数

⑴　新規着手件数

令和４年度においては、新規に着手した下請法違反被疑事件は8,267件である。このうち、書面調査により職権探知したものは8,188件、下請事業者等からの申告によるものは79件である（第２表及び附属資料５－２表参照）。

⑵　処理件数

令和４年度においては、公正取引委員会は、8,757件の下請法違反被疑事件を処理し、このうち、8,671件について違反行為又は違反のおそれのある行為（以下総称して「違反行為等」という。）があると認めた。このうち６件について同法第７条の規定に基づき勧告を行い、いずれも公表し、8,665件について指導の措置を採るとともに、親事業者に対して、違反行為等の改善及び再発防止のために、社内研修、監査等により社内体制を整備するよう指導した（第２表、第１図及び附属資料５－２表参照）。

第２表　下請法違反被疑事件の処理状況の推移

（単位：件）

区分／年度	新規着手件数				処理件数				
	書面調査	申告	中小企業庁長官からの措置請求	計	措置			不問	計
					勧告	指導	小計		
令和4年度	8,188	79	0	8,267	6	8,665	8,671	86	8,757
製造委託等	5,063	44	0	5,107	6	5,305	5,311	53	5,364
役務委託等	3,125	35	0	3,160	0	3,360	3,360	33	3,393
令和3年度	8,369	94	1	8,464	4	7,922	7,926	174	8,100
製造委託等	5,384	61	1	5,446	3	5,146	5,149	113	5,262
役務委託等	2,985	33	0	3,018	1	2,776	2,777	61	2,838
令和2年度	8,291	101	1	8,393	4	8,107	8,111	222	8,333
製造委託等	5,450	59	1	5,510	3	5,340	5,343	139	5,482
役務委託等	2,841	42	0	2,883	1	2,767	2,768	83	2,851
令和元年度	8,360	155	0	8,515	7	8,016	8,023	292	8,315
製造委託等	5,725	100	0	5,825	7	5,524	5,531	179	5,710
役務委託等	2,635	55	0	2,690	0	2,492	2,492	113	2,605
平成30年度	7,757	141	0	7,898	7	7,710	7,717	382	8,099
製造委託等	5,276	84	0	5,360	7	5,250	5,257	256	5,513
役務委託等	2,481	57	0	2,538	0	2,460	2,460	126	2,586

第１図　下請法の事件処理件数の推移

（件）
10
5
0
計7　7
計9　2　7
計5　1　4
計5　1　4
計7　1　6
平成30年度　令和元年度　令和２年度　令和３年度　令和４年度
□勧告件数　□自発的申出件数（勧告相当案件）

（注）自発的申出事案については後記 5 参照。

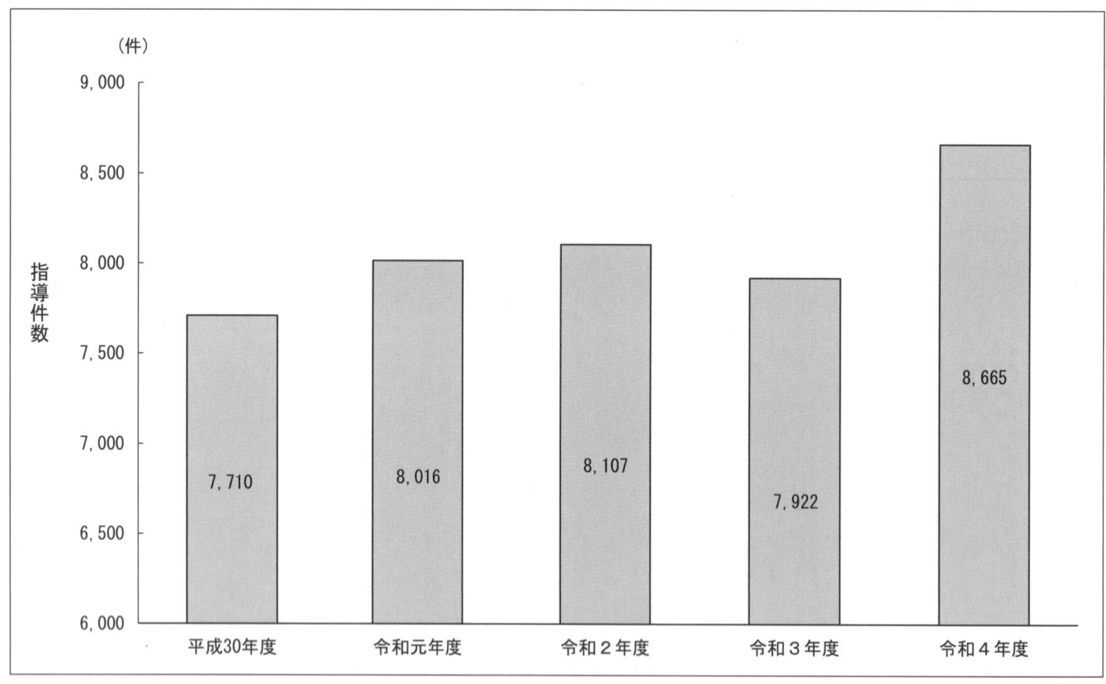

3　違反行為類型別件数

令和４年度において勧告又は指導が行われた違反行為等を行為類型別にみると、手続規定違反（下請法第３条又は第５条違反）は7,531件（違反行為類型別件数の延べ合計の51.5%）である。このうち、発注時に下請代金の額、支払方法等を記載した書面を交付していない、又は交付していても記載すべき事項が不備のもの（第３条違反）が6,697件、下請取引に関する書類を一定期間保存していないもの（第５条違反）が834件である。また、実体規定違反（第４条違反）は、7,098件（違反行為類型別件数の延べ合計の48.5％）となっており、このうち、下請代金の支払遅延（同条第１項第２号違反）が4,069件（実体規定違反件数の合計の57.3％）、下請代金の減額（同項第３号違反）が1,273件（同17.9％）、買いたたき（同項第５号違反）が913件（同12.9％）となっている（第３表及び附属資料５－３表参照）。

第３表　下請法違反行為類型別件数の推移

（単位：件、（%））

違反行為類型＼年度		令和4年度			令和3年度			令和2年度		
			製造委託等	役務委託等		製造委託等	役務委託等		製造委託等	役務委託等
実体規定違反	受領拒否 （第4条第1項第1号違反）	49 (0.7)	36 (0.8)	13 (0.5)	48 (0.6)	40 (0.8)	8 (0.3)	40 (0.5)	36 (0.7)	4 (0.1)
	下請代金の支払遅延 （第4条第1項第2号違反）	4,069 (57.3)	2,273 (52.3)	1,796 (65.3)	4,900 (62.2)	2,909 (57.9)	1,991 (69.9)	4,738 (59.4)	2,881 (54.7)	1,857 (68.5)
	下請代金の減額 （第4条第1項第3号違反）	1,273 (17.9)	860 (19.8)	413 (15.0)	1,195 (15.2)	826 (16.4)	369 (12.9)	1,471 (18.4)	1,072 (20.4)	399 (14.7)
	返品 （第4条第1項第4号違反）	22 (0.3)	19 (0.4)	3 (0.1)	11 (0.1)	9 (0.2)	2 (0.1)	15 (0.2)	15 (0.3)	0 (0.0)
	買いたたき （第4条第1項第5号違反）	913 (12.9)	524 (12.1)	389 (14.1)	866 (11.0)	493 (9.8)	373 (13.1)	830 (10.4)	497 (9.4)	333 (12.3)
	購入・利用強制 （第4条第1項第6号違反）	50 (0.7)	31 (0.7)	19 (0.7)	48 (0.6)	29 (0.6)	19 (0.7)	76 (1.0)	47 (0.9)	29 (1.1)
	報復措置 （第4条第1項第7号違反）	4 (0.1)	3 (0.1)	1 (0.0)	12 (0.2)	9 (0.2)	3 (0.1)	0 (0.0)	0 (0.0)	0 (0.0)
	有償支給原材料等の対価の早期決済 （第4条第2項第1号違反）	71 (1.0)	61 (1.4)	10 (0.4)	72 (0.9)	62 (1.2)	10 (0.4)	78 (1.0)	72 (1.4)	6 (0.2)
	割引困難な手形の交付 （第4条第2項第2号違反）	225 (3.2)	211 (4.9)	14 (0.5)	293 (3.7)	282 (5.6)	11 (0.4)	314 (3.9)	303 (5.8)	11 (0.4)
	不当な経済上の利益の提供要請 （第4条第2項第3号違反）	349 (4.9)	278 (6.4)	71 (2.6)	332 (4.2)	290 (5.8)	42 (1.5)	297 (3.7)	255 (4.8)	42 (1.5)
	不当な給付内容の変更・やり直し （第4条第2項第4号違反）	73 (1.0)	52 (1.2)	21 (0.8)	101 (1.3)	79 (1.6)	22 (0.8)	120 (1.5)	89 (1.7)	31 (1.1)
	小　　計（注）	7,098 (100)	4,348 (100)	2,750 (100)	7,878 (100)	5,028 (100)	2,850 (100)	7,979 (100)	5,267 (100)	2,712 (100)
手続規定違反	発注書面不交付・不備 （第3条違反）	6,697	4,271	2,426	5,401	3,703	1,698	6,003	4,181	1,822
	書類不保存等 （第5条違反）	834	492	342	732	450	282	934	612	322
	虚偽報告等 （第9条第1項違反）	0	0	0	0	0	0	0	0	0
	小　　計	7,531	4,763	2,768	6,133	4,153	1,980	6,937	4,793	2,144
合　　計		14,629	9,111	5,518	14,011	9,181	4,830	14,916	10,060	4,856

（注）（　）内の数値は、実体規定違反全体に占める比率であり、小数点以下第２位を四捨五入したため、合計は必ずしも100.0とならない。

4 下請事業者が被った不利益の原状回復の状況

令和４年度においては、下請事業者が被った不利益について、親事業者180名から、下請事業者6,294名に対し、下請代金の減額分の返還等、総額11億3465万円相当の原状回復が行われた。

主なものとしては、①下請代金の減額事件において、親事業者は総額８億5561万円を下請事業者に返還し、②下請代金の支払遅延事件において、親事業者は遅延利息等として総額１億4064万円を下請事業者に支払い、③返品事件において、親事業者は総額１億1512万円相当の商品を下請事業者から引き取り、④不当な経済上の利益の提供要請事件において、親事業者は総額1865万円の利益提供分を下請事業者に返還した（第４表及び第２図参照）。

第４表 下請事業者が被った不利益の原状回復の状況

違反行為類型	年度	返還等を行った親事業者数（注２）	返還等を受けた下請事業者数（注２）	原状回復の金額（注１）
減額	令和４年度	64名	4,046名	8億5561万円
	令和３年度	65名	2,561名	3億3909万円
	令和２年度	71名	3,858名	3億7155万円
	令和元年度	104名	4,087名	17億6191万円
	平成30年度	120名	4,593名	1億8367万円
支払遅延	令和４年度	95名	1,836名	1億4064万円
	令和３年度	105名	2,970名	1億2035万円
	令和２年度	126名	2,340名	9364万円
	令和元年度	132名	2,931名	3億2026万円
	平成30年度	165名	4,901名	4億2288万円
返品	令和４年度	8名	266名	1億1512万円
	令和３年度	3名	3名	5676万円
	令和２年度	4名	33名	1168万円
	令和元年度	11名	106名	6億6438万円
	平成30年度	7名	59名	1911万円
不当な経済上の利益の提供要請	令和４年度	9名	140名	1865万円
	令和３年度	7名	58名	978万円
	令和２年度	10名	84名	5923万円
	令和元年度	8名	229名	2556万円
	平成30年度	7名	346名	1750万円
買いたたき	令和４年度	1名	1名	302万円
	令和３年度	−名	−名	−
	令和２年度	−名	−名	−
	令和元年度	2名	2名	3万円
	平成30年度	3名	14名	244万円
受領拒否	令和４年度	1名	1名	139万円
	令和３年度	1名	9名	2767万円
	令和２年度	1名	1名	5万円
	令和元年度	1名	1名	208万円
	平成30年度	1名	1名	162万円
やり直し等	令和４年度	1名	3名	16万円
	令和３年度	2名	10名	488万円
	令和２年度	3名	37名	323万円
	令和元年度	2名	4名	49万円
	平成30年度	2名	3名	24万円

違反行為類型	年度	返還等を行った親事業者数（注２）	返還等を受けた下請事業者数（注２）	原状回復の金額（注１）
有償支給原材料等の対価の早期決済	令和４年度	1名	1名	1万円
	令和３年度	4名	14名	138万円
	令和２年度	1名	1名	50万円
	令和元年度	3名	5名	6万円
	平成30年度	9名	95名	2088万円
割引困難な手形の交付	令和４年度	−名	−名	−
	令和３年度	−名	−名	−
	令和２年度	−名	−名	−
	令和元年度	1名	10名	109万円
	平成30年度	2名	8名	5万円
購入等強制	令和４年度	−名	−名	−
	令和３年度	−名	−名	−
	令和２年度	−名	−名	−
	令和元年度	4名	94名	61万円
	平成30年度	5名	152名	225万円
合計	令和４年度	180名	6,294名	11億3465万円
	令和３年度	187名	5,625名	5億5995万円
	令和２年度	216名	6,354名	5億3992万円
	令和元年度	268名	7,469名	27億7651万円
	平成30年度	321名	10,172名	6億7068万円

（注１）違反行為類型ごとの返還等の金額は１万円未満を切り捨てているため、各金額の合計額と総額とは一致しない場合がある。
（注２）親事業者数及び下請事業者数は延べ数である。
（注３）該当がない場合を「−」で示した。

第２図　原状回復の状況

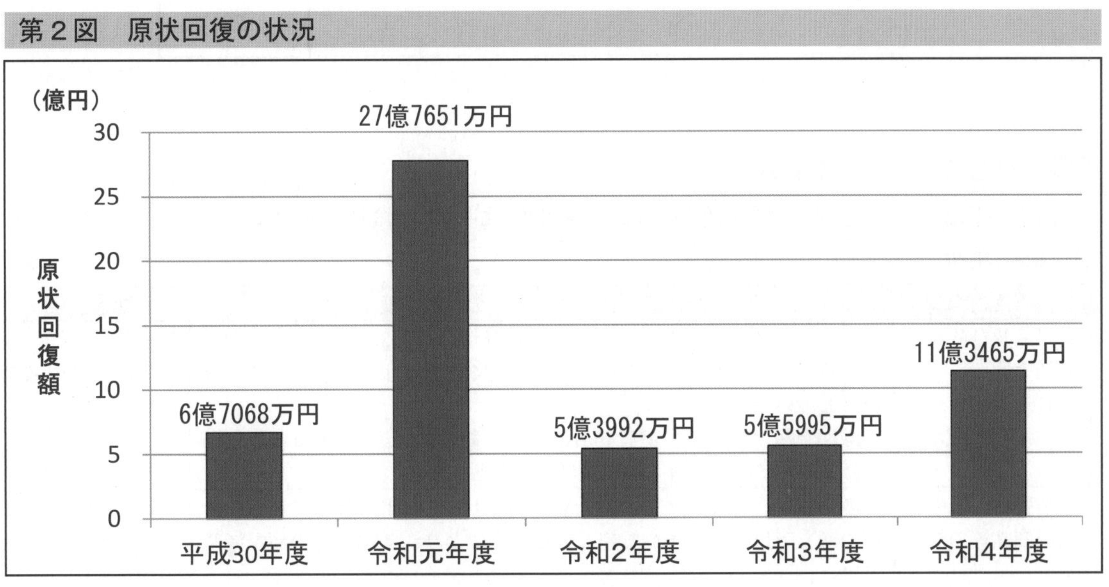

5　下請法違反行為を自発的に申し出た親事業者に係る事案

公正取引委員会は、親事業者の自発的な改善措置が下請事業者の受けた不利益の早期回復に資することに鑑み、当委員会が調査に着手する前に、違反行為を自発的に申し出、かつ、自発的な改善措置を採っているなどの事由が認められる事案については、親事業者の法令遵守を促す観点から、下請事業者の利益を保護するために必要な措置を採ることを勧告するまでの必要はないものとして取り扱うこととし、この旨を公表している（平成20年12月17日公表（https://warp.da.ndl.go.jp/info:ndljp/pid/12649209/www.jftc.go.jp/shitauke/shitauke_tetsuduki/081217.html））。

令和４年度においては、前記のような親事業者からの違反行為の自発的な申出は23件であった（第５表参照）。また、同年度に処理した自発的な申出は20件であり、そのうちの１件については、違反行為の内容が下請事業者に与える不利益が大きいなど勧告に相当する事案であった。同年度においては、親事業者からの違反行為の自発的な申出により、下請事業者91名に対し、下請代金の減額分の返還等、総額8億2106万円相当の原状回復が行われた（注）。

（注）前記 4 記載の金額に含まれている。

第５表　自発的な申出の件数

（単位：件）

平成30年度	平成元年度	令和2年度	令和3年度	令和4年度
73	78	24	32	23

6　勧告事件及び主な指導事件

令和４年度における勧告事件及び主な指導事件は次のとおりである。

(1)　勧告事件

事業内容	違反行為等の概要	関係法条
食料品及び飲料品の卸売業 （4.9.9勧告）	㈱エスアイシステムは、令和元年11月から令和2年12月までの間、「写真代」を、下請代金の額から差し引くことにより、下請代金の額を減じていた。 減額金額は、下請事業者46名に対し、総額3628万847円であり、同社は勧告前に減額分を下請事業者に返還している。	第4条第1項第3号（下請代金の減額の禁止）
包装資材、販売促進用商品等の卸売業 （5.3.8勧告）	廣川㈱は、令和3年9月から令和4年10月までの間、次のアからウまでの額を下請代金の額から差し引くことにより、下請代金の額を減じていた。 ア　「歩引」の額 イ　「でんさい手数料」の額 ウ　下請代金を下請事業者の金融機関口座に振り込む際に、廣川㈱が実際に金融機関に支払う振込手数料を超える額 減額金額は、下請事業者87名に対し、総額1323万6486円であり、同社は勧告前に減額分を下請事業者に返還している。	第4条第1項第3号（下請代金の減額の禁止）

事業内容	違反行為等の概要	関係法条
発電用バルブの製造業等 （5.3.16勧告）	岡野バルブ製造㈱は、遅くとも令和3年8月1日から令和4年12月6日までの間、自社が所有する木型及び金型を無償で保管させることにより、下請事業者の利益を不当に害していた。	第4条第2項第3号（不当な経済上の利益の提供要請の禁止）
食品等の販売業 （5.3.17勧告）	㈱キャメル珈琲は、次の行為を行っていた。 ①　下請代金の減額 令和3年5月から令和4年12月までの間、オンラインストアで販売した商品の下請代金を支払う際に、「センターフィー」を、下請代金の額から差し引くことにより、下請代金の額を減じていた。 ②　返品 ア　下請事業者から商品を受領した後、当該商品に係る品質検査を行っていないにもかかわらず、当該商品に瑕疵があることを理由として、令和3年5月から令和4年7月までの間、当該商品を引き取らせていた。 イ　一部の下請事業者に返品に係る送料を負担させていた。 ③　不当な経済上の利益の提供要請 令和3年5月から令和4年7月までの間、前記②の返品をするに当たり生じる人件費や保管費等の諸経費の一部を確保するため、「契約不適合商品処理負担金」を提供させることにより、下請事業者の利益を不当に害していた。 減額金額は、下請事業者58名に対し、総額748万4506円であり、同社は勧告前に減額分を下請事業者に返還している。また、返品した商品の下請代金相当額は、下請事業者49名に対し、総額305万3210円であり、同社は勧告前に返品した商品の下請代金相当額を支払っている。さらに、提供させた金額は、下請事業者46名に対し、総額313万160円であり、同社は勧告前に提供させた金額を下請事業者に返還している。	①第4条第1項第3号（下請代金の減額の禁止） ②第4条第1項第4号（返品の禁止） ③第4条第2項第3号（不当な経済上の利益の提供要請の禁止）
電動工具の販売業 （5.3.27勧告）	工機ホールディングス㈱は、原材料価格の上昇等を背景として単価引上げを求める下請事業者に対して、実際には具体的な単価引上げの計画などなかったにもかかわらず、令和3年1月、今後、段階的に単価を引き上げる旨を伝え、その言動を信頼した下請事業者に、下請事業者の製造原価未満の新単価を受け入れさせることにより、下請事業者の給付の内容と同種又は類似の内容の給付に対し通常支払われる対価に比し著しく低い下請代金の額を不当に定めていた。 本件下請事業者が提示した見積単価を用いて計算した代金の額と下請代金の額との差額は、302万9268円であり、同社は勧告前に差額分を下請事業者に支払っている。	第4条第1項第5号（買いたたきの禁止）
日用雑貨品、家具等の販売業 （5.3.29勧告）	㈱ナフコは、令和3年2月から令和4年12月までの間、下請事業者から商品を受領した後、当該商品に係る受入検査を行っていないにもかかわらず、当該商品に瑕疵があることを理由として、当該商品を引き取らせていた。 返品した商品の下請代金相当額は、下請事業者181名に対し、総額4042万6744円である。	第4条第1項第4号（返品の禁止）

(2)　主な指導事件

違反行為等の概要	関係法条
貼り合わせ加工紙の製造等を下請事業者に委託しているA社は、新型コロナウイルス感染症の拡大に起因した需要の減少を理由として、あらかじめ定められた納期に下請事業者の給付を受領しなかった。	第4条第1項第1号（受領拒否の禁止）
ボーリング調査、測量等を下請事業者に委託しているB社は、「毎月末日締切、翌々月5日支払」の支払制度を採っているため、下請事業者の給付を受領してから60日を経過して下請代金を支払っていた。	第4条第1項第2号（下請代金の支払遅延の禁止）

違　反　行　為　等　の　概　要	関係法条
食料品及び飲料品の製造を下請事業者に委託しているＣ社は、下請事業者との間で、下請代金を下請事業者の銀行口座に振り込む際の手数料を下請事業者が負担する旨の合意をせずに、振込手数料を下請代金の額から減じていた。	第4条第1項第3号（下請代金の減額の禁止）
クッキーの製造等を下請事業者に委託しているＤ社は、下請事業者から商品を受領した後に、売れ残って賞味期限が短くなった商品を引き取らせていた。	第4条第1項第4号（返品の禁止）
港湾運送業務を下請事業者に委託しているＥ社は、エネルギーコスト等が高騰したことを理由として、下請事業者から取引価格の引上げを求められたにもかかわらず、価格転嫁をしない理由を書面、電子メール等で下請事業者に回答することなく、従来どおりに取引価格を据え置いていた。	第4条第1項第5号（買いたたきの禁止）
スポーツ用品の製造等を下請事業者に委託しているＦ社は、発注担当者を通じて、下請事業者に対し、自社が主催するゴルフ大会の観戦チケットを購入させていた。	第4条第1項第6号（購入・利用強制の禁止）
粘着紙等の原材料の製造等を下請事業者に委託しているＧ社は、下請事業者に対し、有償で原材料を支給しているところ、当該原材料の対価について、当該原材料を用いた給付に係る下請代金の支払期日よりも早い時期に、支払うべき下請代金の額から控除することとなる支払制度を採っていた。	第4条第2項第1号（有償支給原材料等の対価の早期決済の禁止）
建設機械器具の修理等を下請事業者に委託しているＨ社は、下請事業者に対し、手形期間が120日（繊維業以外の業種において認められる手形期間）を超える手形（最長150日）を交付していた。	第4条第2項第2号（割引困難な手形の交付の禁止）
電線材料等の製造を下請事業者に委託しているＩ社は、自社が所有権を持つ金型を下請事業者に貸与して部品の製造を委託しているところ、長期間使用されない金型を無償で保管させていた。	第4条第2項第3号（不当な経済上の利益の提供要請の禁止）
運搬用機械器具の部品の製造を下請事業者に委託しているＪ社は、下請事業者からの給付について、下請事業者の責めに帰すべき理由なくやり直しをさせているにもかかわらず、当該やり直しに伴って生じた費用を負担していなかった。	第4条第2項第4号（不当な給付内容の変更及び不当なやり直しの禁止）

第9章 「パートナーシップによる価値創造のための転嫁円滑化施策パッケージ」を踏まえた「中小事業者等取引公正化推進アクションプラン」に関する業務

1 概説

公正取引委員会は、令和３年12月27日、「パートナーシップによる価値創造のための転嫁円滑化施策パッケージ」（以下「転嫁円滑化施策パッケージ」という。）が取りまとめられたことを踏まえ、令和４年３月30日、「令和４年中小事業者等取引公正化推進アクションプラン」を策定し、適正な価格転嫁の実現に向けて、従来にない取組を進めてきた。その上で、令和５年３月１日、当委員会は、新たに「令和５年中小事業者等取引公正化推進アクションプラン」を策定し、適正な価格転嫁の実現に向けて、更なる取組方針を取りまとめた。

具体的には、①「価格転嫁円滑化スキーム」を通じた関係省庁との緊密な連携、②独占禁止法の執行強化、③下請法の執行強化等、④独占禁止法及び下請法の考え方の周知徹底等を実施した（詳細は後記 2 から 5 までを参照）。

○【特設ウェブサイト】「パートナーシップによる価値創造のための転嫁円滑化施策パッケージ」に関する公正取引委員会の取組

https://warp.ndl.go.jp/info:ndljp/pid/12649209/www.jftc.go.jp/partnership_package/index.html

○令和３年12月27日公表「「パートナーシップによる価値創造のための転嫁円滑化施策パッケージ」について」

https://warp.ndl.go.jp/info:ndljp/pid/12213389/www.jftc.go.jp/houdou/pressrelease/2021/dec/211227.html

○令和４年３月30日公表「「令和４年中小事業者等取引公正化推進アクションプラン」の策定について」

https://warp.ndl.go.jp/info:ndljp/pid/12213389/www.jftc.go.jp/houdou/pressrelease/2022/mar/220330_kigyoutorihikika_01.html

○令和５年３月１日公表「「令和５年中小事業者等取引公正化推進アクションプラン」の策定について」

https://warp.ndl.go.jp/info:ndljp/pid/12649209/www.jftc.go.jp/houdou/pressrelease/2023/mar/230301_r5actionplan.html

2 価格転嫁円滑化スキーム

転嫁円滑化施策パッケージでは、業種別の法遵守状況の点検を行う新たな仕組みを創設した。新たな仕組みにおいて、事業所管省庁と連携を図り、①関係省庁からの情報提供や要請、②下請事業者が匿名で「買いたたき」などの違反行為を行っていると疑われる親事業者に関する情報を提供できる「違反行為情報提供フォーム」を通じて、広範囲に情報を受け付けるとされたところ、公正取引委員会は、後記⑴から⑶までの取組を実施した。

⑴　中小事業者等からの情報収集

公正取引委員会及び中小企業庁は、中小事業者等が匿名で情報提供できる「違反行為情報提供フォーム」を設置し、買いたたきなどの違反行為が疑われる親事業者に関する情報を受け付けている。当委員会に対しては、令和４年度に、518 件の情報が寄せられた。

○違反行為情報提供フォーム（買いたたきなどの違反行為が疑われる親事業者に関する情報提供フォーム）

https://warp.ndl.go.jp/info:ndljp/pid/12213389/www.jftc.go.jp/cgi-bin/formmail/formmail.cgi?d=joho

⑵　価格転嫁に係る業種分析報告書の作成、下請法上の重点立入業種の選定及び重点的な立入調査の実施

公正取引委員会及び中小企業庁は、令和４年５月 31 日、令和３年度における下請法違反被疑事件の処理状況等に基づき、事例、実績、業種別状況等について、「価格転嫁に係る業種分析報告書」を取りまとめ、公表した。また、同年度における下請法上の「買いたたき」の処理状況等を踏まえ、下請法上の重点立入業種として、道路貨物運送業、金属製品製造業、生産用機械器具製造業及び輸送用機械器具製造業の４業種を選定した。当委員会は、令和４年度においては、174 件の重点的な立入調査を実施した。

○令和４年５月31日公表「価格転嫁に係る業種分析報告書について」

https://warp.ndl.go.jp/info:ndljp/pid/12295683/www.jftc.go.jp/houdou/pressrelease/2022/may/220531_gyousyubunseki.html

○令和４年５月31日公表「重点立入業種の選定について」

https://warp.ndl.go.jp/info:ndljp/pid/12295683/www.jftc.go.jp/houdou/pressrelease/2022/may/220531_jyuutentachiirigyousyu.html

(3) 法遵守状況の自主点検

公正取引委員会及び中小企業庁は、令和４年９月14日、下請法違反行為が多く認められる19業種（このうち５業種は荷主による独占禁止法違反につながるおそれのある行為が多く認められる業種にも該当する。）について、事業所管省庁と連名により、関係事業者団体に対して、傘下企業による法遵守状況の自主点検を要請し、同年12月14日、法遵守状況の自主点検の結果を取りまとめ、公表した。

○令和４年12月14日公表「転嫁円滑化施策パッケージに基づく法遵守状況の自主点検の結果について」

https://warp.ndl.go.jp/info:ndljp/pid/12649209/www-orignsv.jftc.go.jp/houdou/pressrelease/2022/dec/221214_jisyutenken.html

3 独占禁止法の執行強化

(1) 独占禁止法上の「優越的地位の濫用」に関する緊急調査

公正取引委員会は、令和４年３月30日、独占禁止法上の「優越的地位の濫用」に関する緊急調査（以下「緊急調査」という。）の中心となる対象業種として22業種を選定し、同年６月３日には受注者８万名に対し、同年８月30日には発注者３万名に対し、それぞれ書面調査を開始し、同年12月27日、緊急調査の結果を取りまとめ、公表した。

緊急調査においては、受注者に対する書面調査、発注者に対する書面調査等を踏まえて立入調査を306件実施し、後記 5 (1)の公正取引委員会ウェブサイトに掲載している「よくある質問コーナー（独占禁止法）」に新たに追加したＱ＆Ａ（以下「独占禁止法Ｑ＆Ａ」という。）に該当する行為が認められた事業者4,030名に具体的な懸念事項を明示した注意喚起文書を送付した。また、受注者からの値上げ要請の有無にかかわらず、多数の取引先に対して協議を経ない取引価格の据置き等が確認された事業者13名について、独占禁止法第43条の規定に基づき、その事業者名を公表した。

○令和４年12月27日公表「独占禁止法上の「優越的地位の濫用」に関する緊急調査の結果について」

https://warp.ndl.go.jp/info:ndljp/pid/12649209/www-orignsv.jftc.go.jp/houdou/pressrelease/2022/dec/221227_kinkyuchosakekka.html

(2) スタートアップをめぐる取引に関する調査

公正取引委員会及び経済産業省は、令和４年３月31日、「スタートアップとの事業連携及びスタートアップへの出資に関する指針」を策定した。当委員会は、この指針を踏まえた取引が行われているかどうかを把握するため、同年６月15日、スタートアップ約5,600名、連携事業者・出資者約１万1500名を対象とした書面調査をそれぞれ実施し、さらに、連携事業者・出資者13名への立入調査及びスタートアップ37名へのヒアリングを実施した。同調査において、独占禁止法上の問題につながるおそれのある事項が見受けられた連携事業者・出資者８名・11件の行為に対し、具体的な懸念事項を明示した注意喚起文書を送付するとともに、同年12月23日、調査結果を取りまとめ、公表した。

○令和４年12月23日公表「スタートアップをめぐる取引に関する調査結果について」
https://warp.ndl.go.jp/info:ndljp/pid/12366705/www-orignsv.jftc.go.jp/houdou/pressrelease/2022/dec/221223_startupchousa.html

(3)　荷主と物流事業者との取引に関する調査

公正取引委員会では、荷主による物流事業者に対する優越的地位の濫用を効果的に規制する観点から、独占禁止法に基づき「特定荷主が物品の運送又は保管を委託する場合の特定の不公正な取引方法」を指定し、荷主と物流事業者との取引の公正化に向けた調査を継続的に行っている。

令和３年に開始した荷主と物流事業者との取引に関する調査では、公正取引委員会は、同年 10 月８日に荷主３万名に対し、令和４年１月 14 日に物流事業者４万名に対し、それぞれ書面調査を開始した。書面調査等を踏まえ、エネルギー等のコスト上昇分の転嫁拒否が疑われる事案について、荷主 19 名に対する立入調査を実施し、同年５月 25 日、調査結果を取りまとめ、公表した。同調査においては、独占禁止法上の問題につながるおそれのあった荷主 641 名に対し、具体的な懸念事項を明示した注意喚起文書を送付した。

○令和４年５月25日公表「荷主と物流事業者との取引に関する調査結果について」
https://warp.ndl.go.jp/info:ndljp/pid/12295683/www.jftc.go.jp/houdou/pressrelease/2022/may/220525_buttokuchousakekka.html

(4)　公正取引委員会の体制強化

公正取引委員会は、独占禁止法上の優越的地位の濫用に関する執行体制の更なる強化を図る観点から、令和４年５月 20 日、関係事業者に立入調査等を行う「優越Ｇメン」の体制を新たに創設した。

また、「物価高克服・経済再生実現のための総合経済対策」（令和４年 10 月 28 日閣議決定）において「中小企業等が価格転嫁しやすい環境の実現」に向けて「公正取引委員会等の執行体制を強化する」とされたことを踏まえ、同年 12 月９日、官房参事官（中小事業者等担当）及び経済取引局取引部企業取引課企画官の新設並びに定員 50 人の増員を緊急的に行った。

○令和４年５月20日公表「「優越Ｇメン」の体制創設について」

https://warp.ndl.go.jp/info:ndljp/pid/12295683/www.jftc.go.jp/houdou/pressrelease/2022/may/220520_01_gmen.html

○令和４年12月６日公表「物価高克服・経済再生実現のための総合経済対策等に基づく中小下請取引適正化に向けた執行強化のための緊急増員について」

https://warp.ndl.go.jp/info:ndljp/pid/12649209/www-orignsv.jftc.go.jp/houdou/pressrelease/2022/dec/221206jinjika.html

4　下請法の執行強化等

(1)　下請法違反行為の再発防止が不十分な事業者に対する取組の実施

公正取引委員会及び中小企業庁は、令和４年５月 20 日、下請法違反行為の再発防止が不十分と認められる事業者に対し下請法に基づく指導を行う際に、取締役会決議を経た上での改善報告書の提出を求めていくこととした。当委員会は、令和４年度においては、９件について改善報告書の提出を求めた。

○令和４年５月20日公表「下請法違反行為の再発防止が不十分な事業者に対する取組の実施について」

https://warp.da.ndl.go.jp/info:ndljp/pid/12295683/www.jftc.go.jp/houdou/pressrelease/2022/may/220520.html

(2)　下請取引の監督強化のための情報システムの構築

転嫁円滑化施策パッケージでは、下請法違反行為を行っているおそれが強い事業者を抽出し、優先的に下請法に基づく調査対象とするため、過去に実施した指導や勧告についての情報、関係省庁が提供する情報、申告情報などを一元的に管理できる情報システムを新たに構築することとされていたところ、公正取引委員会は、令和４年 10 月、当該情報システムの運用を開始した。

⑶ ソフトウェア業の下請取引等に関する実態調査報告書

昨今のＤＸ（Digital Transformation）化の流れを支えるソフトウェア業においては、多重下請構造型のサプライチェーンの中で、下請法上の買いたたき、仕様変更への無償対応要求といった違反行為の存在が懸念されたことから、公正取引委員会は、ソフトウェア業における２万1000名（資本金３億円以下）を対象としたアンケート調査、関係事業者・団体に対するヒアリング調査などによって、ソフトウェア業の下請取引等に関する実態調査を実施し、令和４年６月29日に報告書を取りまとめ、公表した。

○令和４年６月29日公表「ソフトウェア業の下請取引等に関する実態調査報告書について」

https://warp.da.ndl.go.jp/info:ndljp/pid/12649209/www.jftc.go.jp/houdou/pressrelease/2022/jun/220629_software.html

5 独占禁止法及び下請法の考え方の周知徹底等

⑴ 独占禁止法及び下請法の考え方の周知徹底

公正取引委員会は、令和４年１月26日、「下請代金支払遅延等防止法に関する運用基準」（平成15年公正取引委員会事務総長通達第18号。以下「下請法運用基準」という。）を改正するとともに、同年２月16日、当委員会ウェブサイトに掲載している「よくある質問コーナー（独占禁止法）」に新たにＱ＆Ａを追加し、労務費、原材料費、エネルギーコスト等のコストの上昇分を取引価格に反映せず、従来どおりに取引価格を据え置くことは、下請法上の買いたたき又は独占禁止法上の優越的地位の濫用の要件の一つに該当するおそれがあり、後記の①及び②の二つの行為がこれに該当することを明確化した。

① 労務費、原材料価格、エネルギーコスト等のコストの上昇分の取引価格への反映の必要性について、価格の交渉の場において明示的に協議することなく、従来どおりに取引価格を据え置くこと

② 労務費、原材料価格、エネルギーコスト等のコストが上昇したため、取引の相手方が取引価格の引上げを求めたにもかかわらず、価格転嫁をしない理由を書面、電子メール等で取引の相手方に回答することなく、従来どおりに取引価格を据え置くこと

※下請法運用基準は、前記の「取引の相手方」を「下請事業者」としている。

前記の下請法運用基準の改正等において、

・ ①に該当する行為については、多くの場合、発注者のほうが取引上の立場が強く、受注者からはコスト上昇が生じても価格転嫁を言い出しにくい状況にあることを踏まえ、積極的に発注者からそのような協議の場を設けることが円滑な価格転嫁を進める観点から有効かつ適切であることから、明示的に協議を行わないことを、

・ ②に該当する行為については、受注者からコスト上昇を踏まえた取引価格引上げの要請があったにもかかわらず、受け入れない場合には、その理由については書面等の

形に残る方法で伝えることが円滑な価格転嫁を進める上では有効かつ適切であることから、書面等による回答を行わないことを、

それぞれ下請法上の買いたたき又は独占禁止法上の優越的地位の濫用の要件の一つに該当するおそれがある行為として挙げている。

公正取引委員会は、前記の下請法運用基準及び独占禁止法Ｑ＆Ａについて、関係省庁とも連携しつつ、後記アからウまでのとおり、改めて事業者、事業者団体等向けの周知徹底を図った。

ア　円滑な価格転嫁に向けた要請

公正取引委員会は、令和５年３月 15 日、円滑な価格転嫁の実現に向けて、積極的な協議を後押しする観点から、前記(1)に記載の考え方の周知等について、関係事業者団体約 1,600 団体に対し、公正取引委員会委員長の文書をもって要請した。

○令和５年３月15日公表「円滑な価格転嫁の実現に向けた関係事業者団体向け要請文書について」

https://www.jftc.go.jp/houdou/pressrelease/2023/mar/230315_youseibunsho.html

イ　経済団体等への働きかけ

公正取引委員会は、発注側の大企業、受注側の中小事業者等を含め、取引の当事者となる事業者への周知徹底を図るため、令和５年２月以降、経済団体等との意見交換の場を設けて、傘下の団体、事業者等への周知について働きかけを行った。

ウ　ウェブサイト等を通じた周知

令和５年１月 31 日、政府インターネットテレビに、下請法を解説する新たな動画「下請事業者を守る下請法」を掲載し、その中に、発注者から積極的に価格転嫁に向けた協議の場を設けていくことが重要である旨を盛り込んだ。

(2)　相談対応の強化

公正取引委員会では、相談窓口において、下請法及び優越的地位の濫用に係る相談を受け付けている。令和４年度においては、下請法に関する相談が１万 4003 件、優越的地位の濫用に関する相談が 2,098 件の合計１万 6101 件の相談に対応した。また、令和３年９月８日、「不当なしわ寄せに関する下請相談窓口」を設置し、当該相談窓口ではフリーダイヤル経由で電話相談に対応した。さらに、中小事業者等からの要望に応じ、下請法及び優越的地位の濫用について基本的な内容を分かりやすく説明するとともに相談受付を行うためのオンライン相談会を実施した。

⑶　不当なしわ寄せ防止に向けた普及啓発活動の拡充・強化

ア　下請取引適正化推進月間に関する取組

公正取引委員会は、中小企業庁と共同して、毎年11月を「下請取引適正化推進月間」と定め、下請取引適正化の推進に関する講習を実施するなどの普及啓発活動を実施している。令和４年度においては、各種媒体を通じた広報やポスターの掲示に加え、下請取引適正化推進講習会テキストの内容を繰り返し習得できる動画を配信した。

○下請取引適正化推進講習動画

https://warp.ndl.go.jp/info:ndljp/pid/12649209/www.jftc.go.jp/event/kousyukai/r3_suishinkousyuukai_douga.html

イ　親事業者に対する下請法遵守のための年末要請

年末にかけての金融繁忙期においては、下請事業者の資金繰り等について厳しさが増すことが懸念されることから、公正取引委員会及び経済産業省は、下請法の遵守の徹底等について、公正取引委員会委員長及び経済産業大臣の連名の文書で要請している。令和４年度においては、関係事業者団体1,650団体に対し、令和４年11月25日に要請を行った。

○令和４年11月25日公表「下請取引の適正化について」

https://warp.ndl.go.jp/info:ndljp/pid/12649209/www-origsv.jftc.go.jp/houdou/pressrelease/2022/nov/221125.html

ウ　下請代金の支払の適正化に向けた取組

公正取引委員会及び中小企業庁は、令和６年を目途として、サイトが60日を超える手形等を下請法の割引困難な手形等に該当するおそれがあるものとして指導の対象とすることを前提に、下請法の運用の見直しを検討することとしているところ、令和５年２月22日、手形等のサイトの短縮化の更なる促進を図るため、令和３年度に引き続き、当委員会及び中小企業庁の連名で、サイトが60日を超える手形等により下請代金を支払っているとした親事業者約6,000名に対し、可能な限り速やかに手形等のサイトを60日以内に短縮することを要請した。

○令和５年２月22日公表「手形等のサイトの短縮について」

https://warp.ndl.go.jp/info:ndljp/pid/12649209/www-orignsv.jftc.go.jp/houdou/pressrelease/2023/feb/230222_Tegatatounosaitonotanshukunituite.html

エ　コンプライアンス確立への積極的支援・下請取引等改善協力委員への意見聴取

公正取引委員会は、①下請法等に関する基礎知識を習得することを希望する者を対象とした基礎講習、②下請法等に関する基礎知識を有する者を対象とした事例研究を中心とした応用的な内容に関する応用講習、③業種ごとの実態に即した分かりやすい具体例を用いて説明を行う業種別講習、④事業者団体が開催する研修会等への出講を実施しているところ、令和４年度においても、これらの取組を実施した。

また、公正取引委員会は、下請法等の効果的な運用に資するため、各地域の下請取引等の実情に明るい中小事業者等に下請取引等改善協力委員を委嘱しているところ、令和４年度においては、下請取引等改善協力委員から、労務費、原材料費、エネルギーコストの上昇に伴う下請代金の見直し等について意見聴取を行った。

第10章　消費税転嫁対策特別措置法に関する業務

第１　概説

消費税転嫁対策特別措置法は、消費税率の引上げに際し、消費税の円滑かつ適正な転嫁を確保することを目的として、平成25年６月５日に成立し、同年10月１日に施行された。

消費税転嫁対策特別措置法は、消費税の転嫁拒否等の行為の是正に関する特別措置を定めており、平成26年４月１日以後に特定供給事業者から受ける商品又は役務の供給に関して、特定事業者の禁止行為として、①減額又は買いたたき（第３条第１号）、②商品購入、役務利用又は利益提供の要請（第３条第２号）、③本体価格での交渉の拒否（第３条第３号）、④報復行為（第３条第４号）を定め、公正取引委員会は、その特定事業者に対し、これらの行為を防止し、又は是正するために必要な指導又は助言をする旨を定め（第４条）、また、これらの消費税の転嫁拒否等の行為（以下「転嫁拒否行為」という。）が認められた場合には、速やかに消費税の適正な転嫁に応じることその他必要な措置を採るべきことを勧告する旨を定めている（第６条）。

なお、消費税転嫁対策特別措置法は、令和３年３月31日をもって失効したが、同法附則第２条第２項の規定に基づき、失効前に行われた違反行為に対する調査、指導、勧告等の規定については、失効後もなお効力を有するとされていることから、失効前に行われた転嫁拒否行為には、引き続き迅速かつ的確に対処していく。

第２　消費税の転嫁拒否等の行為の是正に関する特別措置

1　転嫁拒否行為に関する情報収集

(1)　相談窓口における対応

公正取引委員会は、本局及び全国の地方事務所等に相談窓口を設置しており、当該窓口において転嫁拒否行為等に関する事業者からの相談や情報提供を一元的に受け付けている。

令和４年度においては、292件の相談に対応した。

(2)　下請法の書面調査の活用

公正取引委員会は、下請法の書面調査を通じて得られた転嫁拒否行為に関する情報について、速やかに調査を行った。

(3)　下請法との一体的な運用

公正取引委員会は、消費税転嫁対策特別措置法に基づく調査において、下請法に違反する事実（発注書面不交付・不備、受領拒否、割引困難な手形の交付等）が判明した場合には、下請法に基づき速やかに調査を行った。

2　転嫁拒否行為に対する調査・措置等

⑴　転嫁拒否行為に対する勧告及び指導件数

公正取引委員会は、様々な情報収集活動によって把握した情報を踏まえ、立入検査等の調査を積極的に実施し、転嫁拒否行為に対しては、指導により転嫁拒否行為に係る不利益の回復等の必要な改善措置を講ずるよう迅速かつ的確に対処している。また、重大な転嫁拒否行為が認められた場合には勧告を行うとともに、違反行為を行った特定事業者の名称、違反行為の概要等を公表している。

令和４年度においては、161件について指導を行った（第１表参照）。

第１表　転嫁拒否行為に対する勧告及び指導件数

（単位：件）

	勧告	指導
令和4年度	0（ 0）	161（ 10）
令和3年度	0（ 0）	244（ 10）
累　計（注1）	59（13）	3,844（209）

（注１）平成25年10月から令和５年３月までの累計である。
（注２）（　）内の件数は、大規模小売事業者に対する勧告又は指導の件数で内数である。

第２表　勧告及び指導件数の内訳（業種別）

（単位：件）

業種	令和4年度			令和3年度			累計（注3）		
	勧告	指導	合計	勧告	指導	合計	勧告	指導	合計
建設業	0	23	23	0	25	25	5	457	462
製造業	0	19	19	0	36	36	2	841	843
情報通信業	0	20	20	0	33	33	9	342	351
運輸業（道路貨物運送業等）	0	7	7	0	10	10	2	197	199
卸売業	0	11	11	0	11	11	1	265	266
小売業	0	14	14	0	21	21	13	416	429
不動産業	0	6	6	0	11	11	9	209	218
技術サービス業（広告・建築設計業等）	0	5	5	0	10	10	1	170	171
学校教育・教育支援業	0	12	12	0	36	36	4	128	132
その他（注4）	0	44	44	0	51	51	13	819	832
合　計	0	161	161	0	244	244	59	3,844	3,903

（注３）平成25年10月から令和５年３月までの累計である。
（注４）「その他」は、娯楽業、金融・保険業等である。
（注５）複数の業種にわたる場合は、当該事業者の主たる業種により分類している。

⑵　行為類型別件数

令和４年度において指導が行われた違反行為を行為類型別にみると、減額（消費税転嫁対策特別措置法第３条第１号前段）が19件、買いたたき（同法第３条第１号後段）が157件となっている（第３表参照）。

第３表　勧告及び指導件数の内訳（行為類型別）

（単位：件）

行為類型	令和4年度			令和3年度			累計（注6）		
	勧告	指導	合計	勧告	指導	合計	勧告	指導	合計
減額	0	19	19	0	30	30	6	433	439
買いたたき	0	157	157	0	234	234	57	3,411	3,468
役務利用又は利益提供の要請	0	0	0	0	0	0	0	70	70
本体価格での交渉の拒否	0	0	0	0	0	0	0	275	275
勧告・指導件数（注7）	0	161	161	0	244	244	59	3,844	3,903

（注６）平成25年10月から令和５年３月までの累計である。
（注７）１事業者に対して複数の行為について措置を採っている場合があるため、各行為類型の件数の合計値は、「勧告・指導件数」と一致しない。

⑶　特定供給事業者が被った不利益の原状回復の状況

令和４年度においては、転嫁拒否行為によって特定供給事業者が被った不利益について、特定事業者215名から、特定供給事業者7,077名に対し、総額４億1497万円の原状回復が行われた（第４表参照）。

第４表　特定供給事業者が被った不利益の原状回復の状況

	令和4年度	令和3年度	累計（注8）
原状回復を行った特定事業者数	215名	230名	2,484名
原状回復を受けた特定供給事業者数	7,077名	14,642名	298,234名
原状回復額（注9）	4億1497万円	5億9670万円	92億629万円

（注８）平成26年４月から令和５年３月までの累計である。
（注９）原状回復額は１万円未満を切り捨てている。

3　主な指導事例

令和４年度における主な指導事例は次のとおりである。

業種	違反行為の概要	関係法条
小売業	大規模小売事業者であり、スーパーマーケット等を運営するＡ社は、店舗又は駐車場の賃貸人（特定供給事業者）に対し、賃料を本体価格で定めているところ、令和元年10月分以後、本体価格に旧税率（8%）を適用して支払うことにより、本体価格に新税率（10%）を適用した消費税込みの金額から減じていた。	第3条第1号前段（減額）
小売業	大規模小売事業者であり、家電量販店等を運営するＢ社は、広告宣伝業務又は電気保安管理業務を委託している事業者（特定供給事業者）に対し、令和元年10月以後の消費税込みの委託代金について、消費税率の引上げ分を上乗せすることなく、据え置いていた。	第3条第1号後段（買いたたき）

業　種	違　反　行　為　の　概　要	関係法条
情報通信業	音楽配信サービスを運営するＣ社は、自社のホームページに掲載するコンテンツのための取材及び撮影業務を委託している事業者（特定供給事業者）に対し、令和元年10月以後の消費税込みの委託代金について、消費税率の引上げ分を上乗せした額よりも低く定めていた。	第3条第1号後段（買いたたき）
教育、学習支援業	学校法人Ｄは、給食の提供、学校事務、研究倫理審査、資料作成又はバス運転代行に係る業務を委託している事業者（特定供給事業者）に対し、令和元年10月以後の消費税込みの委託代金について、消費税率引上げ分を上乗せすることなく、据え置いていた。	第3条第1号後段（買いたたき）

4　消費税の転嫁拒否等の行為に係る考え方の周知

(1)　「消費税の転嫁拒否等の行為に関するよくある質問」の掲載

公正取引委員会は、消費税転嫁対策特別措置法の運用を踏まえて、「消費税の転嫁拒否等の行為に関するよくある質問」を作成の上、当委員会ウェブサイト上に掲載している。

(2)　消費税転嫁対策特別措置法の失効後における転嫁拒否等の行為に係る考え方

消費税転嫁対策特別措置法は、令和３年３月31日をもって失効したが、失効後における転嫁拒否行為に関して、特に注意すべき点について、独占禁止法及び下請法の考え方をＱ＆Ａ形式で示した「消費税転嫁対策特別措置法の失効後における消費税の転嫁拒否等の行為に係る独占禁止法及び下請法の考え方に関するＱ＆Ａ」を作成し、当委員会ウェブサイト上に掲載している。

第11章　国際関係業務

第１　独占禁止協力協定等

近年、複数の国・地域の競争法に抵触する事案、複数の国・地域の競争当局が同時に審査を行う必要のある事案等が増加するなど、競争当局間の協力・連携の強化の必要性が高まっている。このような状況を踏まえ、公正取引委員会は、二国間独占禁止協力協定等に基づき、関係国の競争当局に対して執行活動等に関する通報を行うなど、外国の競争当局との間で緊密な協力を行っている。我が国が署名・締結した独占禁止協力協定は、第１表のとおりである。

また、公正取引委員会は、競争当局間の協力・連携の強化に向けて、競争当局間の協力に関する覚書等を締結しており、令和４年度も外国の競争当局との覚書の署名に向けた交渉を行った。

第１表　我が国が署名・締結した独占禁止協力協定

協定名	状況
日米独占禁止協力協定	平成 11 年 10 月署名 平成 11 年 10 月発効
日欧州共同体独占禁止協力協定	平成 15 年 7 月署名 平成 15 年 8 月発効
日加独占禁止協力協定	平成 17 年 9 月署名 平成 17 年 10 月発効

第２　競争当局間協議

公正取引委員会は、我が国と経済的交流が特に活発な国・地域の競争当局等との間で競争政策に関する協議を定期的に行っている。令和４年度における協議の開催状況は、第２表のとおりである。

第２表　令和４年度における競争当局間協議の開催状況

	期日及び場所	相手当局
フランス	令和4年6月9日　東京（ウェブ会談）	フランス競争委員会
オーストラリア	令和4年8月2日　東京（ウェブ会談）	オーストラリア競争・消費者委員会
米国	令和4年10月11日　ドイツ・ベルリン（対面）	米国連邦取引委員会
米国	令和4年10月11日　ドイツ・ベルリン（対面）	米国司法省反トラスト局

第３　経済連携協定等への取組

近年における経済のグローバル化の進展と並行して、地域貿易の強化のため、現在、多くの国が、経済連携協定や自由貿易協定の締結又は締結のための交渉を行っている。令和４年度においては、インド太平洋経済枠組み（ＩＰＥＦ）の締結交渉に参加した。

競争政策の観点からは、経済連携協定等が市場における競争を一層促進するものとなることが重要であり、公正取引委員会は、このような観点から我が国の経済連携協定等の締結に関する取組に参画している。我が国がこれまでに署名・締結した発効済み経済連携協定のうち、第３表に掲げるものには、競争に関する規定が設けられ、両国が反競争的行為に対する規制の分野において協力することが盛り込まれている。

第３表　我が国が署名・締結した発効済み経済連携協定のうち競争に関する規定が設けられているもの

協定名	状況
日・シンガポール経済連携協定	平成14年1月署名 平成14年11月発効（注1）
日・メキシコ経済連携協定	平成16年9月署名 平成17年4月発効
日・マレーシア経済連携協定	平成17年12月署名 平成18年7月発効
日・フィリピン経済連携協定	平成18年9月署名 平成20年12月発効
日・チリ経済連携協定	平成19年3月署名 平成19年9月発効
日・タイ経済連携協定	平成19年4月署名 平成19年11月発効
日・インドネシア経済連携協定	平成19年8月署名 平成20年7月発効
日・ＡＳＥＡＮ包括的経済連携協定	平成20年4月署名（注2） 平成20年12月発効（注3）
日・ベトナム経済連携協定	平成20年12月署名 平成21年10月発効
日・スイス経済連携協定	平成21年2月署名 平成21年9月発効
日・インド包括的経済連携協定	平成23年2月署名 平成23年8月発効
日・ペルー経済連携協定	平成23年5月署名 平成24年3月発効

協定名	状況
日・オーストラリア経済連携協定	平成26年7月署名 平成27年1月発効
日・モンゴル経済連携協定	平成27年2月署名 平成28年6月発効
環太平洋パートナーシップに関する包括的及び先進的な協定（ＴＰＰ11 協定）	平成30年3月署名（注4） 平成30年12月発効（注5）
日・ＥＵ経済連携協定	平成30年7月署名 平成31年2月発効
日・英包括的経済連携協定	令和2年10月署名 令和3年1月発効
地域的な包括的経済連携協定（ＲＣＥＰ協定）	令和2年11月署名（注6） 令和4年1月発効（注7）

（注1）平成19年3月に両国間で見直しのための改正議定書が署名され、同年9月に発効した。競争に関する章については、実施取極において、シンガポール側における競争法導入及び競争当局設立に伴う修正が行われた。

（注2）平成20年4月に我が国及び全ＡＳＥＡＮ加盟国の署名が完了した。

（注3）我が国とシンガポール、ラオス、ベトナム及びミャンマーとの間では平成20年12月に、ブルネイとの間では平成21年1月に、マレーシアとの間では同年2月に、タイとの間では同年6月に、カンボジアとの間では同年12月に、インドネシアとの間では平成22年3月に、フィリピンとの間では同年7月に発効した。

（注4）平成28年2月に、我が国のほか、オーストラリア、ブルネイ、カナダ、チリ、マレーシア、メキシコ、ニュージーランド、ペルー、シンガポール、米国及びベトナムにより環太平洋パートナーシップ（Trans-Pacific Partnership）協定が署名された。その後、米国が離脱を表明したことを受けて、平成30年3月、米国を除く11か国によりＴＰＰ11協定（Comprehensive and Progressive Agreement for Trans-Pacific Partnership）が署名された。

（注5）ＴＰＰ11協定は、我が国、オーストラリア、カナダ、メキシコ、ニュージーランド、シンガポール及びベトナムの7か国が国内手続を完了したことにより、平成30年12月に同7か国について発効した。その後、令和3年9月にペルー、令和4年11月にマレーシア、令和5年2月にチリについてそれぞれ発効した。

（注6）令和2年11月に、我が国のほか、ブルネイ、カンボジア、インドネシア、ラオス、マレーシア、ミャンマー、フィリピン、シンガポール、タイ、ベトナム、中国、韓国、オーストラリア及びニュージーランドによりＲＣＥＰ協定が署名された。

（注7）ＲＣＥＰ協定は、少なくとも6のＡＳＥＡＮ加盟国である署名国及び少なくとも3のＡＳＥＡＮ加盟国でない署名国が批准等をすることにより発効することとなっている。令和3年11月に同発効基準を満たしたことから、令和4年1月に批准等を終えた10か国（我が国、ブルネイ、カンボジア、ラオス、シンガポール、タイ、ベトナム、中国、オーストラリア及びニュージーランド）について発効し、その後、同年2月に韓国、同年3月にマレーシア、令和5年1月にインドネシアについてそれぞれ発効した。

第4　多国間関係

1　国際競争ネットワーク（ＩＣＮ：International Competition Network）

(1)　ＩＣＮの概要

ＩＣＮは、競争法執行における手続面及び実体面の収れんを促進することを目的として平成13年10月に発足した各国・地域の競争当局を中心としたネットワークであり、令和４年度末現在、132か国・地域から143の競争当局が加盟している。また、国際機関、研究者、弁護士等の非政府アドバイザー（ＮＧＡ：Non-Governmental Advisors）もＩＣＮに参加している。

ＩＣＮは、主要な21の競争当局の代表者で構成される運営委員会（Steering Group）により、その活動全体が管理されている。公正取引委員会委員長は、ＩＣＮの設立以来、運営委員会のメンバーとなっている。

ＩＣＮは、運営委員会の下に、テーマごとに、①カルテル作業部会、②企業結合作業部会、③単独行為作業部会、④アドボカシー作業部会及び⑤当局有効性作業部会の五つの作業部会並びにＩＣＮの組織及び運営等に関する作業部会を設置している。これらの作業部会においては、ウェブ会議、質問票、各国・地域の競争当局からの書面提出等を通じて、それぞれの課題に対する検討が行われているほか、テーマごとにワークショップが開催されている。公正取引委員会は、これらの活動に積極的に取り組んでおり、令和２年５月から単独行為作業部会の共同議長を務めている。

また、ＩＣＮは、これらの作業部会の成果の報告、次年度のワークプランの策定等のため、年次総会を開催している。第21回年次総会は、令和４年５月４日から同月６日までハイブリッド形式（対面形式及びウェブ形式が同時に開催される形式をいう。以下同じ。）で開催され、公正取引委員会委員及び事務総局の職員がスピーカーとして参加した。

令和４年度における主な会議の開催状況は、第４表のとおりである。

第４表　令和４年度におけるＩＣＮの主な会議の開催状況

会議	期日	形式
第21回年次総会	令和4年5月4日～6日	ハイブリッド形式（ドイツ連邦カルテル庁主催）
カルテルワークショップ	令和4年12月6日～8日	ハイブリッド形式（ニュージーランド商務委員会主催）
単独行為ワークショップ	令和5年3月7日～8日	ハイブリッド形式（公正取引委員会主催）

⑵　各作業部会の活動状況

令和４年度における各作業部会の活動状況は、次のとおりである。

ア　カルテル作業部会

カルテル作業部会は、反カルテル執行における国内的及び国際的な諸問題に対処することを目的として設置された作業部会である。同作業部会には、ハードコア・カルテルの定義等の基本的な概念等について検討を行う一般的枠組みサブグループ（ＳＧ１）及び個別の審査手法に関する情報交換等を通じてカルテルに対する法執行の効率性を高めることを目的とした審査手法サブグループ（ＳＧ２）が設置されている。

第21回年次総会以降、ＳＧ１においては、「カルテル及び入札談合の刑事罰化」、「カルテル事件審査における課題」、「立入検査の方法等」及び「電子証拠収集等」をテーマとしたオンラインセミナーが開催され、公正取引委員会事務総局の職員が参加した。このうち「カルテル及び入札談合の刑事罰化」、「カルテル事件審査における課題」及び「立入検査の方法等」をテーマとしたオンラインセミナーでは、当委員会事務総局の職員がスピーカーを務めた。このほか、前記のテーマのうち「カルテル及び入札談合の刑事罰化」については、当委員会は、アジア太平洋地域に所在する競争当局が参加しやすい時間帯にオンラインセミナーを主催し、当委員会事務総局の職員がモデレーターを務めた。

ＳＧ２においては、公正取引委員会は、平成27年に当委員会の主導により設立された「非秘密情報の交換を促進するためのフレームワーク」について、引き続きその運用を行うとともに、利用促進を図っている。

また、令和４年12月、「変化する世界への対応」をテーマとしたカルテルワークショップがハイブリッド形式で開催され、公正取引委員会事務総局の職員がスピーカーとして参加した。

イ　企業結合作業部会

企業結合作業部会は、企業結合審査の効率性を高めるとともに、その手続面及び実体面の収れんを促進し、国際的企業結合の審査を効率化することを目的として設置された作業部会である。

第21回年次総会以降、同作業部会においては、同作業部会の成果物である「企業結合審査に関して推奨される慣行」のうち、「参入と拡大」の章の改定に向けた作業が行われているほか、令和４年10月には、「非水平型企業結合」の章の新設に向けた準備作業が開始されている。また、公正取引委員会は、平成24年に当委員会の主導により同作業部会の下に設立された「企業結合審査に係る国際協力のためのフレームワーク」について、引き続きその運用を行うとともに、利用促進を図っている。

加えて、「企業結合審査における、データのコントロール、市場支配力及び潜在的競争の評価」をテーマにしたオンラインセミナーが開催され、公正取引委員会事務総局の職員がスピーカーを務めた。また、「デジタル分野の企業結合」をテーマとした一連のオンラインセミナーが開催された。

ウ　単独行為作業部会

単独行為作業部会は、事業者による反競争的単独行為に対する規制の在り方等について議論することを目的として設置された作業部会である。

第21回年次総会以降、同作業部会においては、共同議長である公正取引委員会が主導して、競争制限のメカニズムの分析等の論点を検討することを目的とし、「デジタル市場における市場支配的地位又は実質的市場支配力を伴う単独行為に係る競争制限のメカニズムの分析及び是正措置の設計」に係るアンケート調査の結果に基づく報告書の作成を行った。同報告書は、後記のワークショップにおける議論を経た後、令和５年３月15日の運営委員会において、ＩＣＮの成果物として承認された。

令和５年３月、公正取引委員会は、「現在の単独行為分野における競争政策と法執行の発展と課題」をテーマとしたワークショップを、ハイブリッド形式で東京において主催した。同ワークショップにおいて、当委員会委員長がオープニング・スピーチを行い、前記報告書について当委員会委員がプレゼンテーションを行った。これら以外にも、当委員会委員によるスピーチが行われたほか、当委員会事務総局の職員が、多くのセッションにモデレーター、スピーカーとして参加した。

このほかに、令和５年２月、「医薬品分野における支配的地位の濫用」をテーマにしたオンラインセミナーが開催された。

エ　アドボカシー作業部会

アドボカシー作業部会は、アドボカシー活動（競争唱導・提言）の有効性を向上させることを目的として設置された作業部会である。

第21回年次総会以降、同作業部会においては、アドボカシー活動ツールキットの更新等に向けた作業が行われたほか、各競争当局が実施した市場調査に関するデータベースである「インフォメーションストア」の更新作業が行われた。

また、「アドボカシーによる効果的なエンフォースメントの国際協力を可能にする取組」、「アドボカシー活動の有効性評価」、「企業に対する競争のメリットの説明に係る取組」及び「次年度プロジェクトの取組」をテーマにオンラインセミナーが開催され、このうち、「アドボカシーによる効果的なエンフォースメントの国際協力を可能にする取組」をテーマとしたオンラインセミナーでは、公正取引委員会事務総局の職員がスピーカーを務めたほか、「次年度プロジェクトの取組」をテーマとしたオンラインセミナーでは、競争当局と規制当局による共同ガイドラインの策定事例等の調査に係るプロジェクトを当委員会事務総局の職員が提案した。そのほか、競争当局の担当官向けにトレーニング教材を提供する「ＩＣＮトレーニングオンデマンド」において令和５年３月に公開された「広報活動」のビデオに、当委員会事務総局の職員がインタビュー形式で出演した。

さらに、第21回年次総会においては、世界銀行との共催で、各競争当局のアドボカシー活動の成功例に関する2022年アドボカシーコンテストも開催された。

オ　当局有効性作業部会

当局有効性作業部会は、競争政策の有効性に関する諸問題とその有効性を達成するために最もふさわしい競争当局の組織設計を検討することを目的として設立された作業部会である。

第21回年次総会以降、同作業部会においては、競争当局が明確な目標や戦略を定め、その進捗や有効性を評価するに当たってのベストプラクティスや経験に焦点を当てる「有効性の計画、監視、測定」に関する調査が実施された。

2　経済協力開発機構（ＯＥＣＤ）・競争委員会（ＣＯＭＰ：Competition Committee）

⑴　競争委員会は、ＯＥＣＤに設けられている各種委員会の一つであり、本会合のほか、その下に各種の作業部会を設け、随時会合を行っている。また、競争委員会の各種会合に加え、ＯＥＣＤ加盟国以外の国・地域の参加が可能な競争に関するグローバルフォーラムや、アジア太平洋地域の競争当局を対象としたハイレベル会合も随時開催されている。令和４年度における会議の開催状況は、後記⑵及び⑶のとおり（第５表参照）であり、公正取引委員会からは、委員等が出席し、我が国の経験を紹介するなどして、議論

に貢献した。

第５表　令和４年度における競争委員会の開催状況

期日	会議
令和4年6月20日～24日	第138回本会合、第73回第2作業部会（競争と規制）、第135回第3作業部会（協力と執行）
令和4年11月28日～12月2日	第139回本会合、第74回第2作業部会（競争と規制）、第136回第3作業部会（協力と執行）、第21回競争に関するグローバルフォーラム、第7回アジア太平洋競争当局ハイレベル会合

（注）前記会議は、全てハイブリッド形式である。

⑵　令和４年６月の第138回本会合においては、①「購買力と購入カルテル」に係るラウンドテーブル、②「デジタル経済において進化する市場支配力の概念」に係るラウンドテーブル、③「完了した企業結合事案の解消（経験と課題）」に係るラウンドテーブル、④「競争法の執行における行動洞察」に係るラウンドテーブル等が行われた。また、同年11月の第139回本会合においては、①「取締役の資格剥奪及び入札参加者の排除」に係るラウンドテーブル、②「競争とインフレーション」に係るラウンドテーブル等が行われた。

⑶　競争委員会に属する各作業部会、競争に関するグローバルフォーラム及びアジア太平洋競争当局ハイレベル会合の令和４年度における主要な活動は、次のとおりである。

ア　第２作業部会では、令和４年６月の会合において、「地域交通サービスの供給に係る競争と規制」に係るラウンドテーブル等が行われた。また、同年11月の会合においては、「エネルギー市場における競争」に係るラウンドテーブル等が行われた。

イ　第３作業部会では、令和４年６月の会合において、「競争法違反被疑事件審査における暫定措置」に係るラウンドテーブル等が行われた。また、同年11月の会合においては、「競争法の審査におけるデータスクリーニングツール」に係るラウンドテーブル等が行われた。

ウ　競争に関するグローバルフォーラムでは、令和４年12月の会合において、①「競争政策の目的」に係る議論、②「補助金、競争及び貿易」に係るラウンドテーブル、③「競争当局と規制当局の相互作用」に係るラウンドテーブル、④「濫用事件における制裁、是正措置及び確約」に係るラウンドテーブル等が行われた。

エ　アジア太平洋競争当局ハイレベル会合（令和４年11月）においては、「国際的な執行協力」に関する議論等が行われた。

3　東アジア競争政策トップ会合及び東アジア競争法・政策カンファレンス

東アジア競争政策トップ会合は、東アジア地域等における競争当局のトップ等が一堂に会し、その時々の課題や政策動向等について率直な意見・情報交換を行うことにより、東アジア地域等における競争当局間の協力関係を強化することを目的とするものである。同会合においては、競争法・政策の執行に係る課題等のテーマについて議論が行われている。

東アジア競争法・政策カンファレンスは、競争当局に加え、学界、産業界等からの出席者を交えて、競争法・政策に係るプレゼンテーション・質疑応答等を行い、東アジア地域における競争法・政策の普及・広報に寄与することを主要な目的とするものである。

公正取引委員会は、東アジア競争政策トップ会合及び東アジア競争法・政策カンファレンスにおいて主導的な役割を果たしている。

令和４年度においては、公正取引委員会は、９月にフィリピン・マニラにおいてフィリピンの競争当局等との共催により、第17回東アジア競争政策トップ会合及び第14回東アジア競争法・政策カンファレンスを開催した。

4　アジア太平洋経済協力（ＡＰＥＣ）

ＡＰＥＣにおいては、ＡＰＥＣ域内における競争政策についての理解を深め、貿易及び投資の自由化及び円滑化に貢献することを目的として、競争政策・競争法グループ（ＣＰＬＧ）が設置されている。公正取引委員会は、平成28年１月からＣＰＬＧの副議長を務めるなど、ＡＰＥＣにおける競争政策に関する取組に対して積極的に貢献を行っている。

令和４年度においては、公正取引委員会事務総局の職員が、同年11月にハイブリッド形式で開催された「競争政策と持続可能な開発」に係るワークショップにスピーカーとしてウェブ参加した。また、令和５年２月に米国・パームスプリングスで開催されたＣＰＬＧ会合において、アドボカシーとエンフォースメントの連携・強化に関する取組を含む我が国の競争政策の最近の動向等について報告するとともに、併せて開催された「効果的・効率的な競争法訴訟及び規制に関するアドボカシー」に係るワークショップにスピーカーとして参加した。

5　国連貿易開発会議（ＵＮＣＴＡＤ）

ＵＮＣＴＡＤにおいては、国際貿易、特に開発途上国の国際貿易と経済発展に悪影響を及ぼす制限的商慣行を特定して規制することにより、国際貿易と経済発展に資することを目的として採択された「制限的商慣行規制のための多国間の合意による一連の衡平な原則と規則」（以下「原則と規則」という。）に基づき、そのような制限的商慣行についての調査研究、情報収集等を行うために、競争法・政策に関する政府間専門家会合が設置されている。また、同会合のほか、原則と規則の全ての側面についてレビューを行う国連レビュー会合が５年に１回開催されている。

令和４年度には、７月20日から同月22日までスイス・ジュネーブにおいて第20回競争法・政策に関する政府間専門家会合がハイブリッド形式で開催され、公正取引委員会事務総局の職員が同会合にウェブ会議の方式で参加した。

6　Ｇ７エンフォーサーズ及びポリシーメイカーズサミット

令和４年５月11日に採択されたＧ７デジタル・技術大臣会合の大臣宣言において、「デジタル競争市場への支援」がうたわれ、また、デジタル市場における競争に関連した執行及び政策アプローチに関する交流を促進するための更なる議論が支持され、さらに、Ｇ７

の競争当局（注１）間の継続的な情報及び経験の交換が歓迎された。

これを受けて、ドイツ連邦カルテル庁及びドイツ連邦経済・気候保護省は、令和４年10月12日、ベルリンにおいて、Ｇ７の競争当局及び政策立案者のトップ等が出席する、「エンフォーサーズ及びポリシーメイカーズサミット」を開催した。同サミットには公正取引委員会委員長等が出席し、①「世界における法改正－共通のゴールと交差点」、②「競争法と他の法律・政策との交差点における法執行－必要性と摩擦」、③「デジタル分野における法執行－成功、ギャップ、新たなツール」といった議題について議論が行われた。

また、同サミットの開催に当たり、Ｇ７の競争当局及び令和３年のＧ７エンフォーサーズ・サミットに招待された国の競争当局（注２）は、デジタル市場における競争上の問題に対処するための各競争当局の活動を概観するとともに、共通の取組等に焦点を当てた「デジタル市場における競争を促進するための各当局の取組の要約（Compendium）」を共同で更新し、公表した。

（注１）競争・市場保護委員会（イタリア）、競争委員会（フランス）、連邦カルテル庁（ドイツ）、産業省競争局（カナダ）、競争・市場庁（英国）、司法省反トラスト局（米国）、連邦取引委員会（米国）、欧州委員会競争総局（EU）及び公正取引委員会（日本）のことをいう。

（注２）競争・消費者委員会（オーストラリア）、競争委員会（インド）、公正取引委員会（韓国）及び競争委員会（南アフリカ）のことをいう。

第５　海外の競争当局等に対する技術支援

近年、東アジア地域等の開発途上国において、競争法・政策の重要性が認識されてきていることに伴い、既存の競争法制を強化する動きや新たに競争法制を導入する動きが活発化しており、これらの国に対する技術支援の必要性が高まってきている。公正取引委員会は、独立行政法人国際協力機構（ＪＩＣＡ）を通じて、これらの国の競争当局等に対し、当委員会事務総局の職員の派遣や研修の実施等による競争法・政策分野における技術支援活動を行っている。また、平成28年９月から、ＡＳＥＡＮ競争当局者フォーラム及びインドネシアの競争当局の協力の下、当委員会は、日・ＡＳＥＡＮ統合基金（ＪＡＩＦ）を活用した技術支援プロジェクトを実施しており、我が国における研修やＡＳＥＡＮ加盟国における現地ワークショップ等を開催している。

公正取引委員会による開発途上国に対する具体的な技術支援の概要は、次のとおりである。

1　ＪＩＣＡの枠組みによる技術支援

(1)　ベトナムに対する技術支援

公正取引委員会は、令和元年11月から令和４年７月まで、当委員会事務総局の職員１名をＪＩＣＡ長期専門家としてベトナムの競争当局に累次派遣し、現地における技術支援を実施した。また、当委員会は、長期専門家が同４年５月20日及び６月９日に開催した現地公開セミナーを支援したほか、同年７月21日にベトナム・ハノイにおいて開催された現地セミナーに当委員会事務総局の職員を派遣し、同年６月９日及び10日並びに同年10月12日に、ベトナムの競争当局の職員等に対してオンライン研修を実施した。さらに、当委員会は、同年11月９日から同月15日にかけてベトナムの競争当局の職員等15名を我が国に招へいし、競争法・政策に関する研修を実施した。

⑵　モンゴルに対する技術支援

公正取引委員会は、令和５年１月18日から同月24日にかけてモンゴルの競争当局の職員等16名を我が国に招へいし、競争法・政策に関する研修を実施した。また、当委員会は、令和４年４月27日に、モンゴルの競争当局の職員に対してオンライン研修を実施した。

⑶　マレーシアに対する技術支援

公正取引委員会は、令和４年11月から、当委員会事務総局の職員１名をＪＩＣＡ長期専門家としてマレーシアの競争当局に派遣し、現地における技術支援を実施している。また、当委員会は、令和５年３月14日から同月16日にかけて、マレーシア・クアラルンプールにおいて開催された現地セミナーに当委員会事務総局の職員を派遣した。

⑷　タイに対する技術支援

公正取引委員会は、令和３年11月から、当委員会事務総局の職員１名をＪＩＣＡ長期専門家としてタイの競争当局に派遣し、現地における技術支援を実施している。また、当委員会は、令和４年８月２日、同月８日、同年10月18日、同年11月29日及び令和５年２月14日に、タイ・バンコクにおいて開催された現地セミナーに当委員会事務総局の職員を派遣した。さらに、令和４年６月１日に、タイの競争当局の職員に対してオンライン研修を実施した。

⑸　課題別研修

公正取引委員会は、平成６年度以降、競争法制を導入しようとする国や既存の競争法制の強化を図ろうとする国の競争当局の職員等を我が国に招へいし、競争法・政策に関する研修を実施している。令和４年度においては、開発途上国７か国から８名の参加を得て、同年11月28日から同年12月９日まで東京及び近畿地区において実施した。

2　ＪＡＩＦを活用した技術支援

公正取引委員会は、平成31年１月に開始したＪＡＩＦを活用した技術支援プロジェクト第２期を支援してきたところ、令和４年度は、我が国及びＡＳＥＡＮ加盟国における競争法専門家とともにＡＳＥＡＮ加盟国における競争法に係るピアレビューを完了し、当該プロジェクト第２期は令和４年10月をもって終了した。

3　その他の技術支援

公正取引委員会は、令和４年６月30日にシンガポールの競争当局の職員に対して、同年８月29日にインドネシアの競争当局の職員に対して、また、令和５年２月20日にウクライナの競争当局の職員に対して、オンラインセミナーを実施した。

第６　海外調査

公正取引委員会は、競争政策の企画・運営に資するため、諸外国・地域の競争政策の動向、競争法制及びその運用状況等について情報収集や調査研究を行っている。令和４年度においては、米国、ＥＵ、その他主要なＯＥＣＤ加盟諸国やアジア各国を中心として、競争当局の政策動向、競争法関係の立法活動等について調査を行い、その内容の分析及びウェブサイト等による紹介に努めた。

第７　海外への情報発信

公正取引委員会は、我が国の競争政策の状況を広く海外に周知することにより当委員会の国際的なプレゼンスを向上させるため、報道発表資料や所管法令・ガイドライン等を英訳し、当委員会の英文ウェブサイトに掲載している。令和４年度においては、前年度に引き続き、英語版報道発表資料等の一層の充実及び速報化に努めた。

このほか、諸外国・地域の競争当局、弁護士会等が主催するセミナー等に積極的に公正取引委員会委員及び事務総局の職員を派遣するなどの活動を行っている。令和４年度においては、同年４月に米国・ワシントンＤ．Ｃ．で開催されたＡＢＡ（全米法曹協会）春季会合、同年９月に米国・ワシントンＤ．Ｃ．で開催されたジョージタウン大学反トラスト法執行シンポジウム、米国・ニューヨークで開催されたフォーダム競争法研究所ワークショップ、同年10月にウェブ形式で開催されたAntitrust in Asia、令和５年１月に米国・パロアルトで開催されたThe Tech Antitrust Conference及び同年３月に米国・ワシントンＤ．Ｃ．で開催されたＡＢＡ（全米法曹協会）春季会合に、それぞれ当委員会委員がスピーカーとして参加した。

また、令和４年８月にシンガポールで開催されたＧＣＲ（Global Competition Review) Live Law Leaders Asia-Pacificに、同年12月にシンガポールで開催されたAntitrust in Asiaに、それぞれ公正取引委員会事務総局の職員がスピーカーとして参加した。

第12章 広報・広聴等に関する業務

第１ 広報・広聴

1 概要

公正取引委員会は、独占禁止法等に対する企業関係者の理解を深めて同法等の違反行為の未然防止を図るとともに、今後の競争政策の有効かつ適切な推進に資するため、広く国民に情報提供を行い、国民各層からの意見、要望の把握、小中学生を含めた幅広い国民各層の競争政策に対する理解の増進に努めているところである。広報・広聴業務の主なものは、次のとおりである（海外向け広報については第11章第７参照）。

2 記者会見

事務総長定例記者会見を毎週水曜日に開催している。

3 報道発表

公正取引委員会は、独占禁止法違反事件に対する法的措置、企業結合に係る審査結果、独占禁止法を始めとする関係法令に係る各種ガイドライン、実態調査報告書等の内容について、幅広く報道発表を行っている。令和４年度においては、372件の報道発表を行った。

なお、特定のテーマについては、報道発表のほか政府広報を利用した広報を行っている。

4 講師派遣

事業者団体等の要請に対応して、講演会、研修会等に職員を講師として派遣し、独占禁止法等について広報を行った。

5 各委員制度等及びその運用状況

(1) 独占禁止政策協力委員制度

競争政策への理解の促進と地域の経済社会の実状に即した政策運営に資するため、平成11年度から、独占禁止政策協力委員制度を設置し、公正取引委員会に対する独占禁止法等の運用や競争政策の運営等に係る意見・要望の聴取等を行っている。令和４年度においては、各地域の有識者150名に対して独占禁止政策協力委員を委嘱し、意見聴取等を150件実施した。

(2) 消費者アドバイザー

競争政策は、一般消費者に多様な選択肢を提供することを通じ、最終的には一般消費者の利益を確保することを目的とするものであることを踏まえ、平成30年５月以降、主要消費者団体の推薦を得て、消費者アドバイザーを委嘱している。消費者アドバイザーからは、最近の消費者問題の動向や独占禁止法及び競争政策に関連すると思われる消費者問題に関する知見を聴取すること等によって、公正取引委員会の行政運営等にいかすこととしている。令和４年度においては、９名の消費者アドバイザーから意見聴取を実施した。

⑶　その他の制度

公正取引委員会は、独占禁止政策協力委員制度のほか、下請取引等改善協力委員制度、独占禁止法相談ネットワーク制度等を通じて、事業者等に対して当委員会の活動状況等について広報を行うとともに、意見・要望等を聴取し、施策の実施の参考としている。

6　各種懇談会等の実施

⑴　独占禁止懇話会

ア　概要

経済社会の変化に即応して競争政策を有効かつ適切に推進するため、公正取引委員会が広く各界の有識者と意見を交換し、併せて競争政策の一層の理解を求めることを目的として、昭和43年度以降、毎年開催している。

イ　開催状況

令和４年度においては、独占禁止懇話会を３回開催した。

⑵　経済団体及び消費者団体との意見交換会

ア　概要

経済団体及び消費者団体との意見交換会を通して、公正取引委員会の取組についてより一層の理解を求め、また、幅広く意見及び要望を把握して今後の競争政策の有効かつ適切な推進を図るとともに、これら団体と継続的な関係を構築することを目的として実施している。

イ　開催状況

令和４年度においては、経済団体との意見交換会を１回実施したほか、消費者団体11団体と意見交換会を実施した。そのほか、経済団体等に対しガイドラインや実態調査結果等について説明を行った。

⑶　地方有識者との懇談会

ア　概要

地方有識者と公正取引委員会の委員等との懇談会及び講演会を通して、競争政策についてより一層の理解を求めるとともに、幅広く意見及び要望を把握し、今後の競争政策の有効かつ適切な推進を図るため、昭和47年度以降、毎年、全国各地において開催している。

イ　開催状況

令和４年度においては、全国８都市（北海道旭川市、青森市、さいたま市、金沢市、和歌山市、広島市、徳島市及び熊本市）において、公正取引委員会の最近の活動状況等について、各地の主要経済団体、学識経験者、報道関係者等の有識者と公正取引委員会委員等との意見交換を行った。

このほか、地方事務所長等の公正取引委員会事務総局の職員と有識者との懇談会（全国各地区）を98回開催した。

⑷ 弁護士会との懇談会等

独占禁止法等に対する弁護士等の認知度を向上させるとともに、その相談・情報収集体制を強化することを目的として、平成23年度から本格的に行っている。

令和４年度においては、弁護士会との懇談会（全国各地区）を15回開催した。

このほか、全国規模の弁護士会連合会との意見交換会を実施しており、令和４年度においては、２回開催した。

7 一日公正取引委員会

⑴ 概要

本局及び地方事務所等の所在地以外の都市における独占禁止法等の普及啓発活動や相談対応の一層の充実を図るため、独占禁止法講演会、下請法基礎講習会、入札談合等関与行為防止法研修会、消費者セミナー、独占禁止法教室、報道機関との懇談会、相談コーナー等を１か所の会場で開催している。

⑵ 開催状況

令和４年度においては、北海道旭川市、福島県郡山市、新潟市、富山県高岡市、和歌山市、鳥取市、高知市及び長崎市において、合計８回の一日公正取引委員会を開催した。

8 消費者セミナー

一般消費者に独占禁止法の内容や公正取引委員会の活動について、より一層の理解を深めてもらうため、対話型・参加型のイベントとして開催している。

令和４年度においては、合計83回開催した。

9 独占禁止法教室（出前授業）

中学校等の授業に職員を講師として派遣し、市場経済の基本的な考え方における競争の必要性等について授業を行っている。また、大学（大学院等を含む。）における独占禁止法等の講義等に職員を講師として派遣し、競争法の目的、公正取引委員会の最近の活動状況等について講義を行っている。

令和４年度においては、中学生向けに合計51回、高校生向けに合計29回、大学生等向けに合計140回開催した。

10 庁舎訪問学習

中学校等からの要請を受けて、公正取引委員会の庁舎において、市場経済の基本的な考え方における競争の必要性についての説明を行うとともに、委員会会議室などの職場見学に対応した。

11　広報資料の作成・配布

⑴　パンフレット

独占禁止法等や公正取引委員会に対する一般の理解を深めるため、「知ってなっとく独占禁止法」、「知るほどなるほど下請法」等を作成し、事業者、一般消費者等に広く配布しているほか、中学生向け副教材として「わたしたちの暮らしと市場経済」を作成し、中学校等に配布している。

また、競争の大切さや独占禁止法の内容を楽しく学んでもらえるよう「うんこドリル」と連携して「日本一楽しい競争のルールドリル」を作成し、中学校等に配布している。

⑵　広報用動画

独占禁止法及び下請法の概要を紹介する動画を作成し、事業者団体、消費者団体等に対してＤＶＤの貸出しを行っている。

また、これらの動画を公正取引委員会のウェブサイト上及び公正取引委員会 YouTube 公式チャンネルに掲載し、配信している。

YouTube 公式チャンネル
https://www.youtube.com/c/JFTCchannel

⑶　ウェブサイト及びソーシャルメディアによる情報発信

公正取引委員会の活動状況を適切なタイミングで国民の幅広い層に対し積極的に発信することを目的として、ウェブサイトにおいて報道発表資料を含む各種の情報を掲載しているほか、平成26年６月から Twitter 及び Facebook の運用を開始し、報道発表等の公正取引委員会に関連する様々な情報を発信している。

なお、公正取引委員会を舞台としたテレビドラマ「競争の番人」が放映されたところ、より幅広い層に情報発信を行う観点から、Twitter 及び Facebook において、当該ドラマで取り上げられた独占禁止法違反行為を題材とした投稿を行った。

さらに、平成27年５月から YouTube の運用を開始し、独占禁止法及び下請法の概要を紹介する動画を配信している。

第２　政策評価等

1　政策評価

公正取引委員会は、行政機関が行う政策の評価に関する法律（平成13年法律第86号）に基づき政策評価を実施している。

令和４年度は、「特定受託事業者に係る取引の適正化のための措置の導入」の事前評価並びに「発注機関における入札談合の未然防止」、「競争政策に関する理論的・実証的基礎の強化」、「政府規制分野等に係る調査・検討及び評価」及び「デジタル市場における競争環境の整備」の計４件の事後評価を実施し、政策評価書を公表した。

2　証拠に基づく政策立案

我が国の経済社会構造が急速に変化する中、限られた資源を有効に活用し、国民により信頼される行政を展開するためには、合理的証拠の活用等を通じて政策課題を迅速かつ的確に把握して、有効な対応策を選択し、その効果を検証することが必要である。そのため、政府全体で証拠に基づく政策立案（ＥＢＰＭ）が推進されており、公正取引委員会においても、その実践に取り組んでいる。

令和４年度は、外部事業者に委託した「海外の競争当局等が実施した事後評価の分析手法・事例等に関する調査・整理」事業の結果を取りまとめた報告書の公表、予算検討プロセスにおけるロジックモデルの作成・活用等の取組を行った。

第13章　景品表示法に関する業務

第１　概説

景品表示法は、平成21年９月、消費者の利益の擁護及び増進、商品及び役務の消費者による自主的かつ合理的な選択の確保並びに消費生活に密接に関連する物資の品質の表示に関する事務を一体的に行うことを目的として消費者庁が設置されたことに伴い、公正取引委員会から消費者庁に移管された。消費者庁への移管に伴い、景品表示法の目的は、「商品及び役務の取引に関連する不当な景品類及び表示による顧客の誘引を防止するため、一般消費者による自主的かつ合理的な選択を阻害するおそれのある行為の制限及び禁止について定めることにより、一般消費者の利益を保護すること」とされた。

1　景品表示法違反被疑事件の調査

景品表示法は、不当な顧客の誘引を防止するため、景品類の提供について、必要と認められる場合に、内閣府告示（注）により、景品類の最高額、総額、種類、提供の方法等について制限又は禁止し（第４条）、また、商品又は役務の品質、規格その他の内容又は価格その他の取引条件について一般消費者に誤認される不当な表示を禁止している（第５条）。

公正取引委員会は、消費者庁長官から景品表示法違反被疑事件に係る調査権限の委任を受け、景品表示法の規定に違反する行為について必要な調査等を行っている。

調査の結果、景品表示法の規定に違反する行為があるときは、消費者庁長官は措置命令を行う（第７条第１項）ほか、違反のおそれのある行為等がみられた場合には関係事業者に対して指導を行っている。

また、事業者が、同法第５条の規定に違反する行為（同条第３号に該当する表示に係るものを除く。以下「課徴金対象行為」という。）をしたときは、消費者庁長官は、当該事業者に対し、当該課徴金対象行為に係る商品又は役務の売上額に３％を乗じて得た額に相当する額の課徴金を国庫に納付することを命じなければならない（第８条第１項）。

さらに、消費者庁長官は、同法第26条第１項の規定に基づき事業者が講ずべき措置に関して、その適切かつ有効な実施を図るため必要があると認めるときは、当該事業者に対し、その措置について必要な指導及び助言をすることができる（第27条）。また、消費者庁長官は、事業者が正当な理由がなくて同法第26条第１項の規定に基づき事業者が講ずべき措置を講じていないと認めるときは、当該事業者に対し、景品類の提供又は表示の管理上必要な措置を講ずべき旨の勧告をすることができるとともに（第28条第１項）、勧告を行った場合において当該事業者がその勧告に従わないときは、その旨を公表することができる（同条第２項）。

（注）消費者庁及び消費者委員会設置法の施行に伴う関係法律の整備に関する法律による改正前の景品表示法に基づく従来の公正取引委員会告示は、経過措置により引き続き効力を有する。

2　公正競争規約制度

景品表示法第31条の規定に基づき、事業者又は事業者団体は、景品類又は表示に関する事項について、公正取引委員会及び消費者庁長官の認定を受けて、不当な顧客の誘引を防止し、一般消費者による自主的かつ合理的な選択と、事業者間の公正な競争を確保するため、協定又は規約を締結し、又は設定することができる。当委員会は、協定又は規約（以下これらを総称して「公正競争規約」という。）の認定に当たり、事業者間の公正な競争の確保等の観点から審査を行っている。

第２　景品表示法違反被疑事件の処理状況

令和４年度において、消費者庁が措置命令を行った41件のうち、公正取引委員会及び消費者庁による調査の結果を踏まえたものは４件であり、消費者庁が指導を行った112件のうち、公正取引委員会及び消費者庁による調査の結果を踏まえたものは32件である（第１表及び第２表参照）。

また、令和４年度において、消費者庁が課徴金納付命令を行った17件（3億441万円）のうち、公正取引委員会及び消費者庁による調査の結果を踏まえたものは２件（3323万円）である（第１表及び第３表参照）。

さらに、令和４年度において、景品表示法第26条第１項の規定に基づき事業者が講ずべき措置に関して、消費者庁が行った勧告は０件であり、消費者庁が指導を行った60件のうち、公正取引委員会及び消費者庁による調査の結果を踏まえたものは[illegible]件である。

第１表　令和４年度において公正取引委員会が調査に関わった景品表示法違反被疑事件の処理状況

事件	措置命令	指導	合計	課徴金納付命令	
				件数	課徴金額
表示事件	4（41）	27（103）	31（144）	2（17）	3323万円（3億441万円）
景品事件	0　(0)	5　(9)	5　(9)		
合計	4（41）	32（112）	36（153）	2（17）	3323万円（3億441万円）

（注）（　）内は消費者庁が行った措置件数の総数・課徴金の総額

第２表　令和４年度に消費者庁により措置命令が行われた事例のうち公正取引委員会が調査に関わったもの

一連番号	措置日（事業者名）	事件概要	違反法条
1	令和4年5月24日（リプサ㈱）	リプサ㈱は、「ラクトフェリン濃縮物加工食品」と称する食品（以下本事件概要欄において「本件商品」という。）を一般消費者に販売するに当たり、令和3年4月23日に、例えば、「サプリメント専門店リプサ」と称する自社ウェブサイトにおいて、「主成分値　2カプセルあたり目安：ラクトフェリン濃縮物300mg」と表示するなど、あたかも、本件商品2カプセル（500mg）当たりのラクトフェリンの含有量は、300mg であるかのように示す表示をしていた。 実際には、本件商品には、2カプセル（500mg）当たりのラクトフェリンの含有量が300mg を下回るものが含まれていた。 （詳細については令和4年5月24日報道発表資料「リプサ株式会社に対する景品表示法に基づく措置命令について」を参照のこと。） https://warp.ndl.go.jp/info:ndljp/pid/12302202/www.jftc.go.jp/houdou/pressrelease/2022/may/220524kyushu.html	第5条第1号
2	令和4年6月1日（沖縄特産販売㈱）	沖縄特産販売㈱は、「養力珪素（ようりきけいそ）」と称する食品（以下、本事件概要欄において「本件商品」という。）を一般消費者に販売するに当たり、 ⑴　ダイレクトメールにおいて、例えば、令和元年5月7日に本件商品の容器包装の画像と共に、「いろんなお悩みに働きかける　珪素のスゴイところ」、「★血液サラサラ　コップ一杯の水に10滴程度入れ飲用して下さい　（1日に5杯以上）」、「飲用前の血液　▶15分後　飲用後の血液」との記載と共に、血液の状態を比較した画像等を表示することにより、あたかも本件商品を摂取等すれば、本件商品に含まれる珪素の作用により、血液をサラサラにする効果等が得られるかのように示す表示をしていた。 ⑵　自社商品同梱チラシにおいて、令和2年4月5日から令和3年4月4日までの間、「★高血圧と血糖値が高い方へ　珪素の結晶体は優れた浸透性と浄化作用で中性脂肪を分解する力が強く、血管壁に付着したコレステロールや過酸化脂質を取り除き血管を強くします。」等と表示することにより、あたかも本件商品を摂取等すれば、本件商品に含まれる珪素の作用により、血管を強くし、高血圧及び高血糖を改善する効果等が得られるかのように示す表示をしていた。 消費者庁が、同社に対し、期間を定めて、当該表示の裏付けとなる合理的な根拠を示す資料の提出を求めたところ、同社は当該期間内に当該資料を提出しなかった。 （詳細については令和4年6月1日報道発表資料「沖縄特産販売株式会社に対する景品表示法に基づく措置命令について」を参照のこと。） https://warp.ndl.go.jp/info:ndljp/pid/12350692/www-orignsv.jftc.go.jp/houdou/pressrelease/2022/jun/220601_okinawa.html	第5条第1号（第7条第2項適用）

3	令和4年6月9日 （㈱あきんどスシロー）	㈱あきんどスシローは、 ⑴　令和3年9月8日から同月20日までの期間において実施した「世界のうまいもん祭」と称するキャンペーン（以下「本件企画①」という。）において、「新物！濃厚うに包み」と称する料理（以下「本件料理①」という。）を一般消費者に提供するに当たり、例えば、令和3年9月14日から同月20日までの間、自社ウェブサイトにおいて、「新物！濃厚うに包み100円（税込110円）」、「9月8日（水）～9月20日（月・祝）まで！売切御免！」等と表示することにより、あたかも、令和3年9月8日から同月20日までの間、自社が運営する「スシロー」と称する店舗（以下「本件店舗」という。）において、本件料理①を提供するかのように表示していた。 　実際には、同社は、本件料理①の材料であるうにの在庫が本件企画①の実施期間の途中に足りなくなる可能性があると判断したため、令和3年9月13日に、同月14日から同月17日までの4日間は本件店舗における本件料理①の提供を停止することを決定し、本件店舗の店長等に対しその旨周知し、その後、前記決定に基づき、本件店舗のうち583店舗において、当該4日間のうち一日以上本件料理①を終日提供しなかった。 ⑵　令和3年9月8日から同年10月3日までの期間において実施した「匠の一皿 独創／とやま鮨し人考案　新物うに　鮨し人流3種盛り」と称するキャンペーン（以下「本件企画②」という。）において、「とやま鮨し人考案　新物うに　鮨し人流3種盛り」と称する料理（以下「本件料理②」という。）を一般消費者に提供するに当たり、令和3年9月8日から同月17日までの間、自社ウェブサイトにおいて、「とやま鮨し人考案　新物うに　鮨し人流3種盛り　480円（税込528円）」、「9月8日（水）～10月3日（日）まで　売切御免！」等と表示することにより、あたかも、令和3年9月8日から同年10月3日までの間、本件店舗において、本件料理②を提供するかのように表示していた。 　実際には、同社は、本件料理②の材料であるうにの在庫が本件企画②の実施期間の途中に足りなくなる可能性があると判断したため、令和3年9月13日に、同月18日から同月20日までの3日間は本件店舗における本件料理②の提供を停止することを決定し、本件店舗の店長等に対しその旨周知し、その後、前記決定に基づき、本件店舗のうち540店舗において、当該3日間のうち一日以上本件料理②を終日提供しなかった。 ⑶　令和3年11月26日から同年12月12日までの期間において実施した「冬の大感謝祭　冬のうまいもん」と称するキャンペーン（以下「本件企画③」という。）において、「冬の味覚！豪華かにづくし」と称する料理（以下「本件料理③」という。）を一般消費者に提供するに当たり、例えば、令和3年11月24日から同年12月10日までの間、自社ウェブサイトにおいて、「㊗冬の味覚！豪華かにづくし780円（税込858円）1日数量限定」、「新登場の『三重尾鷲ぶりとろのレアしゃぶ』や、スシローとっておきのかにを集めた『冬の味覚！豪華かにづくし』など、冬の味覚を大満喫！今だけの旨さを是非ご賞味ください！」、「●対象期間2021年11月26日（金）～12月12日（日）　期間限定！売切御免！」等と表示することにより、あたかも、令和3年11月26日から同年12月12日までの間、本件店舗において、本件料理③を提供するかのように表示していた。 　実際には、同社は、本件店舗のうち583店舗において、本件料理③を提供するための準備をしておらず、本件企画③の実施期間のうち一日以上、終日取引に応じることができないものであった。 （詳細については令和4年6月9日報道発表資料「株式会社あきんどスシローに対する景品表示法に基づく措置命令について」を参照のこと。）	第5条第3号（おとり広告告示）

一連番号	措置日（事業者名）	事件概要	違反法条
		https://warp.ndl.go.jp/info:ndljp/pid/12350692/www-orignsv.jftc.go.jp/houdou/pressrelease/2022/jun/220609_honbun.html	
4	令和5年3月2日 （㈱5コーポレーション）	㈱5コーポレーションは、自社が運営する「5-Days」と称する学習塾において又は自社とフランチャイズ契約を締結する事業者が経営する「5-Days」と称する学習塾を通じて供給する「毎日コース（定額）」と称する個別指導に係る役務のうち、中学1年生を対象とするもの（以下「本件役務」という。）を一般消費者に提供するに当たり、令和4年4月1日、同年5月2日及び同月27日に、自社ウェブサイトにおいて、「お月謝（中1）」、「指導時間数（月あたり）」、「定期テスト対策」の各項目について、「毎日個別塾5-Days」として「19,800円（平日週3から週5回まで定額）」、「月20時間＋α可能（1時間あたり@835円）」及び「追加料金なし」並びに「他の個別指導塾」として「22,000円（指導回数が増えれば月謝は積上）」、「月8時間（1時間あたり@2,500円）」及び「追加料金あり（1時間あたり単価×回数の積上）」と記載した「他の個別指導塾との料金比較表」と題する自社及び他の事業者がそれぞれ提供する個別指導の月謝や指導時間数等に関する比較表並びに「お月謝3万円の差が年間にすると36万円になります」及び「他の個別指導塾をご利用の場合、回数を増やせば増やすほど、当然ながらお月謝は高くなります。毎日個別塾5-Days では、週5回まで定額料金でお通いいただけ、通えば通うほどお得になります。」と記載した「他個別指導塾との授業料比較イメージ」と題する自社及び他の事業者がそれぞれ提供する個別指導の月謝を比較したグラフを表示することにより、あたかも、本件役務は、1時間当たりの授業料金が835円であり、また、本件役務と同等の条件で提供されている他の事業者が提供する個別指導に比して月謝が安いかのように表示していた。 実際には、本件役務の1時間当たりの授業料金は1,188円であり、また、比較対照とした他の事業者が提供する個別指導の月謝は、本件役務と同等の条件で提供されている個別指導の月謝ではなかった。 （詳細については令和5年3月2日報道発表資料「株式会社5コーポレーションに対する景品表示法に基づく措置命令について」を参照のこと。） https://www.jftc.go.jp/houdou/pressrelease/2023/mar/230302_chugoku_keihyou.html	第5条第2号

第３表　令和４年度に消費者庁により課徴金納付命令が行われた事例のうち公正取引委員会が調査に関わったもの

一連番号	命令日（事業者名）	事件概要	課徴金額
1	令和4年8月9日 (有)ファミリア薬品)	(有)ファミリア薬品は、「朱の実」と称する石けん（以下、本事件概要欄において「本件商品」という。）を一般消費者に販売するに当たり、例えば、 (1)　平成30年8月28日、平成31年1月16日及び令和元年7月1日に、自社ウェブサイトにおいて、「年齢のせいにしていた、そのシミ… 老斑（ろうはん）が消えた！？」、「そして…今すでに出来ているシミを薄くする。」等 (2)　平成30年2月24日に配布された「いただきます！」と称する情報紙に掲載した広告において、顔にシミのある人物の画像と共に、「目尻や頬のおばぁちゃんジミが消えた…！？」、「エッ？洗顔で老斑やシミが薄くなる？」及び「濃く、落ちにくい60代以上のシミ（老斑）に劇的実感力！」等 と表示することにより、あたかも、本件商品を使用することで、シミを消す又は薄くすることができるかのように示す表示をしていた。 消費者庁が、同社に対し、期間を定めて、当該表示の裏付けとなる合理的な根拠を示す資料の提出を求めたところ、同社から資料が提出されたが、当該資料は当該表示の裏付けとなる合理的な根拠を示すものとは認められなかった。 （詳細については令和4年8月9日報道発表資料「有限会社ファミリア薬品に対する景品表示法に基づく課徴金納付命令について」を参照のこと。） https://warp.ndl.go.jp/info:ndljp/pid/12350692/www-orignsv.jftc.go.jp/houdou/pressrelease/2022/aug/220809_honbun.html	459万円

一連番号	命令日（事業者名）	事件概要	課徴金額
2	令和4年9月14日 (株)アップドラフト)	(株)アップドラフトは、「滝風イオンメディック」と称する商品（以下、本事件概要欄において「本件商品」という。）を一般消費者に販売するに当たり (1)　令和元年5月1日から同年9月30日までの間に配布したカタログにおいて、あたかも、本件商品は2400万 ions/cc以上のマイナスイオンを発生させ、本件商品を使用すれば、本件商品によって発生するマイナスイオンの作用により、6畳から最大80畳までの空間において、浮遊するインフルエンザウイルスを除去及び付着するインフルエンザウイルスを不活化する効果、黄色ブドウ球菌、腸炎ビブリオ菌、サルモネラ菌及びレジオネラ菌を除菌する効果、アレルギー物質、浮遊ウイルスを分解、除去する効果並びに衣類の付着臭を分解、除去する効果が得られるかのように示す表示をしていた。 (2)　「Ameba」と称するウェブサイトにおける「滝風イオンメディック」と称する自社ブログにおいて ア　令和元年11月21日に、あたかも、本件商品は2400万 ions/ccのマイナスイオンを発生させ、本件商品を使用すれば、白血球が大きくなって、免疫力が高くなる効果が得られるかのように示す表示をしていた。 イ　令和元年11月27日に、あたかも、本件商品は2400万 ions/ccのマイナスイオンを発生させ、本件商品を使用すれば、本件商品によって発生するマイナスイオンの作用により、最大80畳までの空間において、付着臭等を消臭する効果、血圧を下げる効果、電磁波を除去する効果、血流を促進する効果、活性酸素を除去する効果、関節炎を改善する効果、糖尿病を改善する効果、慢性肝炎を改善する効果、慢性腎不全を改善する効果及び動脈硬化症を改善する効果が得られるかのように示す表示をしていた。 ウ　令和元年12月11日に、あたかも、本件商品を使用すれば、室内に浮遊する花粉を吸着、除去する効果並びに花粉症による涙目、かゆみ、鼻水及びくしゃみを解消する効果が得られるかのように示す表示をしていた。 消費者庁が、同社に対し、期間を定めて、当該表示の裏付けとなる合理的な根拠を示す資料の提出を求めたところ、同社から資料が提出されたが、当該資料は当該表示の裏付けとなる合理的な根拠を示すものとは認められなかった。 （詳細については令和4年9月14日報道発表資料「株式会社アップドラフトに対する景品表示法に基づく課徴金納付命令について」を参照のこと。） https://warp.ndl.go.jp/info:ndljp/pid/12350692/www-orignsv.jftc.go.jp/houdou/pressrelease/2022/sep/220914keihyoutouhoku.html	2864万円

第３　公正競争規約の認定

1　概要

令和５年３月末現在、103件（景品関係37件、表示関係66件）の公正競争規約が認定されている（附属資料6参照）。これらの公正競争規約に参加する事業者又は事業者団体により、公正競争規約の運用団体として公正取引協議会等が組織されているところ、公正取引協議会等は、公正競争規約の運用上必要な事項について、公正競争規約の定めるところにより、施行規則、運用基準等を設定している。公正取引委員会は、公正取引協議会等がこれらの施行規則等の設定・変更を行うに際しても、事業者間の公正な競争の確保等の観点から審査を行い、問題があれば指導を行っている。

2　新たに認定した公正競争規約

令和４年度においては、エキストラバージンオリーブオイルの表示に関する公正競争規約の新設の認定を行った（令和５年２月17日認定。令和５年公正取引委員会・消費者庁告示第１号）。

3　公正競争規約の変更

令和４年度においては、９件の公正競争規約について変更の認定を行った（第４表参照）。

第４表　令和４年度に変更の認定を行った公正競争規約

一連番号	公正競争規約の名称	認定日	告示番号
1	チョコレート利用食品の表示に関する公正競争規約	令和4年5月18日	令和4年公正取引委員会・消費者庁告示第4号
2	自動車業における表示に関する公正競争規約	令和4年5月30日	令和4年公正取引委員会・消費者庁告示第6号
3	タイヤの表示に関する公正競争規約	令和4年6月14日	令和4年公正取引委員会・消費者庁告示第5号
4	募集型企画旅行の表示に関する公正競争規約	令和4年6月29日	令和4年公正取引委員会・消費者庁告示第7号
5	ペットフードの表示に関する公正競争規約	令和4年9月7日	令和4年公正取引委員会・消費者庁告示第8号
6	酒類小売業における酒類の表示に関する公正競争規約	令和4年9月12日	令和4年公正取引委員会・消費者庁告示第9号
7	削りぶしの表示に関する公正競争規約	令和4年11月4日	令和4年公正取引委員会・消費者庁告示第10号
8	みその表示に関する公正競争規約	令和4年11月10日	令和4年公正取引委員会・消費者庁告示第11号
9	自動車業における表示に関する公正競争規約	令和5年3月27日	令和5年公正取引委員会・消費者庁告示第2号

第14章　相談その他の業務

第１　独占禁止法及び関係法令に関する相談等

事業者、事業者団体、一般消費者等から寄せられる独占禁止法及び関係法令に関する質問に対しては、文書又は口頭により回答している。また、ウェブサイトでも意見等の受付を行っている。

また、平成 12 年度から申告の処理に関する疑問、苦情等の申出を受け付けるため、官房総務課（地方事務所・支所においては総務課、沖縄総合事務局公正取引室においては総務係）に申出受付窓口を設置し、公正取引委員会が指名する委員等をもって構成する審理会において、当該処理が適正であったかどうかを点検している。

第２　事業活動に関する相談状況

1　概要

公正取引委員会は、独占禁止法及び下請法違反行為の未然防止を図るため、事業者及び事業者団体が実施しようとする具体的な行為に関する相談に対応し、実施しようとする行為に関して、独占禁止法及び下請法の考え方を説明している。

2　事前相談制度

公正取引委員会は、平成13年10月から当委員会が所管する法律全体を対象として整備された「事業者等の活動に係る事前相談制度」を実施している。

本制度は、事業者及び事業者団体が実施しようとする具体的な行為が、前記法律の規定に照らして問題がないかどうかの相談に応じ、原則として、事前相談申出書を受領してから30日以内に書面により回答し、その内容を公表するものである。

令和４年度においては、アジレント・テクノロジー㈱から、同社が、卸売業者を通じて特定の病院等のエンドユーザに販売する医療機器等について、前記エンドユーザとの間で商品の販売価格・数量を決定し、卸売業者に対して、当該価格・数量での前記エンドユーザへの販売を指示することについて、本制度を利用した相談が寄せられた。公正取引委員会は、本件相談に係る行為について、独占禁止法第19条（同法第２条第９項第４号（再販売価格の拘束））の観点から検討を行い、令和４年12月１日、独占禁止法上問題となるものではない旨の回答を行うとともに、その内容を公表した。

3　独占禁止法に係る相談の概要

令和４年度に受け付けた相談件数は、事業者の行為に関するもの2,880件、事業者団体の行為に関するもの138件の計3,018件である（第１図参照）。

第１図　独占禁止法に係る相談件数の推移（企業結合に関する相談を除く。）

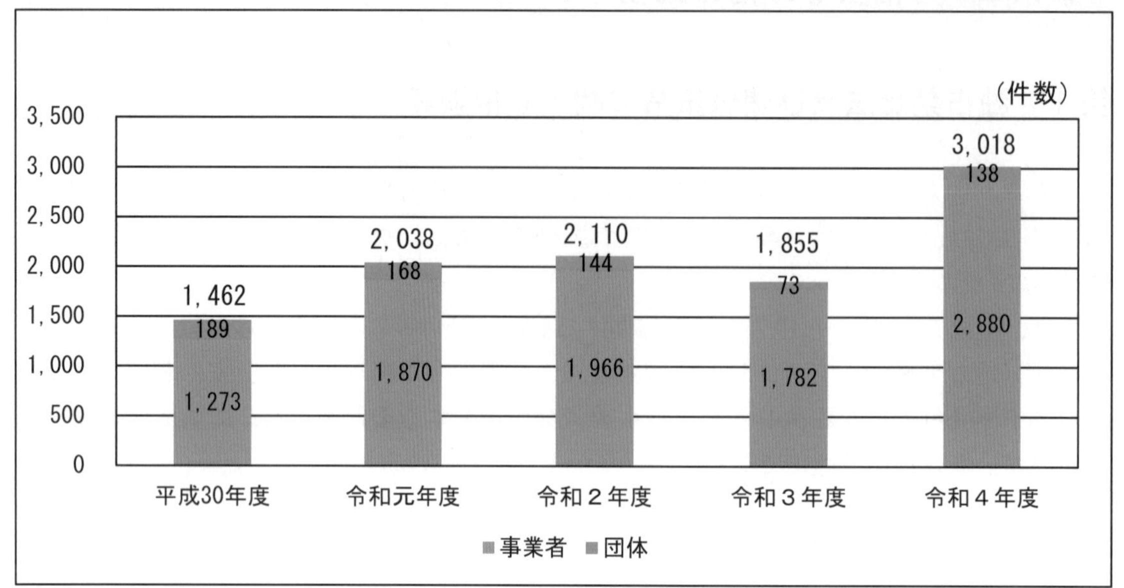

4　相談事例集等

公正取引委員会は、事業者等から寄せられた相談のうち、他の事業者等の参考になると思われるものを相談事例集として取りまとめ、公表している（令和３年度に寄せられた相談（令和３年度相談事例集）について、令和４年６月22日公表）。

また、令和４年度においては、一般社団法人日本アルミニウム協会から、会員事業者の供給製品の原材料等に係る市況の推移、コストや価格転嫁の状況等の調査の実施及び公表の取組についての相談を受けた。公正取引委員会は、同協会による本件取組については、アンケート調査の結果の公表に当たり、個々の会員事業者や個別具体的な商品の価格等の状況を明示することなく、客観的に統計処理し、価格の高低の分布や動向を正しく示す場合には、独占禁止法上問題とならない旨の回答を行ったところ、他の事業者及び事業者団体にも参考になると考えられることから、令和４年12月９日、当該相談の概要を公表した。

5　下請法に係る相談の概要

令和４年度に下請法に関して事業者等から受け付けた相談件数は、１万4003件である（第２図参照）。

この中には、例えば、下請法の適用範囲に関する相談、発注書面の記載方法に関する相談、下請代金の支払期日に関する相談、適正な価格転嫁に関する相談、インボイス制度への対応に関する相談等がある。

第２図　下請法に係る相談件数の推移

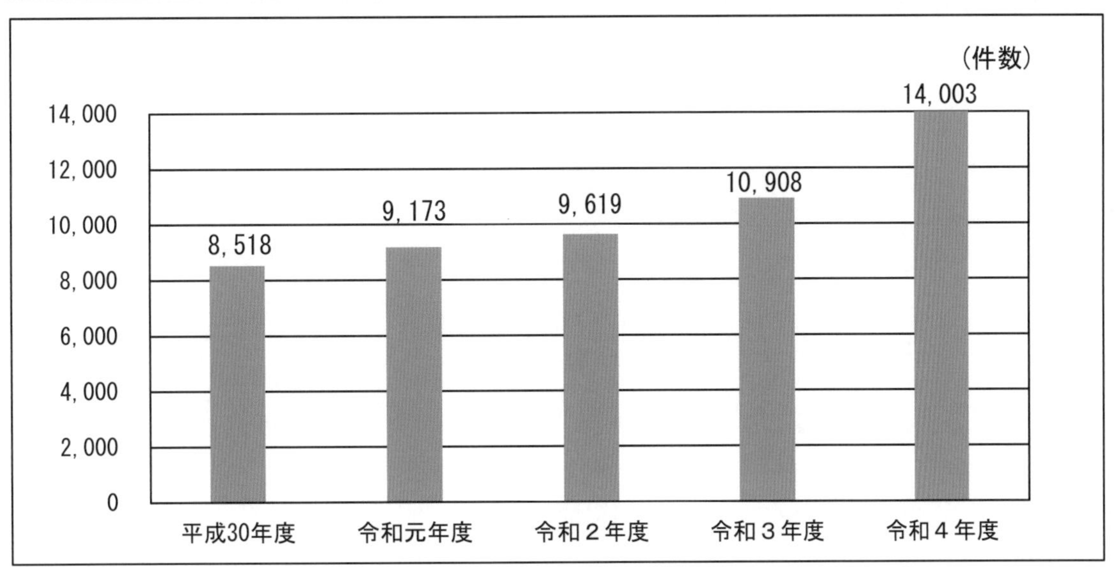

6　独占禁止法相談ネットワーク

公正取引委員会は、商工会議所及び商工会の協力の下、独占禁止法相談ネットワークを運営しており、独占禁止法及び下請法に関する中小事業者からの相談に適切に対応することができるように、全国の商工会議所及び商工会が有する中小事業者に対する相談窓口を活用し、独占禁止法及び下請法に関する相談を受け付けている。また、令和４年度においては、全国の商工会議所及び商工会へのリーフレットの配布等を行った。

附属資料

令和４年度年次報告　附属資料編の目次

1　組織・予算関係

1－1表　公正取引委員会の構成

（令和５年３月31日現在）

委員長	古谷　一之
委　員	山本　和史
委　員	三村　晶子
委　員	青木　玲子
委　員	吉田　安志

1－2表　公正取引委員会の予算額（令和４年度予算）

（単位：千円）

事　項	当初予算額	補正後予算額
（項）公正取引委員会	10,352,821	10,257,157
（事項）公正取引委員会に必要な経費	9,179,386	9,134,948
（事項）独占禁止法違反行為に対する措置等に必要な経費	260,980	260,170
（事項）下請法違反行為に対する措置等に必要な経費	289,659	317,668
（事項）競争政策の普及啓発等に必要な経費	248,000	235,871
（事項）消費税の円滑かつ適正な転嫁の確保に必要な経費	374,796	308,500
（項）公正取引委員会施設費	133,985	133,985
（事項）公正取引委員会施設整備に必要な経費	133,985	133,985
（項）情報通信技術調達等適正・効率化推進費（注）	359,672	617,501
（事項）情報通信技術調達等適正・効率化の推進に必要な経費（注）	359,672	617,501
合　計	10,846,478	11,008,643

（注）デジタル庁に一括計上され、公正取引委員会において執行する予算。

2　審決・訴訟関係等

2－1表　手続別審決等件数推移

(1)　平成17年独占禁止法改正法による改正前の独占禁止法における手続

分類＼年度	22	23	24	25	26	27	28	29	30	31	32	33	34	35	36	37	38	39	40	41	42	43	44	45	46	47	48	49	50
審判審決	0	0	1	10	8	8	2	3	5	1	0	0	0	0	0	1	1	0	1	0	1	3	4	0	0	5	1	4	1
勧告審決	0	0	2	4	4	3	5	0	5	5	7	2	2	1	3	7	24	30	26	17	11	28	26	43	37	27	67	(注4) 47 (6)	(注4) 31 (7)
同意審決	5	2	11	45	6	4	5	2	1	0	0	0	0	0	0	5	11	0	0	0	0	0	1	1	0	1	1	0	2
課徴金の納付を命ずる審決等	—	—	—	—	—	—	—	—	—	—	—	—	—	—	—	—	—	—	—	—	—	—	—	—	—	—	—	—	—
独占禁止法第49条第2項に基づく審決	0	0	0	0	0	0	0	0	0	0	0	0	0	0	0	0	0	0	0	0	0	0	0	0	0	0	0	0	0
独占禁止法第65条に基づく審決	0	0	0	0	0	0	0	0	0	0	0	0	0	0	0	0	0	0	0	0	0	0	0	0	0	0	0	9	0
独占禁止法第66条に基づく審決	0	0	0	0	0	0	0	0	0	0	0	0	0	0	0	0	0	0	0	0	0	0	0	0	0	0	0	0	0
景品表示法第9条第2項に基づく審決	0	0	0	0	0	0	0	0	0	0	0	0	0	0	0	0	0	0	0	0	0	0	0	0	0	0	0	0	0
景品表示法第10条第6項に基づく審決	-	-	-	-	-	-	-	-	-	-	-	-	-	-	-	0	0	0	0	0	0	0	1	0	0	1	0	0	0
計	5	2	14	59	18	15	12	5	11	6	7	2	2	1	3	13	36	30	27	17	12	31	32	44	37	34	69	60	34

（注１）平成25年度の審決により、平成17年独占禁止法改正法による改正前の独占禁止法における手続は全て終了した。

（注２）「分類」欄の独占禁止法第49条第２項、第65条及び第66条並びに景品表示法第９条第２項及び第10条第６項は、平成17年独占禁止法改正法による改正前の独占禁止法及び景品表示法の条文番号である。

（注３）審判審決とあるのは、過去の年次報告において「正式審決」と分類していたものである（平成５年度から正式審決の呼称を審判審決に変更）。

（注４）（　）内の数字は、中小企業等協同組合法第107条に基づく審決件数で内数である。

（注５）平成11年度の課徴金の納付を命ずる審決等には、課徴金の納付を命じなかった審決が１件含まれている。

（注６）平成20年度の課徴金の納付を命ずる審決等には、課徴金の納付を命じなかった審決が４件含まれている。

（注７）平成25年度の課徴金の納付を命ずる審決等には、課徴金の納付を命じなかった審決が２件含まれている。

（注８）平成14年度及び平成15年度の独占禁止法第49条第２項及び景品表示法第９条第２項に基づく審決は審判手続開始請求を却下する審決である。

51	52	53	54	55	56	57	58	59	60	61	62	63	元	2	3	4	5	6	7	8	9	10	11	12	13	14	15	16	17
0	4	0	2	2	1	0	0	1	1	1	0	0	0	0	2	1	2	3	1	1	3	1	3	3	4	1	2	1	2
24	13	7	12	12	12	18	10	7	10	4	6	5	10	17	27	37	27	21	18	23	25	23	27	21	37	38	19	28	18
1	1	1	1	1	0	1	1	1	0	0	0	1	0	0	0	0	0	1	1	1	0	0	1	2	0	0	4	11	8
–	0	0	0	0	0	0	1	0	6	0	0	0	0	0	0	0	1	0	0	5	1	1	(注5) 2	24	1	7	14	32	14
0	0	0	0	0	0	0	0	0	0	0	0	0	0	0	0	0	0	0	0	0	0	0	0	0	0	(注8) 1	0	0	0
0	0	0	0	0	0	0	0	0	0	0	0	0	0	0	0	0	0	0	0	0	0	0	0	0	0	0	0	0	0
0	0	0	0	0	0	0	0	0	0	0	0	0	0	0	0	0	3	0	0	0	0	0	0	0	0	0	0	0	0
0	0	0	0	0	0	0	0	0	0	0	0	0	0	0	0	0	0	0	0	0	0	0	0	0	0	(注8) 1	(注8) 1	0	0
0	0	0	0	1	0	1	0	0	0	0	0	0	0	0	0	0	0	0	0	0	0	0	0	0	0	0	0	0	0
25	18	8	15	16	13	20	12	9	17	5	6	6	10	17	29	38	33	25	20	30	29	25	33	50	42	48	40	72	42

分類＼年度	18	19	20	21	22	23	24	25	計
審判審決	14	3	5	8	3	−	−	−	135
勧告審決	−	−	−	−	−	−	−	−	(注4) 1,020 (13)
同意審決	42	21	5	0	3	−	−	−	212
課徴金の納付を命ずる審決等	46	10	(注6) 37	21	13	0	5	(注7) 7	248
独占禁止法第49条第2項に基づく審決	0	0	0	0	0	0	0	0	1
独占禁止法第65条に基づく審決	0	0	0	0	0	0	0	0	9
独占禁止法第66条に基づく審決	0	0	0	0	0	0	0	0	3
景品表示法第9条第2項に基づく審決	0	0	0	0	0	−	−	−	2
景品表示法第10条第6項に基づく審決	0	0	0	0	0	−	−	−	4
計	102	34	47	29	19	0	5	7	1,634

⑵ 平成17年独占禁止法改正法による改正後平成25年独占禁止法改正法による改正前の独占禁止法における手続

分類		年度	17 (注2)	18	19	20	21	22	23	24	25	26	27 (注5)	28 (注5)	29 (注5)	30 (注5)	元 (注5)	2 (注5)	計
独占禁止法関係		排除措置命令 （審判開始）（注1）	2 (1)	12 (0)	22 (1)	16 (5)	26 (5)	12 (3)	22 (10)	20 (7)	18 (4)	10 (4)	2 (0)	－ (－)	－ (－)	－ (－)	－ (－)	－ (－)	162 (40)
		課徴金納付命令 （審判開始）（注1）	171 (8)	56 (0)	121 (1)	39 (8)	73 (7)	100 (12)	255 (61)	108 (13)	176 (6)	128 (70)	0 (0)	－ (－)	－ (－)	－ (－)	－ (－)	－ (－)	1, 227 (186)
	審決	排除措置命令に係る審決	0	0	0	3	0	3	4	4	3	15	7	6	33	8	5	77 (注6)	168
		課徴金納付命令に係る審決	0	0	1	8	0	3	8	4	5	18	9	8	33	7	6	77 (注6)	187
		課徴金納付命令に係る課徴金の一部を控除する審決	0	0	0	0	3	0	0	0	0	0	0	0	0	0	0	0	3
景品表示法関係		排除命令 （審判開始）（注1）	28 (0)	32 (5)	56 (3)	52 (9)	6 (注3) (0)	－ －	－ －	－ －	－ －	－ －	－ －	－ －	－ －	－ －	－ －	－ －	174 (17)
		排除命令に係る審決	0	0	0	0	11	－ (注4)	－	－	－	－	－	－	－	－	－	－	11

（注１）（　）内の数字は、当該年度の命令件数のうち、命令後に審判手続が開始されたもの（次年度に開始されたものを含む。）の数で内数である（その後審判請求の取下げのあったもの及び審判手続打切決定を行ったものを含む。）。

（注２）平成17年度における独占禁止法関係の件数については、平成18年１月４日から同年３月31日までの期間である。

（注３）平成21年８月31日までの排除命令件数である。

（注４）平成22年８月６日、㈱ウインズインターナショナルに対する件の審判手続が打ち切られたことにより、景品表示法関係の審判手続は全て終了した。

（注５）審判制度は平成25年独占禁止法改正法により廃止されたが、同法の施行日（平成27年４月１日）前に、改正前の独占禁止法第49条第５項の規定に基づく排除措置命令等に係る事前通知等が行われた場合は、なお従前の例により、審判手続が行われる。平成27年度における命令の件数は、平成27年度中に行われた命令のうち、平成25年独占禁止法改正法の施行日前に前記の事前通知が行われたものの件数である。平成28年度以降、前記の事前通知は行われていない。

（注６）令和３年２月８日、レンゴー㈱ほか36名に対する件等の審決により、独占禁止法関係の審判手続は全て終了した。

⑶ 平成25年独占禁止法改正法による改正後の独占禁止法における手続

分類	年度	27	28	29	30	元	2	3	4	計
排除措置命令 （訴訟提起）（注1）		7 (2)	11 (3)	13 (1)	8 (0)	11 (3)	9 (2)	3 (1)	8 (0)	70 (12)
課徴金納付命令 （訴訟提起）（注1）		31 (4)	32 (注2) (2)	32 (0)	18 (2)	37 (4)	4 (1)	31 (0)	21 (0)	206 (13)
第一審判決	排除措置命令及び課徴金納付命令に係る判決	0	0	0	3	0	0	1	2	6
	排除措置命令に係る判決	0	0	0	1	2	0	1	0	4
	課徴金納付命令に係る判決	0	0	0	1	2	0	2	0	5
第二審判決	排除措置命令及び課徴金納付命令に係る判決	0	0	0	0	0	1	0	1	2
	排除措置命令に係る判決	0	0	0	0	1	1	0	0	2
	課徴金納付命令に係る判決	0	0	0	0	1	1	0	1	3
第三審判決	排除措置命令及び課徴金納付命令に係る判決	0	0	0	0	0	0	1	0	1
	排除措置命令に係る判決	0	0	0	0	0	1	1	0	2
	課徴金納付命令に係る判決	0	0	0	0	0	0	1	1	2

（注１）（　）内の数字は、当該年度の命令件数のうち、命令後に訴訟が提起されたもの（次年度に開始されたものを含む。）の数で内数である（その後訴えの取下げ、請求の放棄のあったものを含む。）。平成27年度における命令の件数は、平成27

年度中に行われた命令のうち、平成25年独占禁止法改正法の施行日後に独占禁止法第50条第１項の規定に基づく意見聴取の通知が行われたものの件数である。

（注２）課徴金納付命令後に刑事事件裁判が確定した１名の事業者に対して、独占禁止法第63条第２項の規定に基づき、課徴金納付命令を取り消す決定を行った結果、対象となった課徴金納付命令の件数である。

2－2表　関係法条別審決件数推移

法令＼年度	22	23	24	25	26	27	28	29	30	31	32	33	34	35	36	37	38	39	40	41	42	43	44	45	46	47	48	49	50	51	52	53	54
独占禁止法 3条前段	-	-	-	-	-	-	-	-	-	-	-	-	-	-	-	-	-	-	-	-	-	-	-	-	-	-	-	-	-	-	-	-	-
3条後段	-	-	-	-	-	-	-	-	-	-	-	-	-	-	-	-	-	-	-	-	-	-	-	-	-	-	-	-	-	-	-	-	-
7条の2	-	-	-	-	-	-	-	-	-	-	-	-	-	-	-	-	-	-	-	-	-	-	-	-	-	-	-	-	-	-	-	-	-
19条	-	-	-	-	-	-	-	-	-	-	-	-	-	-	-	-	-	-	-	-	-	-	-	-	-	-	-	-	-	-	-	-	-
20条の6	-	-	-	-	-	-	-	-	-	-	-	-	-	-	-	-	-	-	-	-	-	-	-	-	-	-	-	-	-	-	-	-	-
51条	-	-	-	-	-	-	-	-	-	-	-	-	-	-	-	-	-	-	-	-	-	-	-	-	-	-	-	-	-	-	-	-	-
66条1項	-	-	-	-	-	-	-	-	-	-	-	-	-	-	-	-	-	-	-	-	-	-	-	-	-	-	-	-	-	-	-	-	-
独占禁止法 3条前段（旧審判手続）	2	0	0	1	0	0	0	0	1	1	0	0	0	0	0	1	0	0	1	0	0	0	0	0	0	1	0	0	0	0	0	0	0
3条後段（旧審判手続）	4	2	5	25	4	8	2	1	5	1	2	0	0	0	0	0	2	9	2	0	2	6	3	3	3	10	35	31	12	14	2	1	3
4条（旧審判手続）	1	1	3	9	4	7	1	-	-	-	-	-	-	-	-	-	-	-	-	-	-	-	-	-	-	-	-	-	-	-	-	-	-
5条（旧審判手続）	3	0	1	0	0	0	0	-	-	-	-	-	-	-	-	-	-	-	-	-	-	-	-	-	-	-	-	-	-	-	-	-	-
6条（旧審判手続）	0	0	1	21	0	2	1	0	0	0	0	0	0	0	0	0	0	0	0	0	0	0	1	0	0	6	0	0	0	0	0	0	0
7条の2（旧審判手続）	-	-	-	-	-	-	-	-	-	-	-	-	-	-	-	-	-	-	-	-	-	-	-	-	-	-	-	-	-	-	0	0	0
8条（旧審判手続）	-	-	-	-	-	-	4	1	2	2	4	2	1	1	2	10	25	20	22	15	6	22	24	40	34	11	33	11	10	6	9	2	10
10条（旧審判手続）	0	0	1	6	2	0	0	0	0	0	0	0	0	0	0	0	0	0	0	0	0	0	0	0	0	0	1	0	0	0	0	0	0
11条（旧審判手続）	0	0	0	2	0	0	0	0	0	0	0	0	0	0	1	0	0	0	0	0	0	0	0	0	0	0	0	0	0	0	0	0	0
13条（旧審判手続）	0	0	0	2	1	0	0	0	0	0	0	0	0	0	0	0	0	0	0	0	0	0	0	0	0	0	1	0	0	0	0	0	0
14条（旧審判手続）	0	0	0	5	2	0	0	0	0	0	0	0	0	0	0	0	0	0	0	0	0	0	0	0	0	0	0	0	0	0	0	0	0
15条（旧審判手続）	0	0	0	0	0	0	0	0	0	0	0	0	0	0	0	0	0	0	0	0	0	0	1	0	0	0	0	0	0	0	0	0	0
16条（旧審判手続）	0	0	0	1	0	0	0	0	0	0	0	0	0	0	0	0	0	0	0	0	0	0	0	0	0	0	0	0	0	0	0	0	0
17条（旧審判手続）	0	0	0	4	0	0	0	0	0	1	0	0	0	0	0	0	0	0	0	0	0	0	0	0	0	0	0	0	0	0	0	0	0
19条（旧審判手続）	0	0	2	20	1	2	3	4	4	2	1	0	1	0	0	2	9	1	3	2	5	3	1	1	0	2	0	1	5	4	6	4	4
49条（旧審判手続）	0	0	0	0	0	0	0	0	0	0	0	0	0	0	0	0	0	0	0	0	0	0	0	0	0	0	0	0	0	0	0	0	0
65条（旧審判手続）	0	0	0	0	0	0	0	0	0	0	0	0	0	0	0	0	0	0	0	0	0	0	0	0	0	0	0	9	0	0	0	0	0
66条（旧審判手続）	0	0	0	0	0	0	0	0	0	0	0	0	0	0	0	0	0	0	0	0	0	0	0	0	0	0	0	0	0	0	0	0	0
事業者団体法（旧審判手続）	0	0	9	20	13	8	4	-	-	-	-	-	-	-	-	-	-	-	-	-	-	-	-	-	-	-	-	-	-	-	-	-	-
景品表示法 4条	-	-	-	-	-	-	-	-	-	-	-	-	-	-	-	-	-	-	-	-	-	-	-	-	-	-	-	-	-	-	-	-	-
景品表示法 3条（旧審判手続）	-	-	-	-	-	-	-	-	-	-	-	-	-	-	-	0	0	0	0	0	0	0	1	0	0	2	0	0	0	1	1	0	0
4条（旧審判手続）	-	-	-	-	-	-	-	-	-	-	-	-	-	-	-	0	0	0	0	0	0	0	0	0	0	1	0	2	1	0	0	1	0
9条（旧審判手続）	0	0	0	0	0	0	0	0	0	0	0	0	0	0	0	0	0	0	0	0	0	0	0	0	0	0	0	0	0	0	0	0	0
10条（旧審判手続）	-	-	-	-	-	-	-	-	-	-	-	-	-	-	-	0	0	0	0	0	0	0	1	0	0	1	0	0	0	0	0	0	0
中小企業等協同組合法107条（旧審判手続）	-	-	0	0	0	0	0	0	0	0	0	0	0	0	0	0	0	0	0	0	0	0	0	0	0	0	0	6	7	0	0	0	0
審決件数（注2）	5	2	14	（注3）59	18	（注3）15	12	5	11	6	7	2	2	1	3	13	36	30	27	17	12	31	32	44	37	34	69	60	34	25	18	8	15

（注１）本表において「旧審判手続」とあるのは平成17年独占禁止法改正法による改正前の独占禁止法による審判手続を経てなされた審決である。
（注２）本表に掲げる数字が審決件数より多いのは同一事件に２以上の法条を適用した場合があるからである。
（注３）昭和25年度審決のうち１件及び昭和27年度審決のうち４件は審決をもって審判開始決定を取り消したものである。

55	56	57	58	59	60	61	62	63	元	2	3	4	5	6	7	8	9	10	11	12	13	14	15	16	17	18	19	20	21	22	23	24	25	26	27	28	29	30
-	-	-	-	-	-	-	-	-	-	-	-	-	-	-	-	-	-	-	-	-	-	-	-	-	-	-	0	0	0	0	0	1	0	0	0	0	0	0
-	-	-	-	-	-	-	-	-	-	-	-	-	-	-	-	-	-	-	-	-	-	-	-	-	-	-	0	3	0	2	4	3	3	15	6	6	33	5
-	-	-	-	-	-	-	-	-	-	-	-	-	-	-	-	-	-	-	-	-	-	-	-	-	-	-	1	8	0	3	8	4	5	18	8	8	33	5
-	-	-	-	-	-	-	-	-	-	-	-	-	-	-	-	-	-	-	-	-	-	-	-	-	-	-	-	0	0	1	0	0	0	0	1	0	0	3
-	-	-	-	-	-	-	-	-	-	-	-	-	-	-	-	-	-	-	-	-	-	-	-	-	-	-	-	-	0	0	0	0	0	0	1	0	0	2
-	-	-	-	-	-	-	-	-	-	-	-	-	-	-	-	-	-	-	-	-	-	-	-	-	0	0	0	0	3	0	0	0	0	0	0	0	0	0
-	-	-	-	-	-	-	-	-	-	-	-	-	-	-	-	-	-	-	-	-	-	-	-	-	0	0	0	0	7	0	0	0	0	0	0	0	0	0
0	0	0	0	0	0	0	0	0	0	0	0	0	0	0	0	1	2	1	1	0	0	0	0	1	1	2	0	0	0	0	0	0	0	0	0	0	0	0
4	6	5	5	4	1	3	0	5	4	4	12	23	22	8	11	15	15	14	23	17	37	36	21	29	24	54	21	7	8	6	0	0	0	0	0	0	0	0
-	-	-	-	-	-	-	-	-	-	-	-	-	-	-	-	-	-	-	-	-	-	-	-	-	-	-	-	-	-	-	-	-	-	-	-	-	-	-
-	-	-	-	-	-	-	-	-	-	-	-	-	-	-	-	-	-	-	-	-	-	-	-	-	-	-	-	-	-	-	-	-	-	-	-	-	-	-
0	0	0	0	0	0	0	0	0	0	0	0	0	0	0	0	0	0	0	0	0	0	0	0	0	0	0	0	0	0	0	0	0	0	0	0	0	0	0
0	0	0	1	0	6	0	0	0	0	0	0	0	1	0	0	5	1	1	2	24	1	7	14	32	14	42	10	37	21	13	0	5	7	0	0	0	0	0
8	4	7	2	5	3	1	5	0	3	7	6	11	2	14	5	8	3	2	3	3	0	0	1	2	0	0	0	0	0	0	0	0	0	0	0	0	0	0
0	0	0	0	0	0	0	0	0	0	0	0	0	0	0	0	0	0	0	0	0	0	0	0	0	0	0	0	0	0	0	0	0	0	0	0	0	0	0
0	0	0	0	0	0	0	0	0	0	0	0	0	0	0	0	0	0	0	0	0	0	0	0	0	0	0	0	0	0	0	0	0	0	0	0	0	0	0
0	0	0	0	0	0	0	0	0	0	0	0	0	0	0	0	0	0	0	0	0	0	0	0	0	0	0	0	0	0	0	0	0	0	0	0	0	0	0
0	0	0	0	0	0	0	0	0	0	0	0	0	0	0	0	0	0	0	0	0	0	0	0	0	0	0	0	0	0	0	0	0	0	0	0	0	0	0
0	0	0	0	0	0	0	0	0	0	0	0	0	0	0	0	0	0	0	0	0	0	0	0	0	0	0	0	0	0	0	0	0	0	0	0	0	0	0
0	0	0	0	0	0	0	0	0	0	0	0	0	0	0	0	0	0	0	0	0	0	0	0	0	0	0	0	0	0	0	0	0	0	0	0	0	0	0
0	0	0	0	0	0	0	0	0	0	0	1	0	0	0	0	0	0	0	0	0	0	0	0	0	0	0	0	0	0	0	0	0	0	0	0	0	0	0
3	3	7	4	0	7	0	1	1	3	6	9	4	5	1	4	1	8	7	3	6	3	3	3	8	3	0	1	3	0	0	0	0	0	0	0	0	0	0
0	0	0	0	0	0	0	0	0	0	0	0	0	0	0	0	0	0	0	0	0	0	1	0	0	0	0	0	0	0	0	0	0	0	0	0	0	0	0
0	0	0	0	0	0	0	0	0	0	0	0	0	0	0	0	0	0	0	0	0	0	0	0	0	0	0	0	0	0	0	0	0	0	0	0	0	0	0
0	0	0	0	0	0	0	0	0	0	0	0	0	3	0	0	0	0	0	0	0	0	0	0	0	0	0	0	0	0	0	0	0	0	0	0	0	0	0
-	-	-	-	-	-	-	-	-	-	-	-	-	-	-	-	-	-	-	-	-	-	-	-	-	-	-	-	-	-	-	-	-	-	-	-	-	-	-
-	-	-	-	-	-	-	-	-	-	-	-	-	-	-	-	-	-	-	-	-	-	-	-	-	0	0	0	0	4	0	0	0	0	0	0	0	0	0
0	0	0	0	0	0	0	0	0	0	0	0	0	0	0	0	0	0	0	0	0	0	0	0	0	0	0	0	0	0	0	0	0	0	0	0	0	0	0
0	0	0	0	0	0	1	0	0	0	0	1	0	0	2	0	0	0	0	1	0	1	0	0	0	0	4	2	0	0	0	0	0	0	0	0	0	0	0
0	0	0	0	0	0	0	0	0	0	0	0	0	0	0	0	0	0	0	0	0	0	1	1	0	0	0	0	0	0	0	0	0	0	0	0	0	0	0
1	0	1	0	0	0	0	0	0	0	0	0	0	0	0	0	0	0	0	0	0	0	0	0	0	0	0	0	0	0	0	0	0	0	0	0	0	0	0
0	0	0	0	0	0	0	0	0	0	0	0	0	0	0	0	0	0	0	0	0	0	0	0	0	0	0	0	0	0	0	0	0	0	0	0	0	0	0
16	13	20	12	9	17	5	6	6	10	17	29	38	33	25	20	30	29	25	33	50	42	48	40	72	42	102	35	58	43	25	12	13	15	33	16	14	66	15

元	2	計
0	0	1
3	76	159
4	76	181
2	1	8
2	1	6
1	0	4
0	0	(注4) 7
0	0	17
0	0	641
−	−	26
−	−	4
0	0	32
0	0	(注5) 244
0	0	434
0	0	10
0	0	3
0	0	4
0	0	7
0	0	1
0	0	1
0	0	6
0	0	200
0	0	(注6) 1
0	0	9
0	0	3
−	−	54
0	0	4
0	0	5
0	0	17
0	0	(注6) 2
0	0	4
0	0	13
12	154	2, 004

(注４) 独占禁止法第66条第１項に基づく審決は審判請求を却下する審決である。
(注５) 独占禁止法第７条の２（旧審判手続）の審決件数には課徴金の納付を命じなかった審決が７件含まれており、また独占禁止法第８条の３により当該条項が準用されている審決が含まれている。
(注６) 独占禁止法第49条（旧審判手続）及び景品表示法第９条（旧審判手続）に基づく審決は審判手続開始請求を却下する審決である。

2－3表　告発事件一覧

件　名	告発年月日	起訴年月日	判決年月日	判決内容	事件の概要	関係法条	備考
農林連絡協議会ほか21名（役員）	S24.4.28	S25.6.16（農林連絡協議会ほか2名を起訴）	東京高裁 S26.2.27	罰金 各1万円	閉鎖機関に指定され清算中であったところ、購買及び販売の営業に従事する等禁止規定を免れる行為をした。	事業者団体法 第5条第1項第13、第14号、第2項、第14条第1項第1号、第3項	協議会委員長、常任委員はS26.3.11上告したが、前者は死亡したため、S35.3.15控訴棄却、後者はS36.12.5上告棄却
大川(合)ほか1名（役員）	S24.5.21	S25.11.25	東京高裁 S27.5.12	免訴（講和条約による大赦のため）	解散及び清算計画書、株式の処分に関する計画書を期限までに提出しなかった。	独占禁止法 第105条、第107条、第108条、第109条、第111条、第112条	
山一証券㈱	S24.11.28	S26.12.28（不起訴）			許可を受けないで営業を譲り受けた。	独占禁止法 第16条、第91条の2第6項	
㈱三愛土地ほか1名（役員）	S45.4.3	S45.5.26	東京高裁 S46.1.29	被告会社に20万円の罰金、被告人に懲役1年（執行猶予3年）、罰金10万円	審決に違反して不当表示を行った。	独占禁止法 第90条第3号、第95条第1項、景品表示法 第4条第1号、第2号	
出光興産㈱ほか26名（法人及び15役員）	S49.2.15	S49.5.28	東京高裁 S55.9.26	被告会社に150万円から250万円の罰金、被告人に4月から10月の懲役（執行猶予つき）	出光興産㈱ほか11名の石油元売会社は、石油製品の販売価格を、昭和48年1月、2月、8月、10月及び11月に引き上げることを共同して決定し実施した。	独占禁止法 第3条後段、第89条第1項第1号、第95条第1項	日本石油㈱及び同社常務は確定 昭和石油㈱常務は死亡したためS55.11.19公訴棄却
			最高裁 S59.2.24	太陽石油㈱、九州石油㈱及び太陽石油㈱取締役に関する部分を破棄無罪、その他の被告会社及び被告人につき上告棄却			丸善石油㈱専務はS57.10.21及び三菱石油㈱取締役はS57.5.27それぞれ死亡につき公訴棄却

件　名	告発年月日	起訴年月日	判決年月日	判決内容	事件の概要	関係法条	備　考
石油連盟ほか4名（4役員）	S49. 2. 15	S49. 5. 28（石油連盟ほか2名を起訴、残り2名を不起訴）	東京高裁S55. 9. 26	被告人に違法の認識がなかったとして無罪	石油連盟は昭和47年度下期及び昭和48年度上期の会員の原油処理量を決定し実施した。	独占禁止法第8条第1項第1号、第89条第1項第2号、第95条第2項	
三井東圧化学㈱ほか22名（8社、役員15名）	H3. 11. 6（H3. 12. 19追加告発）	H3. 12. 20	東京高裁H5. 5. 21	被告会社に600万円から800万円の罰金、被告人に懲役6月から1年（執行猶予2年）	三井東圧化学㈱ほか7社は、塩化ビニル製業務用ストレッチフィルムの販売価格を平成2年9月及び同年11月出荷分から引き上げること等を共同して決定し実施した。	独占禁止法第3条後段、第89条第1項第1号、第95条第1項	
トッパン・ムーア㈱ほか3名	H5. 2. 24	H5. 3. 31	東京高裁H5. 12. 14	被告会社に400万円の罰金	トッパン・ムーア㈱ほか3社は、社会保険庁が発注する支払通知書等貼付用シールの受注予定者及び受注予定価格を決定し実施していた。	独占禁止法第3条後段、第89条第1項第1号、第95条第1項	
㈱日立製作所ほか26名（9社及び受注業務に従事していた者17名並びに発注業務に従事していた者1名）	H7. 3. 6（H7. 6. 7追加告発）	H7. 6. 15	東京高裁H8. 5. 31	被告会社に4000万円から6000万円の罰金、被告会社の受注業務に従事していた者に懲役10月（執行猶予2年）日本下水道事業団の発注業務に従事していた者に懲役8月（執行猶予2年）	㈱日立製作所ほか8社は、平成5年度における日本下水道事業団発注に係る電気設備工事の受注予定者を決定するとともに、受注予定者が受注できるようあらかじめ定められた価格で入札することを合意し実施していた。	独占禁止法第3条後段、第89条第1項第1号、第95条第1項、刑法第62条第1項	
㈱金門製作所ほか58名（25社及び受注業務に従事していた者34名）	H9. 2. 4	H9. 3. 31	東京高裁H9. 12. 24	被告会社に500万円から900万円の罰金、被告会社の受注業務に従事していた者に懲役6月から9月（執行猶予2年）	㈱金門製作所ほか24社は、平成6年度、平成7年度及び平成8年度の各年度における東京都発注に係る水道メーターについて、受注予定者を決定するとともに、受注予定者が受注できるようあらかじめ定められた価格で入札することを合意し実施していた。	独占禁止法第3条後段、第89条第1項第1号、第95条第1項、刑法第60条	富士水道工業㈱はH10. 1. 6、㈱東京量水器工業所及び同社管理部長兼工場長はH10. 1. 7それぞれ上告したが、いずれもH12. 9. 25上告棄却

件　名	告発年月日	起訴年月日	判決年月日	判決内容	事件の概要	関係法条	備考
㈱クボタほか12名（3社及び受注業務に従事していた者10名）	H11.2.4（H11.3.1追加告発）	H11.3.1	東京高裁H12.2.23	被告会社に3000万円から1億3000万円の罰金、被告会社の受注業務に従事していた者に懲役6月から10月（執行猶予2年）	㈱クボタほか2社は、平成8年度及び平成9年度の各年度に日本国内において需要のあるダクタイル鋳鉄管直管の3社のシェア配分協定に合意し実施していた。	独占禁止法第3条後段、第89条第1項第1号、第95条第1項、刑法第60条	
コスモ石油㈱ほか19名（11社、個人9名）	H11.10.13（H11.11.9追加告発）	H11.11.9	東京高裁H16.3.24	被告会社に300万円から8000万円の罰金、被告人に懲役6月から1年6月（執行猶予2年から3年）	コスモ石油㈱ほか10社は、防衛庁調達実施本部が平成10年度に調達する、ガソリン、軽油、灯油、重油及び航空タービン燃料の各石油製品の発注に係る6回の指名競争入札のうち前4回において、各入札前に会合を開催し、前年度の受注実績を勘案して受注予定者を決定するとともに受注予定者が受注できるような価格で入札を行う旨合意した上、同合意に従って受注予定者を決定し、もって、被告発会社が共同して、その事業活動を相互に拘束し、遂行することにより、公共の利益に反して、前記石油製品の受注に係る取引分野における競争を実質的に制限した。	独占禁止法第3条後段、第89条第1項第1号、第95条第1項、刑法第60条	3社及び4名については、それぞれH16.3.31、H16.4.2、H16.4.5に上告したが、H17.11.21上告棄却決定（H17.11.26、H17.11.29、H17.12.20確定）
愛知時計電機㈱ほか8名（4社、個人5名）	H15.7.2	H15.7.23	東京高裁H16.3.26（1社、個人2名）H16.4.30（2社、個人2名）H16.5.21（1社、個人1名）	被告会社に2000万円から3000万円の罰金、被告人に懲役1年から1年2月（執行猶予3年）	4社及びこれら4社の東京都発注に係る水道メーターの受注業務に従事していた者等5名は、同水道メーターの受注業務に従事する他の水道メーターの製造業者等14社の従業員らとともに、それぞれの所属する会社の業務に関し、東京都が一般競争入札の方法により発注する水道メーターのうち、口径13ミリ、同20ミリ及び同25ミリのものについて、受注予定者を決定するとともに、受注予定者が受注できるような価格で入札を行う旨合意した上、同合意に従って受注予定者を決定し、もって、被告発会社が共同して、その事業活動を相互に拘束し、遂行することにより、公共の利益に反して、前記水道メーターの受注に係る取引分野における競争を実質的に制限した。	独占禁止法第3条後段、第89条第1項第1号、第95条第1項（平成14年法律第47号による改正前）	

件　　名	告発年月日	起訴年月日	判決年月日	判決内容	事件の概要	関係法条	備　　考
㈱横河ブリッジほか33名（26社、個人8名）	H17.5.23（H17.6.15追加告発）	H17.6.15	東京高裁 H18.11.10（23社、個人7名及び日本道路公団元理事1名） H19.9.21（3社、個人2名）	被告会社に1億6000万円から6億4000万円の罰金、被告人に懲役1年から2年6月（執行猶予3年から4年）	26社は、平成15年度にあっては他の鋼橋上部工事業者23社とともに、平成16年度にあっては他の鋼橋上部工事業者21社とともに、国土交通省関東地方整備局、東北地方整備局及び北陸地方整備局が競争入札により発注する鋼橋上部工事について、受注予定者を決定するとともに、受注予定者が受注できるような価格等で入札を行う旨合意した上、同合意に従って受注予定者を決定し、もって、被告発会社が共同して、その事業活動を相互に拘束し、遂行することにより、公共の利益に反して、前記鋼橋上部工事の受注に係る取引分野における競争を実質的に制限した。	独占禁止法第3条後段、第89条第1項第1号、第95条第1項第1号、刑法第60条、第62条第1項	
㈱横河ブリッジほか12名（6社、個人4名、日本道路公団元理事1名、同副総裁1名及び同理事1名）	H17.6.29（H17.8.1、H17.8.15追加告発）	H17.8.1（6社、受注業務に従事していた者4名及び日本道路公団元理事1名） H17.8.15（日本道路公団副総裁1名） H17.8.19（日本道路公団理事1名）	東京高裁 H19.12.7（日本道路公団理事1名） H20.7.4（日本道路公団副総裁1名）	日本道路公団理事（当時）に懲役2年（執行猶予3年）、日本道路公団副総裁（当時）に懲役2年6月（執行猶予4年） ※併合罪	6社は、平成15年度にあっては他の鋼橋上部工事業者43社とともに、平成16年度にあっては他の鋼橋上部工事業者41社とともに、日本道路公団が競争入札により発注する鋼橋上部工事について、受注予定者を決定するとともに、受注予定者が受注できるような価格等で入札を行う旨合意した上、同合意に従って受注予定者を決定し、もって、被告発会社が共同して、その事業活動を相互に拘束し、遂行することにより、公共の利益に反して、前記鋼橋上部工事の受注に係る取引分野における競争を実質的に制限した。	独占禁止法第3条後段、第89条第1項第1号、第95条第1項第1号、刑法第60条、第65条第1項	日本道路公団理事（当時）1名及び日本道路公団副総裁（当時）1名は、独占禁止法違反の事実とは別に背任罪の事実も認定されている。 日本道路公団理事（当時）については、H19.12.17に上告したが、H22.7.20上告棄却決定。 日本道路公団副総裁（当時）については、H20.7.4に上告したが、H22.9.22上告棄却決定。

件　名	告発年月日	起訴年月日	判決年月日	判決内容	事 件 の 概 要	関係法条	備　考
㈱クボタほか21名（11社、個人11名）	H18.5.23（H18.6.12追加告発）	H18.6.12	大阪地裁 H19.3.12（1社、個人1名） H19.3.15（1社、個人1名） H19.3.19（1社、個人1名） H19.3.22（2社、個人2名） H19.3.29（3社、個人3名） H19.4.23（2社、個人2名） H19.5.17（1社、個人1名）	被告会社に7000万円から2億2000万円の罰金、被告人に罰金140万円から170万円又は懲役1年4月から2年6月（執行猶予3年から4年）	11社は、市町村等が競争入札により発注するし尿処理施設の新設及び更新工事について、受注予定者を決定するとともに、受注予定者が受注できるような価格等で入札を行う旨合意した上、同合意に従って受注予定者を決定し、もって、被告発会社が共同して、その事業活動を相互に拘束し、遂行することにより、公共の利益に反して、し尿処理施設の新設及び更新工事の受注に係る取引分野における競争を実質的に制限した。	独占禁止法第3条後段、第89条第1項第1号、第95条第1項第1号、刑法第60条	被告会社の受注業務に従事していた者のうち1名については、独占禁止法違反の事実とは別に贈賄罪の事実も認定されている。
㈱大林組ほか9名（5社、個人5名）	H19.2.28（H19.3.20追加告発）	H19.3.20	名古屋地裁 H19.10.15	被告会社に1億円から2億円の罰金、被告人に懲役1年6月から3年（執行猶予3年から5年）	5社は、名古屋市交通局が一般競争入札の方法により特別共同企業体に発注する地下鉄第6号線野並・徳重間延伸事業に係る土木工事について、受注予定の特別共同企業体を決定するとともに、受注予定特別共同企業体が受注できるような価格で入札を行う旨を合意した上、同合意に従って受注予定特別共同企業体を決定し、もって、被告発会社等が共同して、その事業活動を相互に拘束し、遂行することにより、公共の利益に反して、前記土木工事の受注に係る取引分野における競争を実質的に制限した。	独占禁止法第3条後段、第89条第1項第1号、第95条第1項第1号、刑法第60条	被告会社の受注業務に従事していた者のうち1名については、独占禁止法違反の事実とは別に談合罪の事実も認定されている。

件　名	告発年月日	起訴年月日	判決年月日	判決内容	事件の概要	関係法条	備　考
㈶林業土木コンサルタンツほか10名（4法人、個人5名、独立行政法人緑資源機構元理事1名及び同機構元課長1名）	H19.5.24（H19.6.13追加告発）	H19.6.13	東京地裁 H19.11.1	被告会社に4000万円から9000万円の罰金、被告人に懲役6月から8月（執行猶予2年から3年）、独立行政法人緑資源機構の元役職員であった者に懲役1年6月から2年（執行猶予3年から4年）	4法人は、地質調査・調査測量設計業務を営む他の事業者とともに、独立行政法人緑資源機構が平成17年度及び平成18年度において指名競争入札等の方法により発注する緑資源幹線林道事業に係る地質調査・調査測量設計業務について、独立行政法人緑資源機構の意向に従って受注予定業者を決定するとともに受注予定業者が受注できるような価格で入札を行う旨を合意した上、同合意に従って受注予定者を決定し、もって、被告発会社が共同して、その事業活動を相互に拘束し、遂行することにより、公共の利益に反して、前記地質調査・調査測量設計業務の受注に係る取引分野における競争を実質的に制限した。	独占禁止法第3条後段、第89条第1項第1号、第95条第1項第1号、刑法第60条、第65条第1項	
日鉄住金鋼板㈱ほか8名（3社、個人6名）	H20.11.11（H20.12.8追加告発）	H20.12.8	東京地裁 H21.9.15	被告会社に1億6000万円から1億8000万円の罰金、被告人に懲役10月から1年（執行猶予3年）	3社は、不特定多数の需要者向け溶融55パーセントアルミニウム亜鉛合金めっき鋼板及び鋼帯の平成18年7月1日以降出荷分の販売価格を引き上げる旨を合意し、もって、被告発会社が共同して、その事業活動を相互に拘束し、遂行することにより、公共の利益に反して、前記めっき鋼板及び鋼帯の販売に係る取引分野における競争を実質的に制限した。	独占禁止法第3条後段、第89条第1項第1号、第95条第1項第1号、刑法第60条	

件　　名	告発年月日	起訴年月日	判決年月日	判決内容	事　件　の　概　要	関係法条	備　　考
日本精工㈱ほか9名（3社、個人7名）	H24.6.14	H24.6.14	東京地裁 H24.12.28（1社、個人2名） H25.2.25（1社、個人3名） H27.2.4（1社、個人2名）	被告会社に1億8000万円から4億円の罰金、被告人に懲役1年から1年6月（執行猶予3年）	3社等は、産業機械用軸受について、平成22年7月1日以降に納入する産業機械用軸受の販売価格を、同年6月時点における被告発会社等の販売価格から、一般軸受につき8パーセントを、大型軸受につき10パーセントをそれぞれ引き上げることを販売先等に申し入れるなどして、軸受の原材料である鋼材の仕入価格の値上がり分を産業機械用軸受の販売価格に転嫁することを目途に引き上げること、並びに、具体的な販売価格引上げ交渉に当たっては、販売地区及び主要な販売先ごとに3社等の従業員らが連絡、協議しながら行うことを各合意し、もって、被告発会社等が共同して、その事業活動を相互に拘束することにより、公共の利益に反して、産業機械用軸受の販売に係る取引分野における競争を実質的に制限した。 また、2社等は、自動車用軸受について、平成22年7月1日以降に納入する自動車用軸受の販売価格を、同年6月時点における被告発会社等の販売価格から、軸受の原材料である鋼材の投入重量1キログラム当たり20円を目途に引き上げることを合意し、もって、被告発会社等が共同して、その事業活動を相互に拘束することにより、公共の利益に反して、自動車用軸受の販売に係る取引分野における競争を実質的に制限した。	独占禁止法第3条後段、第89条第1項第1号、第95条第1項第1号、刑法第60条	1社及び2名については、H27.2.4に控訴したが、H28.3.22控訴棄却判決。同日、上告したが、H29.12.5上告棄却決定。（H29.12.12確定）

件　名	告発年月日	起訴年月日	判決年月日	判決内容	事件の概要	関係法条	備　考
高砂熱学工業㈱ほか15名（8社、個人8名）	H26.3.4	H26.3.4	東京地裁 H26.9.30（1社、個人1名） H26.10.2（2社、個人2名） H26.10.3（1社、個人1名） H26.10.6（1社、個人1名） H26.11.12（1社、個人1名） H26.11.13（1社、個人1名） H26.11.14（1社、個人1名）	被告会社に1億2000万円から1億6000万円の罰金、被告人に懲役1年2月から1年6月（執行猶予3年）	8社等は、平成23年10月以降に、独立行政法人鉄道建設・運輸施設整備支援機構が条件付一般競争入札の方法により発注する北陸新幹線融雪・消雪基地機械設備工事について、受注予定事業者を決定するとともに当該受注予定事業者が受注できるような価格で入札を行うことなどを合意した上、同合意に従って、前記工事についてそれぞれ受注予定事業者を決定するなどし、もって、8社等が共同して、前記工事の受注に関し、相互にその事業活動を拘束し、遂行することにより、公共の利益に反して、前記工事の受注に係る取引分野における競争を実質的に制限した。	独占禁止法第3条後段、第89条第1項第1号、第95条第1項第1号、 刑法第60条	
㈱NIPPOほか20名（10社、個人11名）	H28.2.29	H28.2.29	東京地裁 H28.9.7（3社、個人3名） H28.9.15（1社、個人1名） H28.10.6（2社、個人3名） H28.10.11（1社） H28.10.25（個人1名） H28.10.27（2社、個人2名） H28.11.1（1社、個人1名）	被告会社に1億2000万円から1億8000万円の罰金、被告人に懲役1年2月から1年6月（執行猶予3年）	10社等は、平成23年7月以降に、東日本高速道路㈱東北支社が条件付一般競争入札の方法により発注する東日本大震災に係る舗装災害復旧工事について、受注予定事業者を決定すること及び当該受注予定事業者が受注できるような価格で入札を行うことなどを合意した上、同合意に従って、前記工事についてそれぞれ受注予定事業者を決定するなどし、もって、10社等が共同して、前記工事の受注に関し、相互にその事業活動を拘束し、遂行することにより、公共の利益に反して、前記工事の受注に係る取引分野における競争を実質的に制限した。	独占禁止法第3条後段、第89条第1項第1号、第95条第1項第1号、 刑法第60条	

件　　名	告発年月日	起訴年月日	判決年月日	判決内容	事件の概要	関係法条	備　　考
大成建設㈱ほか5名（4社、個人2名）	H30. 3. 23	H30. 3. 23	東京地裁H30. 10. 22（2社）R3. 3. 1（2社、個人2名、R3. 3. 10控訴）	被告会社に1億8000万円から2億5000万円の罰金、被告人に懲役1年6月（執行猶予3年）	4社は、平成26年4月下旬頃から平成27年8月下旬頃までの間、東海旅客鉄道㈱が4社を指名して競争見積の方法により順次発注する品川駅・名古屋駅間の中央新幹線に係る地下開削工法によるターミナル駅新設工事について、受注予定事業者を決定すること及び当該受注予定事業者が受注できるような価格で見積りを行うことなどを合意した上、同合意に従って、前記工事についてそれぞれ受注予定事業者を決定するなどし、もって4社が共同して、前記工事の受注に関し、相互にその事業活動を拘束し、遂行することにより、公共の利益に反して、前記工事の受注に係る取引分野における競争を実質的に制限した。	独占禁止法第3条後段、第89条第1項第1号、第95条第1項第1号、刑法第60条	2社及び2名については、R3. 3. 10に控訴したが、R5. 3. 2控訴棄却判決。R5. 3. 10に1社1名及びR5. 3. 14に1社1名が上告。
アルフレッサ㈱ほか9名（3社、個人7名）	R2. 12. 9	R2. 12. 9	東京地裁R3. 6. 30（3社、個人7名）	被告会社に2億5000万円の罰金、被告人に懲役1年6月から2年（執行猶予3年）	3社等は、平成28年及び平成30年それぞれにおいて、独立行政法人地域医療機能推進機構が一般競争入札を実施した同機構が運営する57病院における医薬品購入契約について、3社等それぞれの受注予定比率を設定し、同比率に合うように受注予定事業者を決定するとともに当該受注予定事業者が受注できるような価格で入札を行うことなどを合意した上、同合意に従って、前記契約について受注予定事業者を決定するなどし、もって3社等が共同して、前記契約の受注に関し、相互にその事業活動を拘束し、遂行することにより、公共の利益に反して、前記契約の受注に係る取引分野における競争を実質的に制限した。	独占禁止法第3条後段、第89条第1項第1号、第95条第1項第1号、刑法第60条	

件　名	告発年月日	起訴年月日	判決年月日	判決内容	事件の概要	関係法条	備考
㈱電通グループほか12名（6社、個人6名、公益財団法人東京オリンピック・パラリンピック競技大会組織委員会元次長1名）	R5.2.28	R5.2.28			6社等は、平成30年2月頃から同年7月頃までの間、公益財団法人東京オリンピック・パラリンピック競技大会組織委員会が順次発注する東京2020オリンピック・パラリンピック競技大会に関して競技・会場ごとに実施される各テストイベント計画立案等業務委託契約並びに同契約の受注者との間で締結されることとされていた各テストイベント実施等業務委託契約及び各本大会運営等業務委託契約について、6社等の受注希望等を考慮して受注予定事業者を決定するとともに基本的に当該受注予定事業者のみが入札を行うことなどを合意した上、同合意に従って前記契約についてそれぞれ受注予定事業者を決定するなどし、もって6社等が共同して、前記契約の受注に関し、相互にその事業活動を拘束し、遂行することにより、公共の利益に反して、前記契約の受注に係る取引分野における競争を実質的に制限した。	独占禁止法第3条後段、第89条第1項第1号、第95条第1項第1号、刑法第60条	

2－4表　緊急停止命令一覧

件名	当委員会申立年月日	決定年月日（注）	決定内容（注）	事件の内容	関係法条	処理結果		備考
						決定年月日（注）	決定内容	
㈱朝日新聞社ほか153名に対する件	S30.3.16 S30.7.27（停止命令の取消し）	S30.4.6	申立一部容認一部却下	㈱朝日新聞社、㈱読売新聞社、㈱毎日新聞社による千葉新聞の供給を受けないことを条件とする販売店との取引及び販売店による千葉新聞不買の申合せ	独占禁止法第19条（旧一般指定1、7）	S30.7.29	当事者の和解により違反事実の消滅（停止命令の取消し）	
伊藤勲に対する件	S30.7.4 S30.12.10（停止命令の取消し）	S30.7.29	申立容認	毎日新聞販売店（伊藤勲）による毎日新聞購読者に対する物品の供与	独占禁止法第19条（旧一般指定6）	S30.12.23	営業廃止により違反事実の消滅（停止命令の取消し）	停止命令違反に対する過料（1万円）決定（S30.10.12）
㈱大阪読売新聞社に対する件	S30.10.5	S30.11.5	申立容認	㈱大阪読売新聞社による読売新聞購読者に対する物品の供与	独占禁止法第19条（旧一般指定6）			同意審決（S30.12.8）
㈱北国新聞社に対する件	S31.12.21	S32.3.18	申立容認	㈱北国新聞社の販売する富山新聞の差別対価	独占禁止法第19条（新聞業特殊指定3）	S33.7.11	違反事実の自発的排除（停止命令の取消し）	被申立人による停止命令の執行免除の申立て（S32.3.29申立棄却）
八幡製鉄㈱ほか1名に対する件	S44.5.7 取下げ S44.5.30			八幡製鉄㈱及び富士製鉄㈱の合併	独占禁止法第15条第1項			被申立人が、合併期日を延期したので取下げ
㈱中部読売新聞社に対する件	S50.3.25	S50.4.30	申立容認	中部読売新聞の不当廉売	独占禁止法第19条（旧一般指定5）			同意審決（S52.11.24）被申立人は、特別抗告したが、最高裁はこれを却下（S50.7.17）
㈱有線ブロードネットワークスほか1社に対する件	H16.6.30 取下げ H16.9.14			有線音楽放送事業における私的独占又は差別対価若しくは取引条件等の差別取扱い	独占禁止法第3条前段、第19条（一般指定3、4）			被申立人が、申立てに係る行為を取りやめたので取下げ
楽天㈱に対する件	R2.2.28 取下げ R2.3.10			楽天㈱による出店事業者に対する優越的地位の濫用	独占禁止法第19条（第2条第9項第5号ハ）			被申立人が、申立てに係る行為を変更したので取下げ

（注）平成25年独占禁止法改正法の施行日（平成27年4月1日）前は、緊急停止命令等の非訟事件は東京高等裁判所の専属管轄とされていたが、同改正法の施行後は、東京地方裁判所の専属管轄とされている。

2－5表　注意の対象となった行為の業種・行為類型別分類

業種	件数	行為類型
農業	1	その他
水産養殖業	2	その他の拘束・排他条件付取引
鉱業、採石業、砂利採取業	2	優越的地位の濫用、その他
食料品製造業	3	再販売価格の拘束、優越的地位の濫用、その他
飲料・たばこ・飼料製造業	1	不当廉売
繊維工業	2	価格カルテル、その他
化学工業	3	再販売価格の拘束、優越的地位の濫用
金属製品製造業	1	再販売価格の拘束
電気機械器具製造業	1	再販売価格の拘束
その他の製造業	1	再販売価格の拘束
情報サービス業	1	優越的地位の濫用
道路貨物運送業	1	取引妨害
繊維・衣服等卸売業	1	優越的地位の濫用
飲食料品卸売業	5	優越的地位の濫用、不当廉売
建築材料、鉱物・金属材料等卸売業	1	優越的地位の濫用
機械器具卸売業	3	再販売価格の拘束、優越的地位の濫用
その他の卸売業	6	入札談合、再販売価格の拘束、優越的地位の濫用
各種商品小売業	11	優越的地位の濫用
織物・衣服・身の回り品小売業	2	その他
飲食料品小売業	7	優越的地位の濫用
機械器具小売業	1	優越的地位の濫用
その他の小売業	5	優越的地位の濫用
物品賃貸業	4	優越的地位の濫用
宿泊業	3	優越的地位の濫用
飲食店	1	取引妨害
その他の生活関連サービス業	2	優越的地位の濫用
医療業	1	優越的地位の濫用
協同組合（他に分類されないもの）	10	価格カルテル、その他の拘束・排他条件付取引、優越的地位の濫用、その他
自動車整備業	1	不当廉売

（注）業種は、「日本標準産業分類」を参考にしている。

3　独占禁止法適用除外関係

3－1表　独占禁止法適用除外根拠法令一覧

⑴　独占禁止法に基づくもの（３制度）

（令和５年３月末現在）

法律名	適用除外制度の内容 （根拠条項）	適用除外制度の 制定年次
私的独占の禁止及び公正取引の確保に関する法律（昭和22年法律第54号）	知的財産権の行使行為（第21条）	昭和22年
	一定の組合の行為（第22条）	昭和22年
	再販売価格維持契約（第23条）	昭和28年
独占禁止法第22条各号要件に係るみなし規定のあるもの たばこ耕作組合法（昭和33年法律第135号） 信用金庫法（昭和26年法律第238号） 農業協同組合法（昭和22年法律第132号） 水産業協同組合法（昭和23年法律第242号） 森林組合法（昭和53年法律第36号） 中小企業等協同組合法（昭和24年法律第181号） 商店街振興組合法（昭和37年法律第141号） 労働金庫法（昭和28年法律第227号）		

⑵　個別法に基づく適用除外（16法律・20制度）

（令和５年３月末現在）

所管官庁	法律名 （法律番号）	適用除外の対象	適用除外制度 の制定年次
金融庁	保険業法 （平成7年法律第105号）	保険カルテル	昭和26年
	損害保険料率算出団体に関する法律 （昭和23年法律第193号）	基準料率の算出（自賠責・地震）	平成10年
法務省	会社更生法 （平成14年法律第154号）	更生会社の株式取得	昭和27年
財務省	酒税の保全及び酒類業組合等に関する法律（昭和28年法律第7号）	合理化カルテル	昭和34年
文部科学省	著作権法 （昭和45年法律第48号）	商業用レコードの二次使用料等に関する取決め	昭和45年
厚生労働省	生活衛生関係営業の運営の適正化及び振興に関する法律 （昭和32年法律第164号）	過度競争防止カルテル	昭和32年
農林水産省	農業協同組合法 （昭和22年法律第132号）	農事組合法人が行う一定の事業	平成11年

所管官庁	法律名 （法律番号）	適用除外の対象	適用除外制度の制定年次
経済産業省	輸出入取引法 （昭和27年法律第299号）	輸出カルテル	昭和27年
	中小企業団体の組織に関する法律 （昭和32年法律第185号）	共同経済事業	昭和32年
	中小企業等協同組合法 （昭和24年法律第181号）	中小企業団体中央会が行う一定の事業	平成11年
国土交通省	海上運送法 （昭和24年法律第187号）	海運カルテル（内航）	昭和24年
		海運カルテル（外航）	昭和24年
	道路運送法 （昭和26年法律第183号）	運輸カルテル	昭和26年
	航空法 （昭和27年法律第231号）	航空カルテル（国内）	昭和27年
		航空カルテル（国際）	昭和27年
	内航海運組合法 （昭和32年法律第162号）	内航海運カルテル	昭和32年
		共同海運事業	昭和32年
	特定地域及び準特定地域における一般乗用旅客自動車運送事業の適正化及び活性化に関する特別措置法 （平成21年法律第64号）	供給輸送力削減カルテル	平成25年
金融庁 国土交通省	地域における一般乗合旅客自動車運送事業及び銀行業に係る基盤的なサービスの提供の維持を図るための私的独占の禁止及び公正取引の確保に関する法律の特例に関する法律 （令和2年法律第32号）	特定地域基盤企業等の合併等	令和2年
		地域一般乗合旅客自動車運送事業者等による共同経営に関する協定の締結	

３－２表　年次別・適用除外法令別カルテル等件数（注１）の推移

（各年３月末現在）

	根　拠　法　令	適用業種等	令和２年	令和３年	令和４年	令和５年
1	保険業法 平成8年4月1日施行	特定事業に係る共同行為	4	4	4	4
		その他の事業に係る共同行為	5	4	4	4
2	損害保険料率算出団体に関する法律 昭和23年7月29日施行	地震保険に係る基準料率及び自動車損害賠償責任保険に係る基準料率の算出	2	2	2	2
3	酒税の保全及び酒類業組合等に関する法律 昭和28年3月1日施行	酒類製造業	0	0	0	0
		酒類販売業	0	0	0	0
		（小　計）	0	0	0	0
4	著作権法 昭和45年5月6日施行	商業用レコードの二次使用料等に関する取決め（注2）	10	10	10	10
5	生活衛生関係営業の運営の適正化及び振興に関する法律 昭和32年9月2日施行	特定生活衛生関係サービス業、販売業	0	0	0	0
6	輸出入取引法 昭和27年9月1日施行	輸出業者の輸出取引	0	0	0	0
7	道路運送法 昭和26年7月1日施行	道路運送業（注3）	3（1）	3（1）	3（1）	3（1）
8	航空法 昭和27年7月15日施行	航空運送事業（国内）	0	0	0	0
		航空運送事業（国際）（注4）	〔1〕	〔0〕	〔0〕	〔0〕
9	海上運送法 昭和24年8月25日施行	海運カルテル（内航）	5	5	3	3

	根　拠　法　令	適用業種等	令和２年	令和３年	令和４年	令和５年
		海運カルテル（外航）（注4）	〔109〕	〔66〕	〔57〕	〔41〕
10	内航海運組合法 昭和32年10月1日施行	内航海運業	1	1	1	1
11	特定地域及び準特定地域における一般乗用旅客自動車運送事業の適正化及び活性化に関する特別措置法 平成26年1月27日施行	一般乗用旅客自動車運送事業	21	9	3	2
12	地域における一般乗合旅客自動車運送事業及び銀行業に係る基盤的なサービスの提供の維持を図るための私的独占の禁止及び公正取引の確保に関する法律の特例に関する法律 令和2年11月27日施行	特定地域基盤企業等の合併等（注5）	－	0	1	1
		地域一般乗合旅客自動車運送事業者等による共同経営に関する協定の締結	－	2	5	6
合　　計			51（49）	40（38）	36（34）	36（34）

（注１）件数は、公正取引委員会の同意を得、又は当委員会に協議若しくは通知を行って主務大臣が認可等を行ったカルテル等の件数である。

（注２）著作権法に基づく商業用レコードの二次使用料等に関する取決めの数は、当該取決めの届出を受けた文化庁長官による公正取引委員会に対する通知の件数である。

（注３）道路運送法に基づくカルテルについては路線ごとにカルテルが実施されているが、実施主体が同じカルテルを１件として算定した場合の数を（　）で示した。

（注４）航空法に基づく航空運送事業カルテル（国際）及び海上運送法に基づく海運カルテル（外航）に関する〔　〕内の数は、各年３月末日に終了する年度において締結、変更又は廃止の通知を受けた件数であり、外数である。

（注５）特定地域基盤企業等の合併等の欄の数は各年３月末現在で実施期間内にある主務大臣の認可を受けて行われた合併等に係る基盤的サービス維持計画の件数である。

３－３表　保険業法に基づくカルテル

⑴　保険業法第101条第１項第１号に基づく共同行為

（令和５年３月末現在）

対象種目	主　体	制　限　事　項	最初の発効日	有効期限
航空保険	日本航空保険プール	再保険における料率及び条件の決定（注）、再保険の出再割合の決定、再保険手数料率の決定、配分再保険の配分割合及び再保険手数料率の決定、再々保険の禁止、海外再々保険の相手方、出再割合、料率その他条件及び再保険手数料率の決定、損害査定	平成9年6月20日	期限の定めなし
原子力保険	日本原子力保険プール	保険約款の内容の決定、保険料率及びその他の条件の決定、元受保険及び受再保険の引受割合の決定、元受保険の共同処理（募集を含む。）、再保険の共同処理、損害査定の審査及び決定	平成9年6月20日	期限の定めなし
自賠責保険	損害保険会社	契約の引受け及び契約規定の作成方法、募集方法、事業方法書、普通保険約款、保険料及び責任準備金算出方法書の内容の決定、再保険取引に関する相手方又は数量の決定、損害査定方法の決定	平成9年4月30日	期限の定めなし
地震保険	損害保険会社	契約引受方法の決定、事業方法書、普通保険約款、保険料及び責任準備金算出方法書の内容の決定、損害査定方法の決定、再保険取引に関する事項の決定、地震保険の普及拡大に関する事項の決定	平成9年6月20日	期限の定めなし

（注）日本航空保険プールの共同行為では、保険料率の決定は明示的に行われていないが、①出再割合を100％としていること、②再保険について、会員は全て元受会社の契約内容に従って責任を負担することとなっているため、保険料率＝再保険料率となり、各社保険料率が同一となっている。

⑵　保険業法第101条第１項第２号に基づく共同行為

（令和５年３月末現在）

対象種目	主　体	制　限　事　項	最初の発効日	有効期限
船舶保険	日本船舶保険再保険プール	再保険約款の決定、再保険に関する損害査定方法の決定、再保険の取引に関する相手方又は数量の決定、再保険料率及び手数料の決定	平成10年4月1日	期限の定めなし

外航貨物保険	外航貨物再保険プール	再保険約款及び再保険料率の決定、再保険の出再割合の決定、再保険手数料の決定、配分再保険の配分割合及び再保険手数料率の決定、再々保険の禁止、再保険に係る損害査定	平成10年4月1日	期限の定めなし
自動車保険（対人賠償、自損事故及び無保険車傷害保険部分）	自動車対人賠償保険超過損害額再保険プール	再保険約款の決定、再保険に関する損害査定方法の決定、再保険の取引に関する相手方又は数量の決定、再保険料率及び手数料の決定	平成10年4月1日	期限の定めなし
住宅瑕疵担保責任保険	住宅瑕疵担保責任超過損害額再保険プール	再保険約款の決定、再保険に関する損害査定方法の決定、再保険の取引に関する相手方又は数量の決定、再保険料率の決定	平成21年4月1日	期限の定めなし

3－4表　損害保険料率算出団体に関する法律に基づくカルテル

（令和５年３月末現在）

対　象	主　　体	内　　容	最初の発効日	有効期限
自動車損害賠償責任保険	損害保険料率算出団体	自動車損害賠償責任保険に係る基準料率を算出し、会員の利用に供すること	平成10年7月1日	期限の定めなし
地震保険	損害保険料率算出団体	地震保険に係る基準料率を算出し、会員の利用に供すること	平成10年7月1日	期限の定めなし

3－5表　著作権法に基づく商業用レコードの二次使用料等に関する取決め

（令和５年３月末現在）

対　象	主　　体	内　　容	最初の発効日	有効期限
商業用レコードの二次使用料等	文化庁長官が指定する著作権等管理事業者又は団体（指定団体）	商業用レコードの二次使用料等の額に関する文化庁長官が指定する著作権等管理事業者又は団体（指定団体）と放送事業者等又はその団体間における協議	協議によって定められた期日	協議によって定められた期日

３－６表　道路運送法に基づくカルテル

（令和５年３月末現在）

主　体	路　線	内　　容	最初の発効日	有効期限
一般乗合旅客自動車運送事業者	北部支線（沖縄）	生活路線維持のための共同経営	平成14年10月8日	令和6年9月30日
一般乗合旅客自動車運送事業者	読谷線・糸満線（沖縄）	適切な運行時刻設定のための共同経営	平成14年10月8日	令和6年9月30日
一般乗合旅客自動車運送事業者	名護西線・名護西空港線（沖縄）	適切な運行時刻設定のための共同経営	平成14年10月8日	令和6年9月30日

３－７表　海上運送法に基づくカルテル（内航）

（令和５年３月末現在）

主　体	航　路	内　　容	最初の発効日	有効期限
一般旅客定期航路事業者	松山／宇品	適切な運航時刻の設定のための共同経営（旅客）	平成12年7月19日	令和6年6月24日
一般旅客定期航路事業者	岡山／土庄	適切な運航時刻の設定のための共同経営（旅客）	平成12年7月21日	令和6年2月17日
一般旅客定期航路事業者	竹原／垂水・白水	適切な運航時刻の設定のための共同経営（旅客）	平成12年8月10日	令和6年7月25日

３－８表　内航海運組合法に基づくカルテル

（令和５年３月末現在）

対　象	主　体	内　　容	最初の発効日	有効期限
船舶	日本内航海運組合総連合会	船腹の過剰に対処するための、保有船舶を解撤等する者に対する交付金の交付及び船舶の新規建造者からの納付金の徴収	平成10年5月15日	期限の定めなし

3－9表　特定地域及び準特定地域における一般乗用旅客自動車運送事業の適正化及び活性化に関する特別措置法に基づくカルテル

（令和５年３月末現在）

主　体	交　通　圏	内　　容	最初の発効日	有効期限（注1）
特定地域協議会、一般乗用旅客自動車運送事業者	河北交通圏（特定地域指定日：平成30年9月1日）	供給輸送力の削減等	令和2年3月25日	令和6年8月31日（注2）
特定地域協議会、一般乗用旅客自動車運送事業者	北摂交通圏（特定地域指定日：令和元年7月1日）	供給輸送力の削減等	令和3年4月30日	令和7年6月30日（注2）

（注１）特定地域の指定期間の終了日。ただし、指定期間は、原則として１回に限り延長することができる。
（注２）指定期間が延長されたもの。

３－10表　地域における一般乗合旅客自動車運送事業及び銀行業に係る基盤的なサービスの提供の維持を図るための私的独占の禁止及び公正取引の確保に関する法律の特例に関する法律

⑴　特定地域基盤企業等の合併等に係る基盤的サービス維持計画の実施

（令和５年３月末現在）

主　　体	地　域	内　　　容	認可日	基盤的サービス維持計画の実施期間
株式会社青森銀行及び株式会社みちのく銀行	青森県	基盤的サービスの提供維持のために行う共同株式移転	令和4年3月23日	令和4年4月1日～令和9年3月31日

⑵　地域一般乗合旅客自動車運送事業者等による共同経営に関する協定の締結

（令和５年３月末現在）

主　　体	地　域	内　　　容	認可日	共同経営の実施期間
地域一般乗合旅客自動車運送事業者	熊本市	基盤的サービスの提供のために行う共同経営に関する協定の締結	令和3年3月19日	令和3年4月1日～令和6年3月31日（注）
地域一般乗合旅客自動車運送事業者	岡山市	基盤的サービスの提供のために行う共同経営に関する協定の締結	令和3年3月25日	令和3年4月1日～令和8年3月31日
地域一般乗合旅客自動車運送事業者	前橋市	基盤的サービスの提供のために行う共同経営に関する協定の締結	令和3年9月24日	令和3年10月1日～令和8年3月31日
地域一般乗合旅客自動車運送事業者等	徳島県南部	基盤的サービスの提供のために行う共同経営に関する協定の締結	令和4年3月18日	令和4年4月1日～令和9年3月31日
地域一般乗合旅客自動車運送事業者	長崎市	基盤的サービスの提供のために行う共同経営に関する協定の締結	令和4年3月18日	令和4年4月1日～令和7年3月31日
地域一般乗合旅客自動車運送事業者等	広島市	基盤的サービスの提供のために行う共同経営に関する協定の締結	令和4年10月18日	令和4年11月1日～令和7年3月31日

（注）一部は令和４年11月１日～令和７年10月31日（認可日：令和４年10月20日）。

3－11表　業種別事業協同組合及び信用協同組合の届出件数

（令和５年３月末現在）

業種等			届出件数
事業協同組合		農業、林業、漁業	0
		鉱業、採石業、砂利採取業	0
		建設業	1
	製造業	食料品、飲料・たばこ・飼料	0
		繊維	2
		木材・木製品、家具・装備品	0
		パルプ・紙・紙加工品	0
		印刷・同関連業	1
		化学	0
		石油・石炭	0
		プラスチック	0
		ゴム製品、なめし革・同製品・毛皮	0
		窯業・土石	1
		鉄鋼	0
		非鉄金属	0
		金属製品	0
		はん用機械器具、生産用機械器具、業務用機械器具	0
		電子部品・デバイス・電子回路、電気機械器具、情報通信機械器具	0
		輸送用機械器具	0
		その他	0
		小計	4
		電気・ガス・熱供給・水道業	1
		情報通信業	0
		運輸業、郵便業	1
		卸売業	1
		小売業	3
		金融業、保険業	0
		不動産業、物品賃貸業	0
		サービス業	16
		その他	165
		小計	192
		信用協同組合	14
		合計	206

（注１）組合員の資格となる業種が複数にまたがる協同組合は、「その他」としている。
（注２）業種は、「日本標準産業分類」を参考にしている。

4　株式取得、合併等関係

4－1表　銀行業又は保険業を営む会社の議決権取得・保有の制限に係る認可一覧

(1)　独占禁止法第11条第１項ただし書の規定に基づく認可

認可年月日	認可銀行又は保険会社名	株式発行会社名	保有経緯等
R4.5.2	㈱武蔵野銀行	むさしの未来パートナーズ㈱	銀行業高度化等会社の議決権取得
4.6.17	㈱足利銀行	㈱コレトチ	銀行業高度化等会社の議決権取得
4.6.17	㈱山陰合同銀行	ごうぎんエナジー㈱	銀行業高度化等会社の議決権取得
4.6.20	㈱三菱ＵＦＪ銀行	ＭＵＦＧトレーディング㈱	銀行業高度化等会社の議決権取得
4.7.5	㈱三菱ＵＦＪ銀行	ＡｌｐａｃａＴｅｃｈ㈱	銀行業高度化等会社の議決権取得
4.7.6	㈱福井銀行	ふくいヒトモノデザイン㈱	銀行業高度化等会社の議決権取得
4.8.15	㈱福井銀行	㈱ふくいのデジタル	銀行業高度化等会社の議決権取得
4.8.23	㈱八十二銀行	八十二Ｌｉｎｋ　Ｎａｇａｎｏ㈱	銀行業高度化等会社の議決権取得
4.8.31	あいおいニッセイ同和損害保険㈱	㈱あいおいニッセイ同和自動車研究所	保険業高度化等会社の議決権保有
4.9.14	日本生命保険相互会社	㈱ＭＵＧＥＮＵＰ	投資事業有限責任組合の有限責任組合員としての株式の所有に伴う議決権保有
4.9.14	日本生命保険相互会社	オーマイグラス㈱	投資事業有限責任組合の有限責任組合員としての株式の所有に伴う議決権保有
4.9.26	東京海上日動火災保険㈱	共同事務調査サービス㈱	保険業高度化等会社の議決権取得
4.9.30	㈱第四北越銀行	万代島フロンティアカンパニー㈱	個別認可による議決権取得
4.10.17	㈱筑邦銀行	㈱まちのわ	銀行業高度化等会社の議決権取得
4.11.22	㈱高知銀行	㈱地域商社こうち	銀行業高度化等会社の議決権取得
4.11.28	㈱琉球銀行	㈱リウコム	銀行業高度化等会社の議決権取得

認可年月日	認可銀行又は保険会社名	株式発行会社名	保有経緯等
5.2.17	㈱群馬銀行	ぐんぎんコンサルティング㈱	銀行業高度化等会社の議決権保有
5.3.8	日本生命保険相互会社	㈱シグリード	投資事業有限責任組合の有限責任組合員としての株式の所有に伴う議決権保有
5.3.17	㈱栃木銀行	㈱クリーンエナジー・ソリューションズ	銀行業高度化等会社の議決権取得
5.3.28	アフラック生命保険㈱	Ｈａｔｃｈ　Ｉｎｓｉｇｈｔ㈱	保険業高度化等会社の議決権取得

⑵　独占禁止法第11条第２項の規定に基づく認可

認可年月日	認可銀行又は保険会社名	株式発行会社名	保有経緯等
R5.3.2	㈱りそな銀行	㈱西島製作所ほか１社	年金信託財産の運用に係る議決権保有

４－２　統計資料（４－３表及び４－４表）について

⑴　この統計資料は、令和４年４月１日から令和５年３月31日までの間に、公正取引委員会が受理した会社の株式取得、合併、分割、共同株式移転及び事業譲受け等（以下「企業結合」という。）の届出等に関する指標を取りまとめたものである。

⑵　会社がどの業種に属するかは、株式取得においては株式取得会社の業種、合併においては合併後の存続会社の業種、共同新設分割においては分割する会社の業種、吸収分割においては事業を承継する会社の業種、共同株式移転においては新設会社の業種、事業譲受け等においては事業等を譲り受ける会社の業種によった。また、事業を行っていない会社についてはその他に分類した。

⑶　４－３表の分類のうち、「水平」とは、当事会社グループ同士が同一の一定の取引分野において競争関係にある場合をいう。

「垂直」とは、当事会社グループ同士が取引段階を異にする場合をいう。「垂直」のうち、「前進」とは、株式取得会社、存続会社、被承継会社又は譲受会社が最終需要者の方向にある会社と企業結合を行う場合をいい、「後進」とは、その反対方向にある会社と企業結合を行う場合をいう。

「混合」とは、「水平」、「垂直」のいずれにも該当しない場合をいう。「混合」のうち、「地域拡大」とは、同種の商品又は役務を異なる市場へ供給している場合をいい、「商品拡大」とは、生産あるいは販売面での関連性のある異種の商品又は役務を供給している場合をいい、「純粋」とは、前記「地域拡大」及び「商品拡大」のいずれにも該当しない場合をいう。

なお、形態別の件数については、複数の形態に該当する企業結合の場合、該当する形態を全て集計している。そのため、形態別の件数の合計は、届出受理件数と必ずしも一致しない。

４－３表　形態別・業種別件数（令和４年度）

業種＼形態	水平関係	垂直関係		混合関係			届出受理件数
		前進	後進	地域拡大	商品拡大	純粋	
農林・水産業	0	0	0	0	0	0	0
鉱業	0	0	1	0	0	0	1
建設業	1	1	1	2	1	0	5
製造業	34	27	22	1	11	3	58
食料品	7	6	2	0	0	0	8
繊維	1	2	2	0	0	0	2
木材・木製品	0	0	0	0	0	0	0
紙・パルプ	0	0	0	0	0	0	0
出版・印刷	0	0	0	0	0	0	0
化学・石油・石炭	7	8	3	1	3	1	14
ゴム・皮革	0	0	0	0	0	0	0
窯業・土石	1	0	0	0	0	0	1
鉄鋼	3	4	0	0	0	0	4
非鉄金属	0	0	0	0	0	0	0
金属製品	0	1	0	0	0	0	1
機械	14	5	13	0	7	2	25
その他製造業	1	1	2	0	1	0	3
卸・小売業	34	19	13	7	6	0	49
不動産業	8	4	3	2	1	1	9
運輸･通信･倉庫業	14	9	6	2	5	0	20
サービス業	9	3	3	6	3	1	15
金融・保険業	13	3	2	2	1	2	16
電気・ガス熱供給・水道業	4	0	2	0	2	0	4
その他	75	37	36	20	18	23	129
合計	192	103	89	42	48	30	306

（注）形態別の件数については、複数の形態に該当する企業結合の場合、該当する形態を全て集計している。そのため、形態別の件数の合計は、届出受理件数と必ずしも一致しない。

４－４表　企業結合関係の届出・報告件数

年度	第９条の事業報告書（注２）	第９条の設立届出書（注２）	株式取得届出（注３）	役員兼任届出（注４）	会社以外の者の株式所有報告書（注５）	合併届出（注６）	分割届出（注７）	共同株式移転届出（注８）	事業譲受け等届出（注９）
昭和22			(2)		(0)	(23)			(22)
23			(31)		(0)	(309)			(192)
24			(13)		(0)	(123)			(53)
			2, 373		0	448			143
25			3, 840		0	420			207
26			4, 546		0	331			182
27			4, 795		0	385			124
28			3, 863	268	0	344			126
29			2, 827	328	0	325			167
30			3, 033	268	0	338			143
31			3, 080	457	0	381			209
32			3, 069	375	0	398			140
33			3, 316	557	0	381			118
34			3, 170	466	0	413			139
35			2, 991	644	0	440			144
36			3, 211	675	1	591			162
37			3, 231	804	0	715			193
38			3, 844	758	0	997			223
39			3, 921	527	4	864			195
40			4, 534	487	1	894			202
41			4, 325	462	0	871			264
42			4, 075	458	2	995			299
43			4, 069	480	3	1, 020			354
44			4, 907	647	0	1, 163			391
45			4, 247	543	2	1, 147			413
46			5, 832	552	0	1, 178			449
47			5, 841	501	1	1, 184			452
48			6, 002	874	0	1, 028			443
49			5, 738	794	0	995			420
50			5, 108	754	9	957			429
51			5, 229	925	6	941			511
52			5, 085	916	1	1, 011			646
53			5, 372	1, 394	0	898			595
54			5, 359	3, 365	0	871			611
55			5, 759	2, 556	2	961			680
56			5, 505	2, 958	1	1, 044			771
57			6, 167	2, 477	1	1, 040			815
58			6, 033	3, 389	4	1, 020			702
59			6, 604	3, 159	2	1, 096			790
60			6, 640	3, 504	6	1, 113			807
61			7, 202	2, 944	1	1, 147			936
62			7, 573	3, 776	1	1, 215			1, 084
63			6, 351	3, 450	0	1, 336			1, 028
平成元			8, 193	4, 420	0	1, 450			988
2			8, 075	4, 312	0	1, 751			1, 050
3			8, 034	6, 124	2	2, 091			1, 266
4			8, 776	5, 675	0	2, 002			1, 079
5			8, 036	6, 330	3	1, 917			1, 153
6			8, 954	5, 137	18	2, 000			1, 255
7			8, 281	5, 897	1	2, 520			1, 467
8			9, 379	5, 042	0	2, 271			1, 476
9	0	0	8, 615	5, 955	7	2, 174			1, 546
10	2	0	7, 518	447	0	1, 514			1, 176
11	1	1	1, 029			151			179
12	5	1	804			170			213
13	7	7	898			127	20		195
14	16	7	899			112	21		197
15	76	4	959			103	21		175
16	79	1	778			70	23		166
17	80	5	825			88	17		141
18	87	2	960			74	19		136
19	93	2	1, 052			76	33		123
20	92	4	829			69	21		89
21	93	5	840			48	15	3	79
22	92	2	184			11	11	5	54
23	100	0	224			15	10	6	20
24	99	1	285			14	15	5	30
25	100	0	218			8	14	3	21
26	103	0	231			12	20	7	19
27	104	2	222			23	17	6	27
28	108	2	250			26	16	3	24
29	105	0	259			9	13	3	22
30	107	2	259			16	15	2	29
令和元	112	0	264			12	12	3	19
2	114	1	223			16	7	0	20

年度	第９条の事業報告書（注２）	第９条の設立届出書（注２）	株式取得届出（注３）	役員兼任届出（注４）	会社以外の者の株式所有報告書（注５）	合併届出（注６）	分割届出（注７）	共同株式移転届出（注８）	事業譲受け等届出（注９）
3	114	3	288			10	17	3	19
4	116	5	270			11	7	3	15

（注１）括弧内は認可件数である。

（注２）独占禁止法第９条の規定に基づく事業報告書の提出及び設立の届出制度は、平成９年独占禁止法改正法により新設されたものであり、それ以前の件数はない。

なお、平成14年独占禁止法改正法による改正前の独占禁止法では、一定の総資産額基準を超える持株会社について事業報告及び設立の届出を行わなければならないこととされていたが、改正後の独占禁止法では、持株会社に加え、一定の総資産額基準を超える金融会社及び一般事業会社についても事業報告及び設立の届出を行わなければならないこととされた。

（注３）株式所有報告書の裾切り要件（総資産額）は次のとおり改正されている。

改正年	裾切り要件（総資産額）
昭和24	500万円超
28	1億円超
40	5億円超
52	20億円超

平成10年独占禁止法改正法による改正前の独占禁止法では、総資産が20億円を超える国内の会社（金融業を営む会社を除く。）又は外国会社（金融業を営む会社を除く。）は、国内の会社の株式を所有する場合には、毎事業年度終了後３か月以内に株式所有報告書を提出しなければならないこととされていたが、改正後の独占禁止法では、総資産が20億円を超えかつ総資産合計額が100億円を超える会社が、総資産が10億円を超える国内の会社又は国内売上高が10億円を超える外国会社の株式を10%、25%又は50%を超えて取得し、又は所有することとなる場合には、株式所有報告書を提出しなければならないこととされた。

また、平成21年独占禁止法改正法による改正によって届出基準が見直され、国内売上高合計額が200億円を超える会社が、子会社の国内売上高を含む国内売上高が50億円超の会社の株式を取得しようとする場合であって、議決権保有割合が20%、50%（２段階）を超えるものについて、合併等と同様にあらかじめ届け出なければならないこととされた。

（注４）平成10年独占禁止法改正法による改正前の独占禁止法では、会社の役員又は従業員は、国内において競争関係にある国内の会社の役員の地位を兼ねる場合において、いずれか一方の会社の総資産が20億円を超えるときは届け出なければならないこととされていたが、改正後の独占禁止法では廃止された。

（注５）平成10年独占禁止法改正法による改正前の独占禁止法では、会社以外の者は、国内において相互に競争関係にある２以上の国内の会社の株式をそれぞれの発行済株式総数の10%を超えて所有することとなる場合には株式所有報告書を提出しなければならないこととされていたが、改正後の独占禁止法では廃止された。

（注６）平成10年独占禁止法改正法による改正前の独占禁止法では、会社が合併しようとする場合には、全てあらかじめ届け出なければならないこととされていたが、改正後の独占禁止法では、当事会社の中に総資産合計額が100億円を超える会社と総資産合計額が10億円を超える会社がある場合等に届け出なければならないこととされた。

また、平成21年独占禁止法改正法による改正によって届出基準が見直され、国内売上高合計額が200億円超の会社と同50億円超の会社の合併について届け出なければならないこととされた。

（注７）分割の届出は、平成12年商法改正に伴い新設されたものであり、平成12年度までの件数はない。

また、平成21年独占禁止法改正法による改正によって届出基準が見直され、当事会社の中に国内売上高合計額が200億円を超える全部承継会社（事業の全部を承継させようとする会社をいう。）と国内売上高合計額が50億円を超える事業を承継しようとする会社がある場合等には、分割に関する計画について届け出なければならないこととされた。

（注８）共同株式移転の届出は、平成21年独占禁止法改正法により新設されたものであり、平成20年度までの件数はない。

（注９）平成10年独占禁止法改正法による改正前の独占禁止法では、会社が事業の全部又は重要部分の譲受け等をしようとする場合には、全てあらかじめ届け出なければならないこととされていたが、改正後の独占禁止法では、総資産合計額が100億円を超える会社が、総資産額10億円超の国内会社の事業の全部を譲り受ける場合等に届け出なければならないこととされた。

また、平成21年独占禁止法改正法による改正によって届出基準が見直され、国内売上高合計額が200億円を超える会社が、国内売上高30億円超の会社の事業の全部を譲り受ける場合等に事業譲受け等に関する計画について届け出なければならないこととされた。

5　下請法関係

5－1表　書面調査実施件数の推移

区分 年度	書面調査実施件数		特別調査発送件数	
	対象親事業者数	対象下請事業者数	対象親事業者数	対象下請事業者数
	（事業所・名）	（名）	（事業所・名）	（名）
昭和 31	304			
32	723			
33	769			
34	986			
35	1,214			
36	1,514			
37	1,803			
38	1,800			
39	2,004			
40	2,554			
41	2,631			
42	5,512			
43	6,030			
44	6,684			
45	7,214			
46	8,451			
47	8,751			
48	10,039	2,915		
49	10,045	3,808		
50	12,007	4,861		
51	12,171	6,325		
52	12,315	7,247		
53	10,973	10,663		
54	12,007	11,546		
55	13,490	21,785		
56	13,668	18,091		
57	16,026	20,532		
58	16,346	23,138		
59	15,959	66,579	16,095	
60	9,574	48,031		
61	9,559	52,105		
62	10,121	59,535		
63	13,854	70,968		
平成元	13,537	73,320		
2	12,889	72,030		
3	12,680	71,603		
4	14,234	74,334		10,027
5	13,781	75,864		10,786
6	13,235	72,784		10,559
7	13,261	75,202		
8	13,857	70,453		
9	13,648	71,860	1,000	5,000
10	13,869	70,182	1,736	
11	14,453	70,554		
12	15,964	75,859		
13	16,417	93,483	1,673	1,003
14	17,385	99,481		
15	18,295	108,395		
16	30,932	170,517		
17	30,991	170,878		
18	29,502	162,521		
19	30,268	168,108		
20	34,181	160,230		
21	36,342	201,005		
22	38,046	210,166		
23	38,503	212,659		
24	38,781	214,042		
25	38,974	214,044		
26	38,982	213,690		
27	39,101	214,000		
28	39,150	214,500		
29	60,000	300,000		
30	60,000	300,000		
令和元	60,000	300,000		
2	60,000	300,000		
3	65,000	300,000		
4	70,000	300,000		

（注）親事業者調査は昭和 59 年度までは事業所ベース、昭和 60 年度以降は企業ベースの数字である。また、下請事業者調査は企業ベースの数字である。

5－2表　下請法違反事件新規着手件数及び処理件数の推移

区分 / 年度	新規着手件数				処理件数			
	書面調査	申告	中小企業庁長官からの措置請求	計	措置		不問	計
					勧告	指導		
	（事業所・名）	（名）	（名）	（事業所・名）	（名）	（事業所・名）	（事業所・名）	（事業所・名）
昭和31	61	20	0	81	0	19	46	65
32	130	21	0	151	13	73	37	123
33	161	21	0	182	5	110	39	154
34	97	3	0	100	7	82	37	126
35	105	5	0	110	0	38	20	58
36	156	10	0	166	0	62	33	95
37	261	33	0	294	12	149	35	196
38	219	17	0	236	22	182	55	259
39	218	17	14	249	14	180	104	298
40	417	23	31	471	15	193	93	301
41	541	15	19	575	14	299	111	424
42	669	12	10	691	5	459	97	561
43	414	7	0	421	9	416	171	596
44	525	6	0	531	26	447	231	704
45	430	5	2	437	52	354	80	486
46	609	9	5	623	56	432	56	544
47	690	2	0	692	41	485	99	625
48	707	2	0	709	17	569	130	716
49	739	5	5	749	4	542	296	842
50	1,029	10	18	1,057	6	686	269	961
51	1,220	15	18	1,253	12	906	255	1,173
52	1,391	38	59	1,488	15	1,097	191	1,303
53	1,050	35	80	1,165	7	916	406	1,329
54	1,242	16	9	1,267	2	746	146	894
55	1,126	20	35	1,181	0	921	436	1,357
56	1,158	9	8	1,175	1	932	252	1,185
57	1,331	19	4	1,354	4	1,014	271	1,289
58	1,413	15	13	1,441	0	1,119	317	1,436
59	1,458	24	0	1,482	0	1,224	693	1,917
60	(3,008) 1,570	- 31	- 0	(3,039) 1,601	- 0	(2,243) 1,512	- 159	- 1,671
61	1,426	51	0	1,477	0	1,242	155	1,397
62	1,498	52	0	1,550	0	1,273	197	1,470
63	2,112	61	0	2,173	0	1,474	85	1,559
平成元	1,928	29	0	1,957	0	2,419	160	2,579
2	2,001	23	1	2,025	1	2,186	127	2,314
3	1,534	15	0	1,549	0	1,492	101	1,593
4	2,191	18	0	2,209	0	1,933	132	2,065
5	2,844	38	0	2,882	0	2,428	279	2,707
6	1,590	21	0	1,611	1	1,632	186	1,819
7	1,548	23	0	1,571	0	1,544	148	1,692
8	1,516	10	0	1,526	2	1,439	106	1,547
9	1,330	13	1	1,344	3	1,348	60	1,411
10	1,329	22	0	1,351	1	1,271	69	1,341
11	1,135	26	0	1,161	3	1,101	66	1,170
12	1,153	52	1	1,206	6	1,134	50	1,190
13	1,308	59	0	1,367	3	1,311	44	1,358
14	1,357	70	0	1,427	4	1,362	60	1,426
15	1,341	67	1	1,409	8	1,357	71	1,436
16	2,638	72	0	2,710	4	2,584	75	2,663
17	4,009	65	0	4,074	10	4,015	41	4,066
18	2,983	100	1	3,084	11	2,927	121	3,059
19	2,964	145	1	3,110	13	2,740	307	3,060
20	3,168	152	4	3,324	15	2,949	273	3,237
21	3,728	105	2	3,835	15	3,590	254	3,859
22	4,509	145	4	4,658	15	4,226	369	4,610
23	4,494	56	4	4,554	18	4,326	292	4,636
24	4,819	50	1	4,870	16	4,550	316	4,882
25	5,418	59	1	5,478	10	4,949	466	5,425
26	5,723	83	1	5,807	7	5,461	376	5,844
27	6,210	95	0	6,305	4	5,980	287	6,271
28	6,477	112	0	6,589	11	6,302	290	6,603
29	7,173	97	1	7,271	9	6,752	307	7,068
30	7,757	141	0	7,898	7	7,710	382	8,099
令和元	8,360	155	0	8,515	7	8,016	292	8,315
2	8,291	101	1	8,393	4	8,107	222	8,333
3	8,369	94	1	8,464	4	7,922	174	8,100
4	8,188	79	0	8,267	6	8,665	86	8,757

（注）数字は昭和59年度までは事業所ベースの件数、昭和60年度以降は企業ベースの件数である。
なお、昭和60年度の（　）内の数字は事業所ベースの数字である。

5－3表　下請法違反行為類型別件数の推移

	違反行為類型＼年度	事業所ベース											
		昭和49	50	51	52	53	54	55	56	57	58	59	(注1) 60
実体規定	下請代金の支払遅延（第4条第1項第2号違反）	243 (45.5)	283 (37.1)	358 (42.3)	386 (43.7)	251 (40.5)	172 (38.9)	217 (34.2)	189 (31.4)	196 (29.7)	212 (29.6)	233 (24.8)	321 (22.6)
実体規定	有償支給原材料等の対価の早期決済（第4条第2項第1号違反）	38 (7.1)	35 (4.6)	19 (2.2)	24 (2.7)	56 (9.1)	16 (3.6)	40 (6.3)	38 (6.3)	96 (14.5)	77 (10.8)	74 (7.9)	20 (1.4)
実体規定	割引困難な手形の交付（第4条第2項第2号違反）	235 (44.0)	438 (57.4)	465 (54.9)	445 (50.4)	287 (46.4)	240 (54.3)	359 (56.6)	297 (49.4)	306 (46.3)	302 (42.2)	355 (37.8)	681 (48.0)
実体規定	不当な経済上の利益の提供要請（第4条第2項第3号違反）	– (–)	– (–)	– (–)	– (–)	– (–)	– (–)	– (–)	– (–)	– (–)	– (–)	– (–)	– (–)
実体規定	不当な給付内容の変更・やり直し（第4条第2項第4号違反）	– (–)	– (–)	– (–)	– (–)	– (–)	– (–)	– (–)	– (–)	– (–)	– (–)	– (–)	– (–)
実体規定	受領拒否（第4条第1項第1号違反）	18 (3.4)	7 (0.9)	5 (0.6)	28 (3.2)	25 (4.0)	14 (3.2)	18 (2.8)	0 (–)	1 (0.2)	1 (0.1)	13 (1.4)	23 (1.6)
実体規定	下請代金の減額（第4条第1項第3号違反）								73 (12.1)	55 (8.3)	116 (16.2)	201 (21.4)	277 (19.5)
実体規定	返品（第4条第1項第4号違反）								2 (0.3)	2 (0.3)	3 (0.4)	36 (3.8)	12 (0.8)
実体規定	買いたたき（第4条第1項第5号違反）								2 (0.3)	1 (0.2)	2 (0.3)	2 (0.2)	29 (2.0)
実体規定	購入・利用強制（第4条第1項第6号違反）								0 (–)	4 (0.6)	3 (0.4)	24 (2.6)	55 (3.9)
実体規定	報復措置（第4条第1項第7号違反）								0 (–)	0 (–)	0 (–)	0 (–)	0 (–)
実体規定	小　計（注2）	534 (100.0)	763 (100.0)	847 (100.0)	883 (100.0)	619 (100.0)	442 (100.0)	634 (100.0)	601 (100.0)	661 (100.0)	716 (100.0)	938 (100.0)	1,418 (100.0)
手続規定	発注書面不交付・不備（第3条違反）	399	346	869	1,279	876	618	686	655	702	814	667	1,381
手続規定	書類不保存等（第5条違反）								55	87	135	114	12
手続規定	虚偽報告等（第9条第1項違反）								20	11	2	6	2
手続規定	小　計	399	346	869	1,279	876	618	686	730	800	951	787	1,395
	合　計（注3）	933	1,109	1,716	2,162	1,495	1,060	1,320	1,331	1,461	1,667	1,725	2,813

	違反行為類型＼年度	企業ベース																		
		(注1) 60	61	62	63	平成元	2	3	4	5	6	7	8	9	10	11	12	13	14	15
実体規定	下請代金の支払遅延（第4条第1項第2号違反）	230 (21.7)	163 (19.3)	160 (17.6)	200 (19.9)	469 (29.8)	393 (29.4)	236 (28.5)	310 (30.0)	363 (27.5)	270 (26.45)	227 (24.5)	226 (25.9)	269 (31.4)	226 (32.3)	234 (33.9)	230 (31.0)	335 (35.1)	307 (35.1)	392 (44.7)
実体規定	有償支給原材料等の対価の早期決済（第4条第2項第1号違反）	13 (1.2)	25 (3.0)	15 (1.7)	37 (3.7)	55 (3.5)	92 (6.9)	60 (7.2)	86 (8.3)	85 (6.4)	61 (6.0)	40 (4.3)	40 (4.6)	58 (6.8)	34 (4.9)	36 (5.2)	45 (6.1)	36 (3.8)	51 (5.8)	51 (5.8)
実体規定	割引困難な手形の交付（第4条第2項第2号違反）	553 (52.1)	352 (41.6)	311 (34.3)	424 (42.1)	778 (49.5)	617 (46.1)	375 (45.3)	417 (40.3)	412 (31.3)	284 (27.7)	254 (27.4)	235 (27.0)	205 (23.9)	218 (31.2)	191 (27.7)	203 (27.3)	225 (23.6)	210 (24.0)	184 (21.0)
実体規定	不当な経済上の利益の提供要請（第4条第2項第3号違反）	– (–)	– (–)	– (–)	– (–)	– (–)	– (–)	– (–)	– (–)	– (–)	– (–)	– (–)	– (–)	– (–)	– (–)	– (–)	– (–)	– (–)	– (–)	– (–)
実体規定	不当な給付内容の変更・やり直し（第4条第2項第4号違反）	– (–)	– (–)	– (–)	– (–)	– (–)	– (–)	– (–)	– (–)	– (–)	– (–)	– (–)	– (–)	– (–)	– (–)	– (–)	– (–)	– (–)	– (–)	– (–)
実体規定	受領拒否（第4条第1項第1号違反）	13 (1.2)	28 (3.3)	34 (3.8)	33 (3.3)	20 (1.3)	12 (0.9)	10 (1.2)	14 (1.4)	74 (5.6)	54 (5.3)	59 (6.4)	86 (9.9)	60 (7.0)	42 (6.0)	21 (3.0)	27 (3.6)	25 (2.6)	29 (3.3)	8 (0.9)
実体規定	下請代金の減額（第4条第1項第3号違反）	188 (17.7)	157 (18.6)	198 (21.8)	160 (15.9)	153 (9.7)	130 (9.7)	67 (8.1)	89 (8.6)	165 (12.5)	177 (17.3)	165 (17.8)	123 (14.1)	121 (14.1)	97 (13.9)	132 (19.1)	135 (18.2)	168 (17.6)	137 (15.7)	134 (15.3)
実体規定	返品（第4条第1項第4号違反）	8 (0.8)	19 (2.2)	20 (2.2)	26 (2.6)	17 (1.1)	21 (1.6)	11 (1.3)	11 (1.1)	23 (1.8)	20 (2.0)	20 (2.2)	32 (3.7)	22 (2.6)	23 (3.3)	29 (4.2)	11 (1.5)	23 (2.4)	23 (2.6)	22 (2.5)
実体規定	買いたたき（第4条第1項第5号違反）	20 (1.9)	51 (6.0)	121 (13.3)	93 (9.2)	36 (2.3)	32 (2.4)	42 (5.1)	57 (5.5)	97 (7.4)	98 (9.6)	95 (10.3)	65 (7.5)	48 (5.6)	31 (4.4)	27 (3.9)	43 (5.8)	36 (3.8)	38 (4.3)	32 (3.7)
実体規定	購入・利用強制（第4条第1項第6号違反）	36 (3.4)	51 (6.0)	47 (5.2)	33 (3.3)	44 (2.8)	39 (2.9)	27 (3.3)	50 (4.8)	99 (7.5)	60 (5.9)	66 (7.1)	64 (7.3)	74 (8.6)	28 (4.0)	20 (2.9)	49 (6.6)	106 (11.1)	79 (9.0)	53 (6.1)
実体規定	報復措置（第4条第1項第7号違反）	0 (–)	0 (–)	1 (0.1)	0 (–)	1 (0.1)	1 (0.1)	0 (–)	0 (–)	0 (–)	0 (–)	0 (–)	0 (–)	0 (–)	0 (–)	0 (–)	0 (–)	0 (–)	0 (–)	0 (–)
実体規定	小　計（注2）	1,061 (100.0)	846 (100.0)	907 (100.0)	1,006 (100.0)	1,573 (100.0)	1,337 (100.0)	828 (100.0)	1,034 (100.0)	1,318 (100.0)	1,024 (100.0)	926 (100.0)	871 (100.0)	857 (100.0)	699 (100.0)	690 (100.0)	743 (100.0)	954 (100.0)	874 (100.0)	876 (100.0)
手続規定	発注書面不交付・不備（第3条違反）	879	719	759	1,008	1,762	1,550	1,063	1,425	1,912	1,189	1,142	1,090	1,064	1,039	826	843	1,067	1,127	1,125
手続規定	書類不保存等（第5条違反）	10	45	71	66	88	88	87	132	172	119	129	112	135	102	134	121	167	135	142
手続規定	虚偽報告等（第9条第1項違反）	1	1	1	3	0	0	0	0	0	0	0	0	0	0	0	0	0	0	0
手続規定	小　計	890	765	831	1,077	1,850	1,638	1,150	1,557	2,084	1,308	1,271	1,202	1,199	1,141	960	964	1,234	1,262	1,267
	合　計（注3）	1,951	1,611	1,738	2,083	3,423	2,975	1,978	2,591	3,402	2,332	2,197	2,073	2,056	1,840	1,650	1,707	2,188	2,136	2,143

（注１）数字は昭和59年度までは事業所ベースの件数、昭和60年度以降は企業ベースの件数である。
なお、昭和60年度は、事業所ベースの件数と企業ベースの件数を併記した。

（注２）（　）内の数値は、実体規定違反全体に占める比率であり、小数点以下第２位を四捨五入したため、合計は必ずしも100.0とならない。

（注３）１件の勧告又は指導において複数の行為を問題としている場合があるので、違反行為類型別件数の合計欄の数字と５－２表の「措置」件数とは一致しない。

（ ）内は%

企業ベース																		
16	17	18	19	20	21	22	23	24	25	26	27	28	29	30	令和元	2	3	4
751 (57.2)	1,344 (65.0)	701 (57.7)	701 (59.7)	866 (63.0)	790 (51.5)	1,281 (65.5)	1,328 (58.1)	1,250 (56.4)	1,488 (66.1)	2,843 (62.8)	3,131 (66.7)	3,375 (58.0)	3,129 (54.2)	3,371 (49.4)	3,651 (52.8)	4,738 (59.4)	4,900 (62.2)	4,069 (57.3)
37 (2.8)	62 (3.0)	43 (3.5)	29 (2.5)	15 (1.1)	42 (2.7)	20 (1.0)	45 (2.0)	56 (2.5)	44 (2.0)	60 (1.3)	56 (1.2)	59 (1.0)	92 (1.6)	113 (1.7)	98 (1.4)	78 (1.0)	72 (0.9)	71 (1.0)
144 (11.0)	190 (9.2)	170 (14.0)	147 (12.5)	221 (16.1)	300 (19.5)	224 (11.5)	280 (12.2)	246 (11.1)	208 (9.2)	253 (5.6)	210 (4.5)	365 (6.3)	324 (5.6)	374 (5.5)	254 (3.7)	314 (3.9)	293 (3.7)	225 (3.2)
10 (0.8)	10 (0.5)	5 (0.4)	26 (2.2)	19 (1.4)	49 (3.2)	47 (2.4)	52 (2.3)	57 (2.6)	29 (1.3)	135 (3.0)	161 (3.4)	208 (3.6)	261 (4.5)	348 (5.1)	336 (4.9)	297 (3.7)	332 (4.2)	349 (4.9)
47 (3.6)	90 (4.4)	57 (4.7)	48 (4.1)	26 (1.9)	22 (1.8)	38 (1.9)	68 (3.0)	50 (2.3)	45 (2.0)	27 (0.6)	33 (0.7)	49 (0.8)	45 (0.8)	132 (1.9)	590 (8.5)	120 (1.5)	101 (1.3)	73 (1.0)
28 (2.1)	30 (1.5)	13 (1.1)	23 (2.0)	6 (0.4)	25 (1.6)	8 (0.4)	38 (1.7)	61 (2.8)	42 (1.9)	32 (0.7)	19 (0.4)	34 (0.6)	23 (0.4)	46 (0.7)	32 (0.5)	40 (0.5)	48 (0.6)	49 (0.7)
142 (10.8)	211 (10.2)	134 (11.0)	112 (9.5)	97 (7.1)	107 (7.0)	176 (9.0)	189 (8.3)	284 (12.8)	228 (10.1)	383 (8.5)	373 (7.9)	489 (8.4)	611 (10.6)	834 (12.2)	1,150 (16.6)	1,471 (18.4)	1,195 (15.2)	1,273 (17.9)
23 (1.8)	12 (0.6)	2 (0.2)	9 (0.8)	6 (0.4)	14 (0.9)	9 (0.5)	34 (1.5)	44 (2.0)	20 (0.9)	15 (0.3)	14 (0.3)	15 (0.3)	20 (0.3)	19 (0.3)	14 (0.2)	15 (0.2)	11 (0.1)	22 (0.3)
36 (2.7)	44 (2.1)	28 (2.3)	39 (3.3)	68 (4.9)	113 (7.4)	93 (4.8)	166 (7.3)	98 (4.4)	86 (3.8)	735 (16.2)	631 (13.4)	1,143 (19.7)	1,179 (20.4)	1,487 (21.8)	721 (10.4)	830 (10.4)	866 (11.0)	913 (12.9)
95 (7.2)	75 (3.6)	62 (5.1)	41 (3.5)	50 (3.6)	67 (4.4)	59 (3.0)	86 (3.8)	72 (3.2)	60 (2.7)	46 (1.0)	69 (1.5)	78 (1.3)	94 (1.6)	90 (1.3)	72 (1.0)	76 (1.0)	48 (0.6)	50 (0.7)
0 (−)	0 (−)	0 (−)	0 (−)	0 (−)	0 (−)	0 (−)	0 (−)	0 (−)	0 (−)	0 (−)	0 (−)	0 (−)	0 (−)	5 (0.1)	1 (0.0)	0 (−)	12 (0.2)	4 (0.1)
1,313 (100.0)	2,068 (100.0)	1,215 (100.0)	1,175 (100.0)	1,374 (100.0)	1,535 (100.0)	1,955 (100.0)	2,286 (100.0)	2,218 (100.0)	2,250 (100.0)	4,529 (100.0)	4,697 (100.0)	5,815 (100.0)	5,778 (100.0)	6,819 (100.0)	6,919 (100.0)	7,979 (100.0)	7,878 (100.0)	7,098 (100.0)
2,235	3,633	2,603	2,453	2,608	3,300	3,833	3,813	3,987	4,186	4,067	4,507	4,806	5,322	5,964	5,864	6,003	5,401	6,697
321	645	487	553	297	384	724	715	824	939	484	470	629	649	778	745	934	732	834
0	0	0	0	0	0	0	0	0	0	0	0	0	0	0	0	0	0	0
2,556	4,278	3,090	3,006	2,905	3,684	4,557	4,528	4,811	5,125	4,551	4,977	5,435	5,971	6,742	6,609	6,937	6,133	7,531
3,869	6,346	4,305	4,181	4,279	5,219	6,512	6,814	7,029	7,375	9,080	9,674	11,250	11,749	13,561	13,528	14,916	14,011	14,629

6　景品表示法に基づく協定又は規約及び運用機関の一覧（令和５年３月末現在）

No	協定又は規約の運用機関の名称	協定又は規約の名称（景品関係）	協定又は規約の名称（表示関係）
1	全国飲用牛乳公正取引協議会	—	飲用乳の表示に関する公正競争規約
2	発酵乳乳酸菌飲料公正取引協議会	—	発酵乳・乳酸菌飲料の表示に関する公正競争規約
3	チーズ公正取引協議会	—	ナチュラルチーズ、プロセスチーズ及びチーズフードの表示に関する公正競争規約
4	アイスクリーム類及び氷菓公正取引協議会	アイスクリーム類及び氷菓業における景品類の提供の制限に関する公正競争規約	アイスクリーム類及び氷菓の表示に関する公正競争規約
5	（一社）全国はちみつ公正取引協議会	—	はちみつ類の表示に関する公正競争規約
6	（一社）全国ローヤルゼリー公正取引協議会	—	ローヤルゼリーの表示に関する公正競争規約
7	全国辛子めんたいこ食品公正取引協議会	—	辛子めんたいこ食品の表示に関する公正競争規約
8	全国削節公正取引協議会	—	削りぶしの表示に関する公正競争規約
9	全国食品缶詰公正取引協議会	—	食品缶詰の表示に関する公正競争規約
10	全国トマト加工品業公正取引協議会	トマト加工品業における景品の提供の制限に関する公正競争規約	トマト加工品の表示に関する公正競争規約
11	全国粉わさび公正取引協議会	—	粉わさびの表示に関する公正競争規約
12	全国生めん類公正取引協議会	—	生めん類の表示に関する公正競争規約
13	日本即席食品工業公正取引協議会	即席めん製造業における景品類の提供の制限に関する公正競争規約	即席めんの表示に関する公正競争規約
14	全国ビスケット公正取引協議会	ビスケット業における景品類の提供の制限に関する公正競争規約	ビスケット類の表示に関する公正競争規約
15	全国チョコレート業公正取引協議会	チョコレート業における景品類の提供の制限に関する公正競争規約	・チョコレート類の表示に関する公正競争規約 ・チョコレート利用食品の表示に関する公正競争規約
16	全国チューインガム業公正取引協議会	チューインガム業における景品類の提供の制限に関する公正競争規約	チューインガムの表示に関する公正競争規約
17	凍豆腐製造業公正取引協議会	凍り豆腐製造業における景品類の提供の制限及び凍り豆腐の表示に関する公正競争規約	
18	全国味噌業公正取引協議会	みそ業における景品類の提供の制限に関する公正競争規約	みその表示に関する公正競争規約
19	醤油業中央公正取引協議会	しょうゆ業における景品類の提供の制限に関する公正競争規約	しょうゆの表示に関する公正競争規約
20	日本ソース業公正取引協議会	ソース業における景品の提供の制限に関する公正競争規約	—
21	全国食酢公正取引協議会	—	食酢の表示に関する公正競争規約
22	カレー業全国公正取引協議会	カレー業における景品類の提供の制限に関する公正競争規約	—
23	果実飲料公正取引協議会	—	果実飲料等の表示に関する公正競争規約
24	全国コーヒー飲料公正取引協議会	—	コーヒー飲料等の表示に関する公正競争規約
25	全日本コーヒー公正取引協議会	—	レギュラーコーヒー及びインスタントコーヒーの表示に関する公正競争規約
26	日本豆乳公正取引協議会	—	豆乳類の表示に関する公正競争規約
27	マーガリン公正取引協議会	—	マーガリン類の表示に関する公正競争規約

No	協定又は規約の運用機関の名称	協定又は規約の名称（景品関係）	協定又は規約の名称（表示関係）
28	全国観光土産品公正取引協議会	—	観光土産品の表示に関する公正競争規約
29	ハム・ソーセージ類公正取引協議会	—	ハム・ソーセージ類の表示に関する公正競争規約
30	日本パン公正取引協議会	—	包装食パンの表示に関する公正競争規約
31	全国食肉公正取引協議会	—	食肉の表示に関する公正競争規約
32	全国ドレッシング類公正取引協議会	—	ドレッシング類の表示に関する公正競争規約
33	もろみ酢公正取引協議会	—	もろみ酢の表示に関する公正競争規約
34	食用塩公正取引協議会	—	食用塩の表示に関する公正競争規約
35	鶏卵公正取引協議会	—	鶏卵の表示に関する公正競争規約
36	日本ワイナリー協会	果実酒製造業における景品類の提供の制限に関する公正競争規約	—
37	ビール酒造組合	ビール製造業における景品類の提供の制限に関する公正競争規約	ビールの表示に関する公正競争規約
38	日本洋酒輸入協会	酒類輸入販売業における景品類の提供の制限に関する公正競争規約	・輸入ウイスキーの表示に関する公正競争規約 ・輸入ビールの表示に関する公正競争規約
39	日本洋酒酒造組合	洋酒製造業における景品類の提供の制限に関する公正競争規約	ウイスキーの表示に関する公正競争規約
40	日本酒造組合中央会	・清酒製造業における景品類の提供の制限に関する公正競争規約 ・単式蒸留しょうちゆう製造業における景品類の提供の制限に関する公正競争規約	・単式蒸留焼酎の表示に関する公正競争規約 ・泡盛の表示に関する公正競争規約
41	日本蒸留酒酒造組合	合成清酒及び連続式蒸留しょうちゅうの製造業における景品類の提供の制限に関する公正競争規約	—
42	全国小売酒販組合中央会	—	酒類小売業における酒類の表示に関する公正競争規約
43	全国帯締め羽織ひも公正取引協議会	—	帯締め及び羽織ひもの表示に関する公正競争規約
44	眼鏡公正取引協議会	—	眼鏡類の表示に関する公正競争規約
45	（公社）全国家庭電気製品公正取引協議会	家庭電気製品業における景品類の提供に関する公正競争規約	・家庭電気製品製造業における表示に関する公正競争規約 ・家庭電気製品小売業における表示に関する公正競争規約
46	医療用医薬品製造販売業公正取引協議会	医療用医薬品製造販売業における景品類の提供の制限に関する公正競争規約	—
47	医療用医薬品卸売業公正取引協議会	医療用医薬品卸売業における景品類の提供の制限に関する公正競争規約	—
48	化粧品公正取引協議会	—	化粧品の表示に関する公正競争規約
49	化粧石けん公正取引協議会	化粧石けん業における景品類の提供の制限に関する公正競争規約	化粧石けんの表示に関する公正競争規約
50	洗剤・石けん公正取引協議会	家庭用合成洗剤及び家庭用石けん製造業における景品類の提供の制限に関する公正競争規約	家庭用合成洗剤及び家庭用石けんの表示に関する公正競争規約
51	歯磨公正取引協議会	歯みがき業における景品類の提供の制限に関する公正競争規約	歯みがき類の表示に関する公正競争規約
52	防虫剤公正取引協議会	—	防虫剤の表示に関する公正競争規約
53	新聞公正取引協議会	新聞業における景品類の提供の制限に関する公正競争規約	—

No	協定又は規約の運用機関の名称	協定又は規約の名称（景品関係）	協定又は規約の名称（表示関係）
54	出版物小売業公正取引協議会	出版物小売業における景品類の提供の制限に関する公正競争規約	—
55	雑誌公正取引協議会	雑誌業における景品類の提供の制限に関する公正競争規約	—
56	（一社）自動車公正取引協議会	自動車業における景品類の提供の制限に関する公正競争規約	・自動車業における表示に関する公正競争規約 ・二輪自動車業における表示に関する公正競争規約
57	タイヤ公正取引協議会	タイヤ業における景品類の提供の制限に関する公正競争規約	タイヤの表示に関する公正競争規約
58	農業機械公正取引協議会	農業機械業における景品類の提供の制限に関する公正競争規約	農業機械の表示に関する公正競争規約
59	不動産公正取引協議会連合会	不動産業における景品類の提供の制限に関する公正競争規約	不動産の表示に関する公正競争規約
60	（一社）北海道不動産公正取引協議会		
61	東北地区不動産公正取引協議会		
62	（公社）首都圏不動産公正取引協議会		
63	北陸不動産公正取引協議会		
64	東海不動産公正取引協議会		
65	（公社）近畿地区不動産公正取引協議会		
66	中国地区不動産公正取引協議会		
67	四国地区不動産公正取引協議会		
68	（一社）九州不動産公正取引協議会		
69	旅行業公正取引協議会	旅行業における景品類の提供の制限に関する公正競争規約	募集型企画旅行の表示に関する公正競争規約
70	全国銀行公正取引協議会	銀行業における景品類の提供の制限に関する公正競争規約	銀行業における表示に関する公正競争規約
71	指定自動車教習所公正取引協議会	指定自動車教習所業における景品類の提供の制限に関する公正競争規約	指定自動車教習所業における表示に関する公正競争規約
72	ペットフード公正取引協議会	ペットフード業における景品類の提供の制限に関する公正競争規約	ペットフードの表示に関する公正競争規約
73	全国釣竿公正取引協議会	—	釣竿の表示に関する公正競争規約
74	鍵盤楽器公正取引協議会	—	・ピアノの表示に関する公正競争規約 ・電子鍵盤楽器の表示に関する公正競争規約
75	衛生検査所業公正取引協議会	衛生検査所業における景品類の提供の制限に関する公正競争規約	—
76	スポーツ用品公正取引協議会	—	スポーツ用品の表示に関する公正競争規約
77	医療機器業公正取引協議会	医療機器業における景品類の提供の制限に関する公正競争規約	—
78	仏壇公正取引協議会	—	仏壇の表示に関する公正競争規約
79	特定保健用食品公正取引協議会	—	特定保健用食品の表示に関する公正競争規約
80	日本オリーブオイル公正取引協議会（設立予定）	—	エキストラバージンオリーブオイルの表示に関する公正競争規約

7　独占禁止懇話会

(1)　開催趣旨等

経済社会の変化に即応して競争政策を有効かつ適切に推進するため、公正取引委員会が広く各界の有識者と意見を交換し、併せて競争政策の一層の理解を求めることを目的として、昭和43年11月以来開催しているもので、令和５年３月10日現在、次の学界、言論界、消費者団体、産業界、中小企業団体等の有識者25名をもって開催されている。

会長	柳　川　範　之	東京大学大学院経済学研究科教授
会員	有　田　芳　子	主婦連合会常任幹事
	依　田　高　典	京都大学大学院経済学研究科教授
	及　川　　　勝	全国中小企業団体中央会常務理事
	大　野　顕　司	住友化学㈱常務執行役員
	鹿　野　菜穂子	慶應義塾大学大学院法務研究科教授
	川　濵　　　昇	京都大学大学院法学研究科教授
	鬼　頭　誠　司	日本生命保険相互会社代表取締役副社長執行役員
	河　野　康　子	（一財）日本消費者協会理事
	白　石　忠　志	東京大学大学院法学政治学研究科教授
	鈴　木　善　久	伊藤忠商事㈱副会長
	泉　水　文　雄	神戸大学大学院法学研究科教授
	竹　川　正　記	㈱毎日新聞社論説副委員長
	武　田　史　子	慶應義塾大学大学院経営管理研究科教授
	田　中　道　昭	立教大学大学院ビジネスデザイン研究科教授
	土　田　和　博	早稲田大学法学学術院教授
	野　原　佐和子	㈱イプシ・マーケティング研究所代表取締役社長
	二　村　睦　子	日本生活協同組合連合会常務理事
	細　田　　　眞	㈱榮太樓總本鋪代表取締役社長
	宮　崎　　　誠	㈱読売新聞東京本社論説委員
	山　下　裕　子	一橋大学大学院経営管理研究科経営管理専攻教授
	山　田　秀　顕	（一社）全国農業協同組合中央会常務理事
	由　布　節　子	弁護士
	吉　田　明　子	東洋大学経済学部教授
	ﾁｬｰﾙｽﾞ D.ﾚｲｸII	アフラック生命保険㈱代表取締役会長

（役職は令和５年３月10日時点）

⑵ 開催状況

回	開催年月日	議　　題
221	4. 6. 27	○　デジタル化等社会経済の変化に対応した競争政策の積極的な推進に向けて　—アドボカシーとエンフォースメントの連携・強化— ○　令和３年度における独占禁止法違反事件の処理状況 ○　令和３年度における下請法の運用状況及び中小事業者等の取引公正化に向けた取組 ○　公正取引委員会の主な広報活動と課題
222	4. 11. 8	○　最近におけるデジタル分野の企業結合審査への対応及び令和３年度における主要な企業結合事例について ○　クラウドサービス分野の取引実態に関する報告書について ○　クレジットカードの取引に関する実態調査について ○　ソフトウェア業の下請取引等に関する実態調査報告書について ○　適正な価格転嫁の実現に向けた取組
223	5. 3. 10	○　モバイルＯＳ等に関する実態調査報告書 ○　携帯電話端末の廉価販売に関する緊急実態調査報告書 ○　フィンテックを活用したサービスに関するフォローアップ調査報告書 ○　適正な価格転嫁の実現に向けた取組

（注）令和４年４月から令和５年３月までの開催状況

8　公正取引委員会機構図

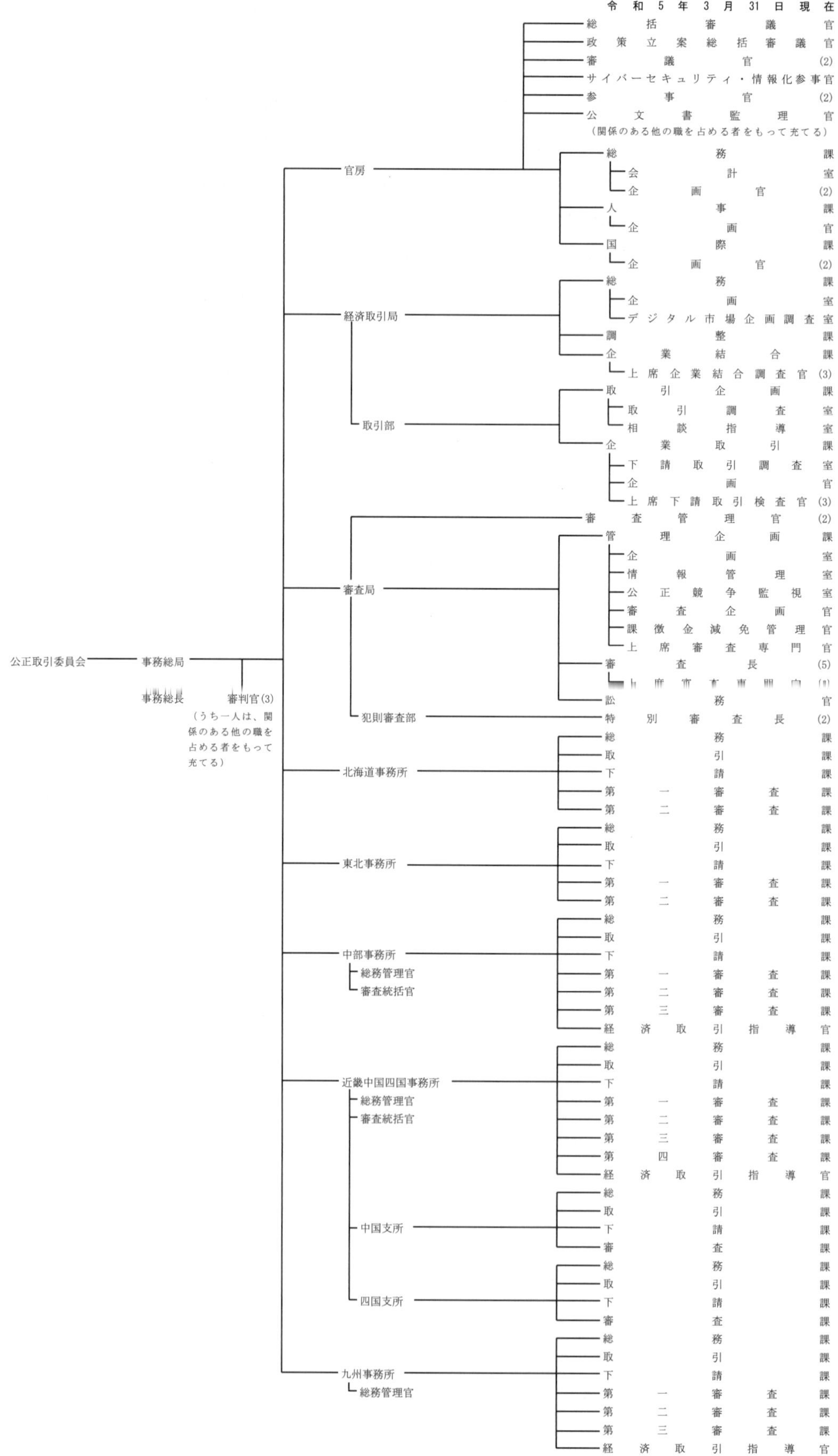

公正取引委員会年次報告（独占禁止白書）（令和５年版）

令和５年12月発行　　　¥2,750（本体¥2,500＋税10％）

編　集　　公　正　取　引　委　員　会
〒 100-8987
東京都千代田区霞が関１－１－１

発　行　　公益財団法人　公正取引協会
〒 107-0052
東京都港区赤坂１－４－１
（赤坂 KS ビル ２階）
ＴＥＬ　03（3585）1241
ＦＡＸ　03（3585）1265
https://www.koutori-kyokai.or.jp

落丁、乱丁本はおとりかえします。